U0921088

民族团结进步丛书

·民族团结进步丛书·

广西世居民族服饰文化

◎玉时阶 玉璐 著

广西民族出版社
Gvangjsih Minzcuz Cuzbanjse

图书在版编目(CIP)数据

广西世居民族服饰文化/玉时阶，玉璐著．—南宁：广西民族出版社，2018.11

（民族团结进步丛书）

ISBN 978-7-5363-7243-6

Ⅰ.①广… Ⅱ.①玉…②玉… Ⅲ.①民族服饰—服饰文化—研究—广西 Ⅳ.①TS941.742.8

中国版本图书馆CIP数据核字（2018）第246316号

民族团结进步丛书

广西世居民族服饰文化

玉时阶 玉璐 著

出版策划：石朝雄
审稿总监：徐 美
印制总监：曾喜田
装帧总监：张文昕
统 筹：罗桂鸾 吴柏强 陶安宁
责任编辑：梁秋芬 韦秀美
美术编辑：张文昕 何世春
责任校对：黄一清
封面设计：张文昕
版式设计：何世春
责任印制：蓝 锋 刘文峰
出版发行：广西民族出版社
地址：广西南宁市青秀区桂春路3号 邮编：530028
电话：0771-5523216 传真：0771-5523225
电子邮箱：bws@gxmzbook.com
印 刷：广西彩丰印务有限公司
经 销：全国新华书店
规 格：787毫米×1092毫米 1/16
印 张：19.5
字 数：300千
版 次：2018年11月第1版
印 次：2018年11月第1次印刷
书 号：ISBN 978-7-5363-7243-6
定 价：188.00元

“民族团结进步丛书”编纂领导小组

“民族团结进步丛书”编纂委员会

总序

◎ 梁庭望

为庆祝广西壮族自治区成立60周年，广西民族出版社出版了“民族团结进步丛书”。该套丛书包括《老报纸见证：广西壮族自治区成立》《热血丹心八桂情——讲好“广西故事”民族团结进步征文获奖作品选》《广西文化符号》《壮族文化概览》《中国壮医学》《广西世居民族服饰文化》《今朝望乡处——壮族作家汉壮双语散文选》等力作。该套丛书档次高迈，内容广博，微观入微，特色突出，主题鲜明，是奉献给大庆节日的“文化大餐”！

作为献给重大节日的礼品，广西民族出版社为整套丛书进行了高屋建瓴的设计，贯穿正确的历史观、民族观、国家观和文化观，从历史和现实的高度俯视广西。在展示悠久历史中的广西各族人民的优秀文化传统的同时，充分展示中国共产党民族政策的正确与伟大，赞颂自治区成立60周年的成就，高扬爱国主义旗帜，给人以振奋之感。在《热血丹心八桂情——讲好“广西故事”民族团结进步征文获奖作品选》里，征文工作小组和出版社别出心裁，通过各行各业中涌现出来的一个个真实生动感人的故事，展现了广西各族人民在党的领导下，同心同德，共同建设家园的奋斗历程。

内容广博是丛书的一大特点。丛书从历史纵向的角度来阐明壮族文化的发展脉络，全面阐明壮族文化的结构。特别是用最能代表广西形象的115个文化符号，从神话、地理、历史、民族、人物、文化、遗产、风物和工业九大方面，全面展示了广西壮族、汉族、瑶族、苗族、侗族、仫佬族、毛南族、回族、京族、彝族、水族、仡佬族等12个世居民族的物质文化和精神文化，反映了广西各族人民在漫长的历史进程中开辟岭南和南海的艰辛和成就，体现了广西的文化软实力。只要提到其中任何一个，就会让人联想到广西这片热土。

该套丛书在把握宏观展示的同时，做到探索精细入微。如《中国壮医学》较全面地总结了壮医药的理论与临床实践经验，对壮医的诊断技术、治疗原则和预防学等方面都做出了阐述，同时介绍了常用壮药的学名、别名、性能、主治病症、用法等内容。《广西世居民族服饰文化》将广西世居民族服饰置于广义的文化视野下进行整体研究，采用民族学、艺术学、历史学、考古学、文化学、美学、宗教学等多学科交叉的综合理论来研究广西世居民族服饰文化现象，对服饰与广西世居民族地区的生态环境、社会历史、经济发展水平、政治制度、宗教信仰、审美观念、民族风俗等文化事象的相互关系进行深入浅出的阐述，使人们能够超越以往文化研究的局限，站在全新的高度，用更广阔的视野来了解广西世居民族服饰文化，从而对这些服饰文化有更深刻、更全面的认识。

“民族团结进步丛书”的另一个特点是特色突出，无论是宏观或微观展示，都具有地域性、融合性和民族性的特点。广西是民族地区，民族结构和历史演化都很有特点，它既处于我国西南到东南的交叉路口，又处于我国中原到东南亚的十字路口，传统文化的结构中吸收了各方文化的元素，使得广西的传统文化色彩多元。虽然多元文化和核心文化交融，但其核心文化始终保持地方传统。例如：在反映壮族是发明水稻人工移栽技术的民族之一的同时，用“补粮”添寿仪式将稻米视为生命的代码；花山岩画是稻作文化的符号；广西各族人民联手开辟南海上的丝绸之路；刘三姐，壮族的“歌仙”；瓦氏夫人，明代英勇抗倭的女将……这些都是广西特有的，并对中华文化做出了贡献！

在阐述这么多文化符号时，丛书保持了民族团结进步的鲜明主题，有很强的历史感和现实感。一是展现了广西各族人民守望相助、手足相亲、团结友爱、互帮互助、共同发展的民族情怀。60年来，广西各民族团结和谐，共同进步，社会稳定，成为全国民族团结进步的模范区。二是用一个个生动的实例，充分讲述了各民族携手共同建设自己家园的生动事迹，并以60年来广西的成就，唱响共产党好、社会主义好、改革开放好、伟大祖国好、各族人民好的庆典主旋律。三是图文并茂地将广西各民族的文化特点、文化价值生动地展示出来，激励读者从中发现广西社会发展的历史轨迹，了解广西各民族艰苦奋斗开拓美好家园的历程，传承历史，开拓未来，在实现中国梦的伟大进程中高歌猛进！

“民族团结进步丛书”的面世，必将对广西更加深入地贯彻党的十九大精神产生激励作用，促进广西各民族团结、互助、友爱，促进各民族联手加速广西壮族自治区的社会发展，重振海上丝绸之路，为“一带一路”做出贡献！

2018年10月1日

目录

广西隆林花苗

绪 论

一、广西世居民族历史概况

广西位于祖国南部边疆，是一个多民族聚居的民族区域自治地区，也是全国少数民族人口最多的自治区。全自治区共有50多个民族成分，其中有12个世居民族，即壮、汉、瑶、苗、侗、仫佬、毛南、回、京、彝、水、仡佬族。这些世居民族是指“世代居住在广西境内并形成村庄、街道等居民聚落的民族”[①]。据2010年第六次全国人口普查统计，全自治区共有户籍人口51591711，常住人口46023761，其中世居民族户籍人口有19572689，世居民族常住人口有17107665，世居民族户籍人口占全自治区户籍人口的37.93%，世居民族常住人口占全自治区常住人口的37.17%。在世居民族人口中：壮族户籍人口有16587222，常住人口有14448422；汉族户籍人口有32019022，常住人口有28916096；瑶族户籍人口有1701337，常住人口有1493530；苗族户籍人口有529919，常住人口有475492；侗族户籍人口有352788，常住人口有305565；仫佬族户籍人口有192928，常住人口有172305；毛南族户籍人口有80019，常住人口有65587；回族户籍人口有30741，常住人口有32319；京族户籍人口有22716，常住人

图1　广西隆林沙梨壮族男女服饰

口有23283；彝族户籍人口有8604，常住人口有9700；水族户籍人口有14215，常住人口有13559；仡佬族户籍人口有3435，常住人口有3885。少数民族大多居住在广西中部、西部、西南部、西北部，汉族大多居住在广西东部、东南部、东北部。

先秦时期，活动在岭南一带的人们共同体是西瓯、骆越，他们是今天广西壮、侗、仫佬、毛南、水族等壮侗语民族的先民。秦汉之后，随着瓯、骆名称的消失，在广西历史舞台上先后出现乌浒、俚、僚、俍、僮、壮、侗、仫佬、毛南、水、汉、瑶、苗、京、彝、仡佬、回等民族的称呼。壮、侗、仫佬、毛南、水等民族是从瓯、骆族群分化、演变而来的民族，汉、瑶、苗、回、京、彝、仡佬等民族则是从岭外或西南迁徙而来的民族。

壮族是岭南地区历史悠久的世居民族，其渊源不仅可以追溯到桂林“甑皮岩人”，而且与“柳江人”也有密切关系，[②]先秦时期称西瓯、骆越。秦汉之后，壮族曾有乌浒、俚、僚、俍等称谓。“僮”最初写作“獞”，作为一个族群的称谓最初见于宋代。南宋淳祐年间（1241—1252年），广西经略安抚使李曾伯在给宋理宗的《帅广条陈五事奏》中说，宜州有“獞丁”。元明之后关于僮的记载越来越多。1965年10月12日经国务院批准，改僮为壮。壮族主要聚居在南宁、崇左、百色、河池、柳州、来宾6个市。其中靖西、那坡、德保、天等、大新、龙州、隆安、平果、田阳、田东、邕宁、武鸣、上思、忻城、东兰、扶绥、凭祥、上林等地的壮族人口分别占当地总人口的80%以上。

侗族为宋代聚居于湘黔桂边界的骆越人后裔，史称“仡伶”，明清时期始称“峒人”，中华人民共和国成立后称“侗族”。广西侗族主要分布在三江、龙胜、融水、融安等县（自治县）。

仫佬族古称“木老”“姆佬”“木娄”，原为古代骆越人后裔僚人的一部分。明代，一部分操汉语西南官话的人进入今天的罗城一带居住，与当地的僚人通婚，生下子女，生活习俗、语言文化、宗教信仰等均随当地僚人，从而形成新的族体——仫佬族。广西仫佬族主要分布在罗城、宜州、柳城等市县（自治县、区）。

毛南族是宋代时从广西环州、抚水州、南丹州、河池州一带的僚人中分化出来的，初时被称为“茅滩”。宋人周去非《岭外代答》载：“宜（州）之西境，有南丹州、安化三州一镇，又有抚水、五峒、龙河、茅滩、荔波等蛮及陆家砦。”[③]明清时期，又称“茆滩”“毛难”“冒南”。中华人民共和国成立后曾定为“毛难族”，后改称“毛南族”。广西毛南族主要分布在环江、南丹、都安等县（自治县）。

水族自称“睢”，汉语音译为“水”。水族由骆越人发展而来。据水族民间传说，其祖先原居住于邕江流域的“岜虽山”。秦始皇统一岭南时，其先民从“岜虽山”一带向黔桂边界迁徙，沿龙江逆流而上，移居于龙江、都柳江上游的黔桂交界处，逐渐从骆越族群中分离出来，向单一民族发展。唐代，聚居在抚水州、莪州、劳州一带的水族先民经过长期发展，逐渐形成统一的民族特征，成为单一民族。[④]水族形成后，居住在广西的水族有的迁去贵州，有的同化于当地壮族。今天的广西水族是清末民初从贵州迁徙而来的。广西水族主要分布在融水、南丹、宜州等市县（自治县、区）。

汉族在广西的各民族中人口最多，也是较早进入广西的民族。汉族的历史最早可以追溯到三皇五帝时期。秦汉时期，汉族先民在华夏族群的基础上形成了汉族。故学术界认为“汉族这个名称不能早于汉代，但其形成则必须早于汉代”[⑤]。广西的汉族是历史上不同

图 2　广西三江侗族女子亮布绣花衣

图 3　广西罗城仫佬族女子服饰

图 4　广西环江毛南族女子服饰

图5　广西南丹六寨龙马水族妇女盛装

图 6　广西隆林汉族妇女盛装

图 7　广西田林盘瑶妇女

时期先后从中原迁徙来的，主要分布在广西的东部、东南部和东北部的桂林、贺州、梧州、玉林、防城港、钦州等市，柳州、南宁、河池、来宾等市和各县的县城也是汉族聚居的地方。

苗族和瑶族是同源民族，他们的历史最早可追溯到三皇五帝时期的九黎部落集团中的蚩尤及后来的三苗，主要活动区域在黄河下游与长江中下游一带。禹击败三苗后，其部属成员进入洞庭、彭蠡一带，形成“荆蛮集团”。先秦时期，楚国崛起，部分“荆蛮”向南和西南迁徙，形成长沙“武陵蛮”“零陵蛮”“桂阳蛮”，其中，长沙“武陵蛮”与苗、瑶先民关系较密切，又因武陵郡内有雄、樠、沅、酉、辰等5条溪水，故又称“五溪蛮”。南北朝时期，苗、瑶族先民称“莫徭蛮”。唐宋时期，苗、瑶族从“莫徭蛮”中分化出来，由湘西入黔的多形成苗族，而从湘西南入桂、粤的多形成瑶族。

广西瑶族主要分布在富川、恭城、金秀、都安、巴马、大化等6个瑶族自治县，以及龙胜、全州、灌阳、资源、平乐、荔浦、兴安、永福、临桂、融安、融水、贺州、钟山、昭平、宜州、南丹、东兰、天峨、凤山、马山、上林、上思、桂平、凌云、那坡、田林、西林、田东等市县（自治县、区）。

广西苗族主要分布在融水、隆林、三江、龙胜、资源等县（自治县）。

回族的先民自宋代开始进入广西，元、明、清时期，进入广西的逐渐增多，或任职不走，或征调留戍成家，或经商迁来定居，还有部分是参加反抗封建王朝斗争失败后逃难而来。广西回族主要分布在桂林、柳州、南宁等市。

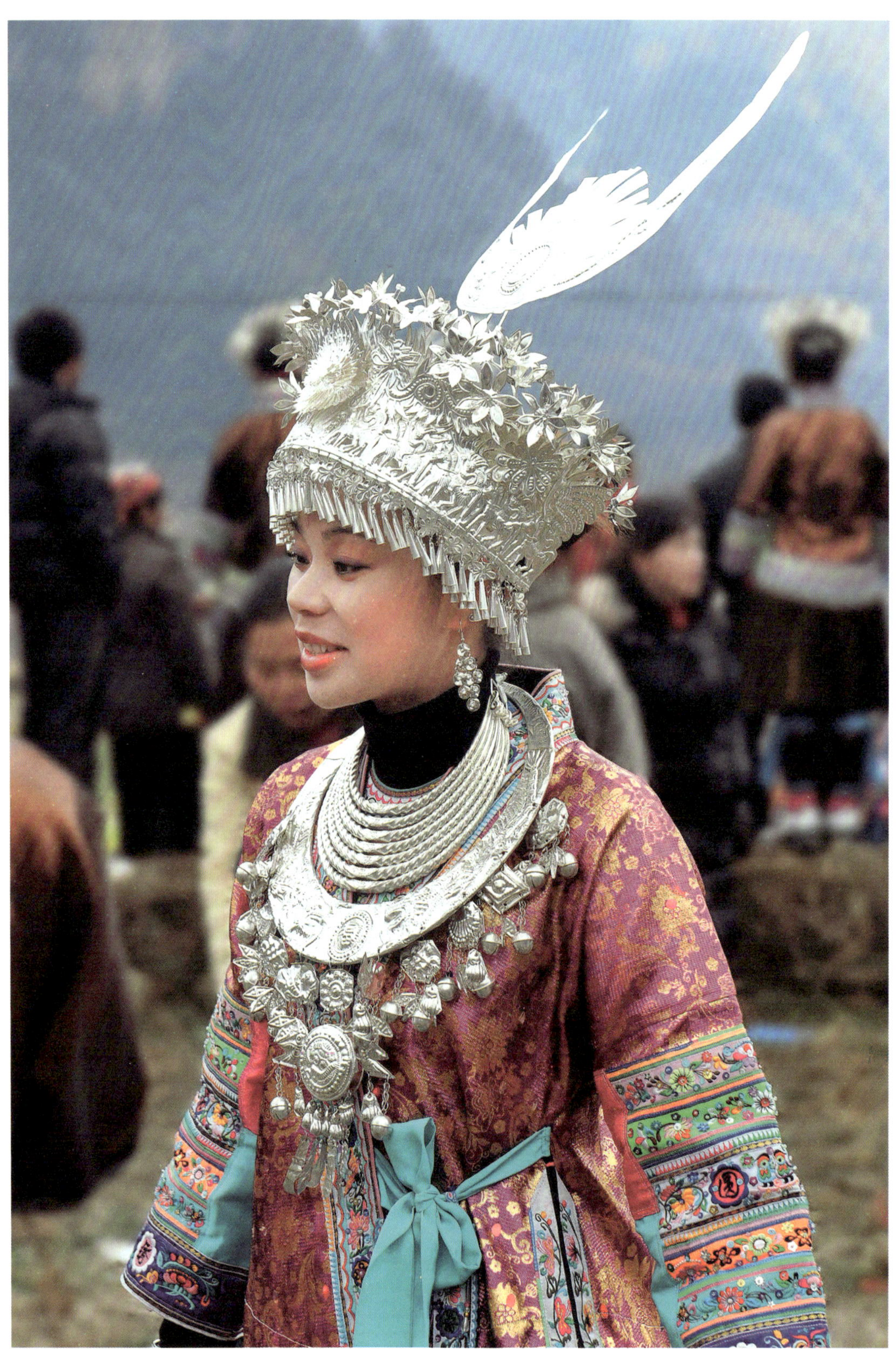

图 8　广西融水安太苗族女子盛装

京族原居越南，明代正德年间（1506—1521年）陆续从越南涂山等地迁徙到今东兴市江平镇巫头岛，后又向沥尾、山心、潭吉等地迁徙。广西京族主要分布在东兴市的沥尾、巫头、山心一带的沿海地区。

彝族古称“乌蛮”，主要分布于云南、四川和贵州。元代称“罗罗”“罗落”“倮倮”。明洪武年间（1368—1398年），部分彝族先民因反抗封建王朝斗争失败，由云南、贵州、四川进入广西。中华人民共和国成立后改称“彝族”。广西彝族主要分布在隆林、那坡等市县（自治县）。

仡佬族原属僚人的一部分，唐代时从僚人中分化出来，称为“葛僚”“仡僚”“仡佬”。清代从贵州迁入广西。广西仡佬族主要分布在隆林各族自治县。

图 9　广西回族女子

图 10　广西东兴京族女子

图 11　广西那坡彝族女子服饰

图 12　广西隆林仡佬族女子服饰

在漫长的历史发展过程中，广西各民族之间虽然有过纷争，甚至是战争，但各民族共同生活、共同劳动、共同开发与建设祖国南疆、共同创造广西光辉灿烂的历史文化始终是广西民族关系的主流。在许多地方，一个县，一个乡，一个村，甚至一个屯都居住着几个不同的民族，各民族人民同居一个屯，同饮一溪水，共种一座山，共耕一峒田，各民族同胞心心相连、手足相亲、守望相助，像石榴籽一样紧紧抱在一起，形成了谁也离不开谁的友好关系。这种良好的民族关系，不仅为广西的经济发展提供良好的社会环境，而且也为各民族的经济文化交流打下了坚实的基础，从而进一步推动了广西民族文化的发展繁荣，维护了国家的统一。

二、广西的生态环境

生态环境是人们赖以生存的物质基础，是人们进行物质文化及精神文化的活动场所。一方水土养一方人，一个民族长期居住、生活在一定的地方，受该地区生态环境的影响、制约，人们所制作的服饰必然和这一地区的生态环境相适应。正如徐平先生所说："人类的文化适应，首先是对大自然的适应，生活在不同生态环境中的人们，在适应特定自然过程中建立起独特的文化体系，这在人类历史的早期更是如此。在人类文化五彩缤纷的类型中，我们不难看出首先是和特定的自然环境相联系，草原文化、河谷文化、平原文化、高原文化、沙漠文化、渔猎文化、丛林文化，等等，因生存的环境不同而适应的方式各异，相应在适应过程中建立起来的文化形态也就各具特色。”[6]人类无论如何强大，如何发展进步，都只能在特定的生态环境中生活，只能在一定程度上利用大自然。因为“人类是一种动物，和其他动物一样，必须与环境维持适应的关系才能生存，虽然人类是以文化为媒介而达到这种适应的，但其过程仍然跟生物性适应一样受自然选择法则的支配”[7]。

广西位于我国南疆，地域辽阔，南北跨越近7°，东西跨越经度近8°。境内山岭连绵，山区面积广大，中山、低山、山丘和丘陵占广西总面积的74.8%，平原面积仅占广西总面积的14.4%。因此，广西是一个山多平原少的自治区，素有“八山一水一分田”之称。广西四周为海拔1000米以上的山地、高原，东北部为猫儿山、越城岭、海洋山、都庞岭、萌渚岭，“二山三岭”平行排列，岭谷相间，构成南岭山地西段，海拔多在1500～2200米之间；西北部有金钟山、岑王老山、青龙山盘踞，组成云贵高原南缘，海拔多在1000～2000米之间；北部为凤凰山、九万大山、大苗山、大南山与天平山，海拔多在1500米左右；东南为云开大山，海拔为1200米左右；南及西南为六万大山、十万大山、公母山、大青山，海拔多为1000米左右；高原上有六韶山耸立其间；中部多为平原、盆地，主要有桂中盆地、右江盆地、南宁盆地、郁江平原与浔江平原，海拔多为200米以下。由于境内山脉纵横，地形复杂，经纬度跨度大，气候的地域差别十分明显，南北不同，东西有别，就是在同一地区，山顶和山脚也有明显的差别，地方民谚有“山上山下两重天”之说。南北气候差别主要表现在温度上。北部夏热冬冷，四季分明，属中亚热带；南部夏长冬短或全年无冬，属南亚热带；北部

图13　广西龙胜梯田

湾沿岸及附近海岛，终年暖热，具有热带和亚热带季风气候特征。东西差异主要表现在降水上。东部年降水量在1500～2000毫米之间，年降水日数为170～190天，雨季长达半年，气候温润；西部年降水量多在1200～1500毫米之间，年降水日数为130～170天，降水集中在5～8月，雨季较短，气候比较干燥。[⑧]同一地区的气候差别也主要表现在温度上，山顶气温往往要比山脚气温低几摄氏度，天气复杂多变。大部分地区气候条件优越，夏热冬暖，热量充足，雨量充沛，十分有利于各种植物的生长与繁育，而且大部分植物经冬不凋谢，全年都生长发育；加上地形复杂，既有山地、丘陵、平原、台地、土山、石山，又有水域、滩涂，为植物的生长提供了多种多样的立地条件；加之广西地处低纬地带，受第四纪冰川影响小，保存了不少古老的植物种类，植物种类非常丰富。目前已发现的维管束植物共有283科1778属7000多种，因而广西成为我国植物种类最多的省区之一。[⑨]这些优越的气候条件、复杂的地形、丰富的植物资源，既为广西世居民族传统服饰的制作提供了丰富的资源，同时又使各民族服饰的式样与风格各具特色，从而形成广西世居民族服饰文化的地域性与多样性。特别是在传统的农耕社会中，人们的衣食住行所需的物质生活资料无不依靠自然界的赐予，丰富多彩的广西世居民族服饰文化正是在广西生态环境的生物多样性的基础上孕育与发展起来的，是人类顺应生态自然环境的结果。民族服饰是民族传统文化的重要表现形式之一，是生态环境与社会经济生活相互作用的产物。生态环境不同，人们对环境资源的认识和利用也不同，其服饰文化的内涵与表现形式也会不同，这就是服饰文化的地域性与适应性。广西世居民族在长期的历史发展过程中，不断地探索与认识自然生态环境，不断适应生态环境并与之互动，从而使其传统服饰的地域色彩与风格极为浓郁，本土味极重，民族特点极为鲜明。以壮族为例，南部壮语方言不同于北部壮语方言，南部壮族考古文化不同于北部壮族考古文化，南部壮族铜鼓不同于北部壮族铜鼓，南部壮族民歌不同于北部壮族民歌，南部壮族戏剧不同于北部壮族戏剧……[⑩]地域文化对服饰文化的影响表现为：各民族的服饰互不相同，即使在同一民族内部，也由于受种种条件的影响，服饰的地方特色和地域风格极为突出。这是因为人们在制作服饰时，必须以当地的气候和生态环境为依据，以适应天气变化的要求。同时，历史上广西各民族妇女在制作服饰的过程中，往往是母传女，姐带妹，邻里互授，村邻相习，互相观摩与借鉴。家传身教，耳濡目染，再加上本民族、本地区世世代代传统文化的熏陶，从而形成了传统的地域风格。虽然就某一服饰的样式来说，它可能显现出具体制作者的个人独创性，但就其主要样式来说，无不表现出浓厚的地域风格。历史上，每个地区的民族传统服饰实际上是一种群众性的集体创作，每个人都是在集体智慧的基础上去发挥、创新。地理环境的局限性和服饰技艺的传承性最终促使了服饰文化上地域风格和地方特色的形成。放眼广西各地，壮族服饰，桂北不同于桂南，桂东有别于桂西；瑶族服饰，山上与山下，平坝与山区，都各有差别……广西世居民族服饰正是以其鲜明的民族特色和地域风格放射出独特的光彩，跻身于五彩斑斓的服饰世界，并引起人们的兴趣和注目。

图 14　居住在大山中的广西那坡壮族

图 15　广西龙胜瑶族妇女在河边洗头梳妆

三、服饰与文化

服饰是一种十分复杂的文化现象。一般来说，服饰可分为服装和装饰。服装即衣服鞋帽的总称，一般专指人们身上穿的衣服。狭义的服饰指我们平时所说的“衣裳”，即覆盖人体的衣、裤、裙、帽、围巾、手套、腰带、鞋、袜、绑腿等。广义的服饰包括人的衣裳和人体外部的一切装饰，即人的衣、裤、裙、帽、围巾、手套、腰带、鞋、袜、绑腿等，以及人的发型、首饰、眼镜、手表、背包，甚至文身等装饰。服饰作为一种文化，它蕴含了一个民族或一个地区的社会风貌和民情风俗、社会历史、经济水平、审美观念、宗教信仰等，内涵

图 16　广西南丹罗富唐丁壮族妇女

十分丰富，集中地反映了一个民族在社会生产、生活、宗教、哲学、道德、美学、风俗习惯等方面形成的传统观念和心理素质，体现了一个民族、一个地区的经济概貌和生产力发展水平，是民族文化的一个重要组成部分。

在文明社会里，谁要是一丝不挂地走在大街上，或出入公共场合，这人定会被人们视为疯子（个别现象除外，如西方社会有以裸体示威等）。但在远古时代，原始人就曾赤身裸体地度过一段漫长的岁月，这在当时是一种极为正常的社会现象，根本不会遭受他人的责备和非难。但人类后来为什么改变这一习俗，穿上衣服呢？是什么样的社会因素和心理动机促使人类用服饰来掩饰人体呢？围绕这个问题，人们做过无数次探讨，展开过许多争论，并提

出了种种推测、设想和推论。这些推测、设想或推论由于取材和立论不同，结论差别很大，可谓众说纷纭，莫衷一是。归纳起来主要有遮羞说、装饰说、标志说、吸引说、巫术说、保护说。“这些说法都能从历史学、民族学和考古学的资料中找到证明，说明其起源不是单一的，而是多元的。但是从历史发展说，又有先后之分。人体装饰最初起源于实用，即保护身体，如涂身、穿兽皮、佩戴兽牙以便实用，后来才增加其他意义，包括审美观念、巫术信仰、吸引异性。”⑪这是一种比较普遍被人们接受的说法，即服饰的产生与保护人类的身躯免受大自然的寒冬酷暑、雨雪风霜及虫蚁等物的侵袭有密切关系。原始社会的初期阶段，人类从猿进化为人后，在和大自然的斗争中，为了更好地抵御烈日的暴晒、严寒的侵袭、荆棘的伤害和虫蚁的叮咬等对人体的危害，便开始用树皮、草叶或猎获的兽皮来遮掩、保护身体。《韩非子·五蠹》云：“古者……妇人不织，禽兽之皮足衣也。”《礼记·礼运》曰：“昔者，先王未有宫室，冬则居营窟，夏则居橧巢。未有火化，食草木之实、鸟兽之肉，饮其血，茹其毛。未有麻丝，衣其羽皮。”《五经要义》亦云：“太古之时，未有布帛，食兽肉而衣其皮，先知蔽前，后知蔽后。”史籍中关于原始初民茹毛饮血，食草木之实，衣禽兽之皮、羽的记载，说明了原始服饰雏形的出现与人类的生活息息相关。在原始社会初期阶段，生活在荒山野岭中的原始初民常因赤身裸体遭受虫蚁的叮咬；南方炎热的盛夏，烈日对身体的暴晒，也使人们感到十分难受；同时，由于当时生产力发展水平极端低下，人类的经济生活以狩猎和采集为主，当他们赤身裸体在莽莽丛林中追捕野兽，或在荆棘丛生的荒山野岭中采集野果时，身体往往容易遭受荆棘或树枝划伤，而人的阴部是人体极为敏感的部位，所以，为了避免这一部位遭受外界物体的伤害，人类便会自觉或不自觉地用一些树叶、花环、兽皮等物来遮挡阴部，于是，服饰的雏形出现了。明人邝露《赤雅》卷上载：“南方草木可衣者曰卉服。”明人田汝成《炎徼纪闻》卷2记大藤峡瑶族事说，其民“卉衣血食”。所谓卉服、卉衣，就是用草、藤等编织的衣服。从原始民族或当代一些少数民族的调查材料来看，人类用树叶、花草、兽皮等物来制作服饰是确实存在的。大洋洲巴布亚新几内亚的美拉尼西亚人用草做成肚带和短裙，用以遮掩下身。在他们的西部一个仍然使用石器的氏族中，妇女们只穿一件用野生植物纤维或芦苇纺织成的腰蓑裙。居住在山地的阿拉佩什人的妇女，把用草编成的裙子随随便便地吊系在大腿根部的绳索上，并用一条带子束紧自己的腰。居住在我国云南东川一带的彝族和鹤庆彝族支系白依人的青年，至今仍有穿火草领褂的习俗。火草是一种生长在山上的野生草本植物，其叶片背面长满黄白色绒毛，收下晒干后可用作火镰打火用的火绒，故名火草。每年夏末秋初，彝族青年上山采集火草，然后由姑娘们将采集回的火草捻成细线，与细麻线捻在一起，用土法织成火草布，再缝制成领褂穿着。⑫居住在印度洋安达曼群岛上的安达人，其男子身上都围用露兜树叶做成的狭带或用植物纤维纺织的绳索，女子也用露兜树叶做成带子围在臀部，上面再挂一条叶子做成的围裙。大洋洲巴布亚新几内亚的巴新人，无论男女都赤裸上身，男子下身穿用树叶编制的短裤，女子下身穿用芭蕉叶或椰树叶做的裙子。非洲几内亚岛上的巴布亚人，男的仅围一块用树枝做的围兜，女的围用植物纤维织成的短裙。斯里兰卡的森林维达人，以树皮为遮体之物。南美洲秘鲁的印第安部落的亚瓜人，用石头将树皮砸成上大下小的形状，放在阳光下晒干，做成围裙，系于腰间。中华人民共和国成立前，居住在我国云南的佤族仍以棕皮为衣，拉祜族中的苦聪人还用芭蕉叶和椰树皮做衣；居住在西双版纳的傣族还有人用箭毒树皮制作衣服；勐腊县的克木人直到20世纪50年代还普遍流行树皮衣，他们将构树的树皮剥下1米多长，在水里浸泡20天左右后，取出来用木棒捶打，洗去灰黑色后，便成结实坚韧的服饰面料。[13]广西那坡县的彝族妇女20世纪中期仍用榆树皮做腰环围腰。据说在远古时代，彝族妇女因戴榆树皮腰环护身，刀枪不入，英勇善战。后来，妇女们就把榆树皮腰环作为护身符，常捆在腰间。看来，古代彝族也经历了一个以树皮为衣的时代。在广西融水一带，每年春节过后，当地的苗族都要举行祭祀始祖“芒篙”的活动。人们从山上采回芒草，用野藤或草将芒草连成风衣式的长草袍，由数名男子穿上，戴上面具，边歌边舞，为苗民驱瘟赶疫，祈福禳灾。显然，这是古代苗族以草为衣习俗的遗迹。中华人民共和国成立前，鄂伦春族仍用兽皮作衣，他们将鞣熟的狍皮用兽筋缝制成衣、裤、帽、被子。裕固族也用光板羊皮缝制衣、裤、大氅。赫哲族则用鱼皮缝制衣、裤、手套、围裙等。特别是鄂伦春族的狍头帽，将狍子的头颅剔去其骨、肉后制作而成。由于完整地保留了狍子头的毛、眼、耳、鼻、口等部位，形状极为逼真。由于狍子是大兽中的弱者，常被狼、棕熊、北极狐、猞猁等捕食。鄂伦春人狩猎时常戴狍头帽趴在灌木丛中，微露狍头帽，形如一只狍子趴在灌木丛中，用以诱捕野兽。这种最初为狩猎而制作的狍头帽，后来逐渐被人们认可，成为人们日常生活中常戴的帽子，用以防寒。由此看来，人类最初正是为了使人体免遭他物的伤害，为了生活与生产劳动的安全和方便，才发明和使用树叶、花草、兽皮等物制作服饰的。随着服饰实用功能的产生，装饰、遮羞、巫术、吸引等功能也相继出现。后来，人类在生活与生产实践中不断总结经验，知道利用植物纤维来纺纱织布，才开始用植物纤维织布代替树叶、花草、兽皮制作服饰。从考古资料看，广西少数民族先民在旧石器时代晚期就已知道使用骨针缝制树叶、兽皮等物遮体，新石器时代就已使用陶纺轮纺纱织布。看来，保护人体免遭他物的伤害的实用功能，应是服饰产生的最初动因。事实上，古人对此的论述也是很多的，如东汉刘熙在《释名·释衣服》中就说：“衣，依也，人所依以蔽寒暑也。”王允也在《论衡》中说：“夫衣与食俱辅人体，食辅其内，衣卫其外。”他们都说出了服饰起源的原因。从心理学的角度来看，“服装的保护功能和房子的保护功能类似。服装和房子都是为了抵御寒冷和严寒的天气，事实上，它们的作用在某种程度上是互补的。在寒冷的天气里，当我们进房子时就会脱去外面的罩衣，当我们走出房子时又会把衣服穿上。衣服像房子一样，是起保护作用的，只不过衣服离人体更近，紧贴着身体，轻便而便于携带”[14]。人类的服饰只有在实现了实用功能后，才进一步懂得蔽体遮羞，进而要求美化，正如墨子所说：“衣必常暖，然后求丽。”[15]迄今为止，我国学术界大多数学者都持这一观点。

服饰是人类生活的要素，和人的关系极为密切。一个人从出生到寿终，始终离不开服

图 17　广西阳朔盘瑶

饰。人的需要是多种多样的，而物质的需要是人生存的基础，它包括衣食住行在内的日常生活中的物质生活需要。马克思和恩格斯在这方面有过精辟的论述："一切人类生存的第一个前提也就是一切历史的第一个前提，这个前提就是：人们为了能够'创造历史'，必须能够生活。但是为了生活，首先就需要衣、食、住以及其他东西。因此第一个历史活动就是生产满足这些需要的资料，即生产物质生活本身。"[16]如果这些物质生活需要的某一部分长期得不到满足，人就会失去延续和发展生命所需要的条件，发生疾病或死亡。而服饰正是人延续和发展生活所需要的条件之一。所以，当婴儿还未降临人世时，当母亲的就要给宝宝准备好衣、裤、帽、袜、抱被等服饰用品；当冬天来临时，人们就要穿上适应寒冷季节的服装，以防冻伤。人类对服饰的这种需求，早在原始社会时期就已存在。人类最初创造服饰时，主要是为了适应大自然的变化，用它来遮风挡雨，防暑御寒，保护身体免遭他物侵害。随着生产力发展水平的提高，以及人类审美观念和宗教信仰的产生、发展，人类对服饰的需求才越来越复杂，服饰不仅是人类物质生活的要素，而且成为人类精神文化生活的重要组成部分。

服饰是一个人的思想表征。作为直观形象的物质文化，服饰所产生的影响要大大超过抽象文字信息所传达的。现实生活中的任何一种生活用品的形象、纹饰、色彩都蕴藏着大量的文化信息符号。虽然人们在原始社会里创造第一批生活用品时，并没有想到更深的含义，而仅仅是为了实用。但经过千百年的文化积累后所传承下来的生活用品，已经不再是

图 18　广西隆林苗族女子服饰

单纯的“物”了，它物化了丰富的社会文化，并对人的心理素质产生潜移默化的影响。所以，人们在继续制作和使用这些物品时，势必受到这一物品的文化内涵的影响与制约。服饰作为一种物质文化，它已不再是一个单纯的物体，而是社会文化中的一个独立体系；而人对服饰的制作和使用的不同看法及做法，正反映了人对服饰文化的不同观念。人们在制作服饰的过程中，使用不同的面料和装饰品，不仅可以反映一个地区或民族的社会生产力发展水平，而且可以反映穿衣人的经济状况和生活水平；款式不同、色彩不同的服饰，又反映了服饰制作者和一定地区、一定民族、一定时代的工艺技术水平及审美情趣、审美追求，体现了人们的文化心理结构。特别是在文明社会里，一个人的具体外貌往往是通过服饰来完整地出现在人们眼前的。服饰的表面比一个人的五官表面大得多，在远处就能识别。当我们见到某人从远处走来时，首先进入我们眼帘的是这个人的服饰，然后才是这个人的面部特征和其他。由于服饰具有形象、直观显现的特点，有助于了解人的文化心理结构，所以一般人对服饰的制作和穿着都有一定的选择，大多都希望能通过这一选择引起他人的注意，给人留下美的印象。人们在服饰上的这种审美选择，在一定程度上反映了人们对生活的热爱和对美好生活的追求。服饰不仅能直接显示和衬托一个人的外在美，而且能体现和折射一个人的内在美。

服饰是一个民族的文化表征，在一定程度上反映了一个民族的文化面貌。一个民族的文化深深地根植于民族的历史传统、经济生活、思想道德、风俗习惯、文学艺术的沃土中，凝聚着民族的智慧，并制约着民族成员的社会生活与文化生活，影响着人们的思想与行为。在人类社会中，有各种各样的民族文化，这些各具特色的民族文化对本民族服饰的产生与发展都有着潜在的影响，使各民族的服饰具有鲜明的特色，从而构成了人类社会绚丽多姿的服饰文化。一般说来，一个民族服饰面料的质地、工艺技术和制作水平是和该民族的生产力发展水平相适应的，即一个民族的服饰从一个侧面反映了该民族的社会生产力发展水平。在人类历史上，各民族由于所处的自然环境、经济生活、历史传统、风俗习惯不一样，审美观念各不相同，服饰也就各有千秋。服饰的差别又从一个侧面反映了一个民族的审美观念和精神面貌。在今天，现代化的发展如火如荼，影响到城乡的每一个角落，传统文化在现代化浪潮的冲击下已经发生了巨大的变化。但如果我们深入到少数民族聚居的村落中去，仍可以看到少数民族群众，特别是妇女，还是喜欢穿着她们自己制作的民族服饰。这种情况在广西少数民族聚居区尤为突出。对于这些颇为费工的民族服饰，如果我们仅从狭隘的经济角度来看，用价值规律的观念去权衡，那是无法理解的。少数民族妇女起早贪黑地倾注大量的心血、劳力，去精心地制作自己的民族服饰，除了要求获得物质上的满足外，还要求获得精神上的慰藉和享受。可以说，一个民族的服饰发展史，实质上就是一个民族的文化发展史。

从服饰艺术来说，服饰也是“工艺美术的主要组成部分”。广西世居民族服饰是实用和完美的统一，它既遵循坚实耐用的原则，又用蜡染、挑花、刺绣、织锦、布贴、银饰等工艺手法来装饰美化。这些质地结实、色彩绚丽、图案纹样精美别致、具有浓厚民族特色和地方风格的民族服饰，不仅是各民族人民的生活必需品，而且是传统的民间工艺美术品。

服饰作为工艺美术品，它既具有一般艺术的普遍特征，又有别于其他艺术样式，有着自己的独特性。马克思在分析人类生产活动的特征时指出：“动物只是按它所属的那个物种的尺度和需要来进行塑造，而人则懂得按照任何物种的尺度来进行生产，并且随时随地都能用内在固有的尺度来衡量对象；所以，人也按照美的规律来塑造物体。”[17]马克思提出的关于美的规律，揭示了人类的生产实践活动与艺术创造活动之间的内在联系。服饰作为工艺美术品，它是物质生产和艺术生产的统一。所以，它既要满足人们物质生活的需要，又要满足人们精神生活的需要；既要实用，又要美观。这种实用与审美的统一性，就是物质文明与精神文明的结合，是服饰这一工艺美术品的本质特征。正因为服饰和人们的实际生活息息相关，所以人们在制作服饰时，既要满足人们的生活需要，美化人，美化生活，又要使人在穿着时感到方便、舒适、得体。于是，在人们的生活中，服饰艺术就经常地、不知不觉地以它的形式美和内在的精神美给人以潜移默化的艺术熏陶，给人以美的享受和教育，使人的审美情趣不断提高，促使人们更加热爱生活，向往美好的未来。

20世纪80年代后，受现代化进程的影响与经济全球化的冲击，广西世居民族服饰文化迅速衰落，特别是在广西少数民族地区，少数民族传统服饰濒危状况十分严峻，衰退之势难以

图 19　广西贺州瑶族妇女穿着盛装在刺绣

图 20　广西融水苗族男子吹芦笙

逆转。脱下民族服饰，藏之箱底；换上时装，张扬入市。这只是发展中国家服饰发展追逐西方服饰发展、农村服饰发展追逐城市服饰发展、少数民族服饰发展追逐汉族服饰发展的潮流现象之一。即使是在少数民族传统文化保护得较好的村寨，少数民族服饰文化的保护和传承也同样面临严峻的形势：少数民族服饰文化传承的生态自然环境遭受严重破坏，许多富有特色的民族服饰的制作工艺技术已经失传或正在消失，制作民族服饰的民间艺人后继无人，越来越多的少数民族群众改穿时装，少数民族服饰成为仅在节日活动中或在民族旅游开发中用于接待游客的礼仪性服饰，少数民族服饰文化的剧变超过历史上任何一个时期。当今社会，几乎所有的人都认为发展就是好的，新的要取代旧的，但却很少有人考虑该如何发展，很少有人思考为追逐潮流的发展我们失去了什么，这个代价是否值得。这不仅值得我们每个人深思，而且应当是学术界不应回避的问题。

二三十年来，世界上许多国家都强烈呼吁保护文化多样性，保护各民族的文化遗产。2001年，联合国教科文组织通过的《世界文化多样性宣言》第一条特别指出："文化多样性是交流、革新和创作的源泉，对人类来讲就像生物多样性对维持生物平衡那样必不可少。从这个意义上讲，文化多样性是人类的共同遗产，应当从当代人和子孙后代的利益考虑，予以承认和肯定。"[18]广西世居民族服饰文化是广西民族传统文化的重要组成部分之一，也是中华民族非物质文化遗产的重要组成部分。正如联合国教科文组织驻北京办事处文化项目专家卡贝斯所说："中国堪称是民族与民间文化的天堂，各民族的文化既异彩纷呈、个性突出，又相互融合、同享个性。而民间服饰恰恰就是这丰富的文化遗产不可分割的一部分。"[19]2003年，联合国教科文组织在第32届大会上通过了《保护非物质文化遗产公约》，要求各缔约国应竭力采取种种必要的手段，"使非物质文化遗产在社会中得到确认、尊重和弘扬"[20]。

广西世居民族服饰是在长期的历史发展过程中逐步形成的。它经历了历代经济生活与社会文化的严格筛选和淘汰，汇集、沉淀了历史上不同时期、不同类型的文化，将它们融入自己的文化体系中。这些几经洗练、历经沧桑才流传至今的广西世居民族服饰文化，是广西民族传统文化的瑰宝与精华。特别是广西很多少数民族历史上大都没有流行、通用过与本民族语言相适应的文字，因此民族服饰文化成为民族文化传播、继承的主要渠道之一。在这个意义上说，广西少数民族服饰文化其实是广西少数民族文化的缩影与财富，是广西少数民族社会文化发展的"活化石"。它记载了广西少数民族社会文化发展的历史，是一部"无字的史书"，蕴藏着丰富的文化遗产，是广西少数民族和中华民族重要的文化资源。如不切实加以保护，任其遭受冲击、破坏、消失，其后果不堪设想。从历史的发展过程来看，大多数国家在现代化过程中都采取各种措施，努力保护与传承自己的传统文化。我们的邻国日本与韩国都是发达国家，但其传统民族服饰文化至今仍未消失，和服至今仍是日本人最喜欢穿的服饰之一，而韩国妇女逢年节也以穿白色宽松的民族衣裙为荣。自20世纪90年代以来，世界各国政府与学术界都十分关注全球化与文化多样性的关系问题。保护文化多样性，保护各民族的

图 21　广西贺州市土瑶、盘瑶服饰

文化遗产已成为世界各国政府与各族人民的共识。我国各级政府十分重视非物质文化遗产的保护与研究，对各民族非物质文化遗产的保护与抢救做了许多卓有成效的工作。2006年，国务院公布了第一批国家级非物质文化遗产名录，广西的壮族织锦技艺、瑶族服饰、毛南族花竹帽编织技艺等成为入选项目。随着非物质文化遗产保护工作的深入开展，相信还会有更多的广西民族服饰文化遗产入选国家非物质文化遗产名录，成为中华民族非物质文化遗产的重要组成部分。因此，保护与传承广西民族服饰文化具有十分重要的学术价值与现实意义。

注释：

① 覃乃昌主编：《广西世居民族》，南宁：广西民族出版社，2004，1 页。
② 张声震主编：《壮族通史》（上册），北京：民族出版社，1997，79 ~ 80 页。
③（宋）周去非著，杨武泉校注：《岭外代答》卷 1《边帅门》，北京：中华书局，1999，48 页。
④ 国家民委民族问题研究中心编：《中国民族》，北京：中央民族大学出版社，2001，382 页。
⑤ 宋蜀华、陈克进主编：《中国民族概论》，北京：中央民族大学出版社，2001，10 页。
⑥ 徐平：《文化的适应和变迁——四川羌村调查》，上海：上海人民出版社，2006，244 ~ 245 页。

⑦〔美〕基辛著，甘华鸣等译：《文化·社会·个人》，沈阳：辽宁人民出版社，1988，151 页。

⑧ 廖正城主编：《广西壮族自治区地理》，南宁：广西人民出版社，1988，57、89 页。

⑨ 廖正城主编：《广西壮族自治区地理》，南宁：广西人民出版社，1988，172 页。

⑩ 玉时阶：《试论南北壮族文化特点之差异》，《中南民族学院学报》1990（4）。

⑪ 陈高华、徐吉军主编：《中国服饰通史》，宁波：宁波出版社，2002，30 页。

⑫ 向翔、龚友德：《从遮羞板到漆齿文身》，昆明：云南教育出版社，1991，29~30 页。

⑬ 向翔、龚友德：《从遮羞板到漆齿文身》，昆明：云南教育出版社，1991，49 页。

⑭ 北京大学哲学系美学教研室编:《中国美术史资料选编》(上册),北京:中华书局,1980,22 页。

⑮〔美〕弗龙格著，陈孝大译：《穿着的艺术——服装心理揭秘》，南宁：广西人民出版社，1989，53 页。

⑯ 中共中央马克思恩格斯列宁斯大林著作编译局编：《马克思恩格斯全集》第 3 卷，北京：人民出版社，1972，31 页。

⑰ 马克思：《1844 年经济学—哲学手稿》，北京：人民出版社，1979，90~91 页。

⑱ 范俊军编译：《联合国教科文组织关于保护语言与文化多样性文件汇编》，北京：民族出版社，2006，100 页。

⑲ 杨源、何星亮主编：《民族服饰与文化遗产研究》，昆明：云南大学出版社，2005，11 页。

⑳ 联合国教育、科学及文化组织：《保护非物质文化遗产公约》。参见王文章主编：《非物质文化遗产概论》，北京：文化艺术出版社，2006，451 页。

广西南丹白裤瑶打铜鼓

第一章 广西世居民族服饰变迁概况

每一个人都生活在一定的环境之中，因此，人们的一言一行都受到所处时代的政治、经济、文化等状况的影响与制约。同样，作为人们防身护体和审美意识表现的服饰的发展变化也受到时代发展的影响和制约。

如果说历史上的广西世居民族曾因社会经济发展缓慢，物质生产较为贫乏，造成人们的服饰较为简单，且以实用为主的话，那么，随着社会经济的发展和物质文化的丰富，广西世居民族服饰文化已经发生了很大的变化。服饰的发展日趋多样化和现代化。一衣多季的状况已被一季多衣所取代；机织布、人造纤维、人造丝绸等正逐步取代自织土布；各民族服饰的融汇性、共通性特色正日益增强，服饰的时代感越来越浓，呈现出朝着突出时代感、展现人体美的共同方向发展的趋势。

每一时代的服饰都有每一个时代的特征，并反映这一时代文化发展进程的状况，体现时代的风貌和审美水平。任何一个民族的服饰，都只有跟随时代的变化而发展变化，才能焕发出活力，才能为那一时代的人们所接受。世界上没有永恒美的服饰和世代流行的服饰，随着时代的发展，服饰也在不断变化，并日臻完美。

一个民族的传统服饰并不是一成不变的。作为服饰文化来说，它本身具有一种自然调节、改进的能力。

随着社会的进步，经济、生活条件的改变，科学技术的发展，民族文化水平的提高，人们的审美能力、心理素质都在不断变化。对服饰文化中一些过时的、不合理的部分，人们往往会自觉或不自觉地加以改革，使之跟上时代前进的步伐。历史上，广西少数民族男女都有穿裙的习惯，但随着时代的变迁，穿裙的习俗只在妇女中保留下来。瑶、苗等民族，过去不轻易改变民族服饰，但今天，在他们的中青年人中，西装革履的现象已司空见惯。可见，服饰文化在漫长的历史发展进程中是会逐渐发生变化的，各民族人民都在按时代的要求与自己的需要去改变原有的民族服饰，使之更加舒适，更为完美。所以，服饰美应是时代美。正如车尔尼雪夫斯基所说："每一代的美都是而且也应该是为那一代而存在……当美与那一代一同消逝的时候，再下一代就将会有它自己的美、新的美……今天能有多少美的享受，今天就给多少，明天是新的一天，有新的要求，只有新的美才能满足它们。"①在当前，随着我国现代化的发展，新时代的意识和文化正在猛烈地冲击着服饰文化中的传统形态和传统观念。随着社会主义现代化的深入发展，服饰文化中的传统观念和传统形式已难适应社会的发展和难以满足人们的需求，在这种情况下，便要求有一种与之相适应的新文化来代替旧文化。于是，自觉或者不自觉地引进外民族的服饰文化，借鉴和吸收外民族服饰文化中的精华来发展与丰富本民族的服饰文化，便成为历史发展的必然趋势。

图 1　三江侗族鼓楼前穿民族服饰的侗族少年儿童

广西世居民族服饰文化是中华民族文化的一个重要组成部分。每一个民族，不论大小，都有只属于它而不为其他民族所有的本质上的特点和风格，这些特点和风格便是每一个民族对世界文化宝库所做的贡献。广西世居民族以其绚丽多姿、独具风格的民族服饰为中华民族文化宝库增添了异彩。这些色彩斑斓、内涵丰富的服饰文化，既是广西世居民族聪明才智和辛勤劳动的结晶，也是中华民族文化宝库中熠熠生辉的珍宝。认真深入地

图 2　广西隆林偏苗女子服饰

研究广西世居民族服饰文化，对振兴中华民族的服饰文化，继承和繁荣中华民族的文化艺术，都有着极为重大的意义。

一、古代广西世居民族服饰变迁概况

一个民族的服饰，只能在一定的物质生产方式和一定的社会存在的基础上产生。一定的物质生产方式和社会存在影响和决定着一定时期的服饰发展变化，并使其带有鲜明的时代特点、精神风貌和艺术潮流。

学术界认为，广西世居民族除汉、瑶、苗、回、京、彝、仡佬等民族外，壮、侗、仫佬、毛南、水等民族基本上来源于古代瓯、骆人，他们是古代岭南的世居民族。但由于年代久远，史料缺乏，我们已经很难详细地了解广西世居民族古代服饰的发展演变情况了。

图 3　广西壮族稻草衣

图 4　广西融水苗族芒篙节中的芒草衣

从文化史的研究和当代原始民族的文化生活来看，远古时期，人类主要穴居野外，栖息深山密林，过着非常原始的生活。广西“柳江人”“麒麟山人”化石的发现，以及桂林甑皮岩洞穴、柳州白莲洞等文化遗址的发掘，都充分地反映了这一时期广西远古人类的生活情况。当时，人们还不会缝制衣服，仅以树叶、草、葛等遮身，后来才逐渐知道用兽皮裹身。（图3、图4）故《韩非子·五蠹》说：“古者……妇人不织，禽兽之皮足衣也。”据说，古时候广西隆林仡佬族先民不会种庄稼，不会种棉、麻，没有粮食，就靠打猎和采集野菜、野果为生；没有衣服，就披兽皮，挂各种树皮御寒，男子不穿上衣，没有裤子，就在前后挂两张兽皮遮身；妇女用大木叶在中间挖一个洞，套头穿作为上衣，用草绳将各种颜色的树皮连成一大块围住下身。（图5）后来，仡佬族先民会种庄稼，会养牲口，会纺纱、织布、缝衣裳了，男子就穿长到脚后跟的长袍，当衣裤用。妇女穿无衣扣的短上衣，用两根飘带将衣系紧；下穿长到脚后跟的长裙，仿照披树皮时的款式颜色，用各色布料分别剪成21个小块，每块长约5厘米、宽约3厘米，缝成两大块，前后各一块，上面绣有房屋、牛羊和花草等纹样，缝4条宽约5厘米、长比裙身短约15厘米的大飘带于裙前后。[②]经过长期的艰苦劳动和斗争，人类逐渐提高了改造自然的能力。随着磨制和钻孔技术的出现，人类在石器制造技术提高的基础上，又发明了制造骨器的技术，特别是骨针的发明和使用，对人类服饰文化的发展具有非常重大的意义。它说明人类已经知道原始的缝纫原理，知道使用动物的韧带缝制、拼合各种兽皮，制成衣服，御寒遮体。大约到了原始社会母系氏族公社的繁荣阶段，随着人们生活日趋稳定，在出现了原始农业之后，人类又创造发明了原始纺专，用石制或陶制的纺专将野生的葛、麻、蕉等纤维搓捻成线，然后再织成布，缝制衣服。广西世居民族原始初民最初缝制的服饰究竟如何，我们已不清楚。据《战国策·赵策》说：“被发文身，错臂左衽，瓯越之民也。”《史记·赵世家》也说：“夫剪发文身，错臂左衽，瓯越之民。”由此看来，战

图5　树皮衣

图6　广西壮族蕉叶衣

国时期，广西壮、侗、仫佬、毛南、水等诸族先民的服饰主要表现为披发或剪发、文身、穿左衽衣。佩饰则有羽毛、玉石、琥珀、铜铃等。在广西武鸣元龙坡、安等秧、岜马山、独山岩及田东锅盖岭、平乐银山岭等西周或春秋战国时期的墓葬中，出土了数以千计的玉器，多为璜、钏、坠子、管、玉扣、玉片、绿松石珠等佩饰品。郑超雄先生认为，这些玉器都是人体的装饰品。[③]此外，金属也是当时的人体装饰品。在广西武鸣马头元龙坡西周墓葬、平乐银山岭等战国墓葬群中均有铜铃出土，出土时位于尸骨胸部或手部或足部，应是死者生前佩戴于胸部或手部或足部之物。由此看来，至少在春秋战国时期广西世居民族的先民就已经使用金属做人体饰物。

公元前214年，秦始皇在兼并六国之后，又征服了岭南的瓯、骆之民，统一了岭南地区，从此，岭南正式纳入统一的多民族国家的版图。随着政治上的统一，中原民族和岭南民族经济文化的交流日益活跃。汉王朝建立后，中国社会出现了繁荣昌盛的景象。由于汉王朝的强盛，周围的其他国家和民族政权纷纷与汉朝结交，从而加强了各民族的团结。政权的巩固、社会经济的发展，促进了服饰文化的变化。秦汉时期，生活在岭南地区的壮、侗、仫佬、毛南、水等诸族先民的服饰也由原来左衽衣演变成短绻、短袂和贯头衣等。西汉刘安《淮南子·原道训》说："九嶷之南……短绻不绔，以便涉游，短袂攘卷，以便刺舟。"由此看来，当时居住在岭南的壮、侗、仫佬、毛南、水诸族先民，为了便于水上生产与生活，常穿一种短袖衣和无裤裆的短套裤。此外，《后汉书·南蛮西南夷列传》还记载："凡交趾所统，虽置郡县，而言语各异，重译乃通。……项髻徒跣，以布贯头而著之。"汉代在岭南设置交趾刺史，统领岭南诸郡，当时居住在广西境内的瓯、骆人亦属其管辖，由此可知，汉代，广西亦有部分人穿此贯头衣。《汉书·地理志》对此亦有记载："自合浦、徐闻南入海，得大洲，东西南北方千里，武帝元封元年略以为儋耳、珠崖郡。民皆服布如单被，穿中央为贯头。"颜师古注曰："著时从头而贯之。"这种贯头衣在瓯、骆人的后裔中已经见不到了，但在瑶族中却仍有保留。居住在广西南丹县的白裤瑶，妇女们的夏衣由前后两幅布组成，两肩处有10厘米的地方相连，两腋以下全不相连，无袖，穿时仅以布带系之，上端开一大圆口，穿时则将头从此圆口中穿出。白裤瑶这种衣服似与古代瓯、骆人的贯头衣极为相似。除瓯、骆人外，秦汉时期瑶、苗族先民的服饰则是"织绩木皮，染以草实，好五色衣服，制裁皆有尾形。……衣裳斑斓"[④]。汉族从秦朝开始大批进入岭南。公元前214年，秦王朝通过战争征服了居住在岭南一带的瓯、骆人后，为了更好地控制岭南，秦始皇将几十万进军岭南的将士除阵亡与病死者外，全部留下"谪戍以备之"[⑤]。后又"以谪徙民五十万戍五岭，与越杂处"[⑥]。这些谪戍岭南的汉族军民，男女多着交领右衽衣，衣袖窄小，衣缘和腰带多为彩织装饰，下着裤，脚穿麻履。[⑦]汉代，汉族男女都穿直裾深衣，上衣和下裳分裁后合缝连在一起，上下不通缝，不通幅，下裳部分面积较大，与领、袖、襟一同进行斜幅缝纫，静立时衣面悬垂自然贴体，走动时裙裳部分膨大如伞，不束缚脚步。[⑧]贫穷之人多穿粗布衣，俗称"短褐"。

图 7　广西天峨壮族妇女服饰

隋唐时代，特别是唐代，是中国封建社会的发达时代，国家统一，经济繁荣，文化事业全面发展，各民族的团结不断加强，整个社会呈现出一派欣欣向荣的繁荣景象。社会的安定，经济、文化的发展，促进了各民族之间经济文化的交流。受汉族先进文化的影响，广西世居民族服饰有了新的变化，这种变化主要表现为服饰上性别区分的形成，男女服饰逐渐有所区别。这一时期，壮、侗、仫佬、毛南、水等诸族先民男子仍穿左衽衣，但妇女的服饰有了变化。《新唐书·列传》卷147说："南平僚……妇人横布二幅，穿中贯其首，号曰通裙……男子左衽……"汉族百姓穿开衩到腰际的无领或翻领、对襟的齐膝短衫和裤，多为未经染色的粗麻布制作，脚穿麻鞋或草鞋。[9]唐末，已有部分瑶族先民迁徙到湘桂交界的桂东北地区居住，"其男子但著白布裤衫，更无巾裤；其女子青布衫，斑布裙，通无鞋履""服

图 8 在跳长鼓舞的广西金秀盘瑶

章多以斑布为饰”[10]。唐代诗人刘禹锡《蛮子歌》记瑶族先民事曰：

蛮语钩辀音，
蛮衣斑斓布。
熏狸掘沙鼠，
时节祭盘瓠。
忽逢乘马客，
恍若惊麏顾。
腰斧上高山，
意行无旧路。

可见，当时瑶族先民已穿着色彩斑斓的服饰。

宋代是广西少数民族形成的一个时期，这时，壮、瑶、苗、侗、仫佬、毛南、水等民族先民纷纷由部族向民族过渡，登上政治历史舞台，同时，宋代经济重心的南移，促进了岭南地区的经济发展，中原文化也较多地渗入岭南地区，使人们的观念发生了一定的变化，人们的服饰在求实用的基础上，开始逐渐转向追求美观。宋人范成大《桂海虞衡志》载，宋代壮族“椎髻跣足，或著木履，衣青花斑布”。宋人乐史《太平寰宇记》卷167《岭南道十一》

亦说钦州“风俗……又有僚子……椎髻凿齿，赤裈短褐”。宋人周密《癸辛杂识》亦载：南丹州壮族，“女衣青花大袖，用青绢盖头，手执小青盖。男子拥髻，皂衣皂帽”[11]。龙州一带，“峒丁峒妇皆高髻，白纻裁衫青布裙”[12]。瑶族则“椎髻临额，跣足带械，或袒裸，或鹑结，或斑布袍袴，或白布巾，其酋则青布紫袍。妇人上衫下裙，斑斓勃窣，惟其上衣斑文极细，俗所尚也”[13]。融州（今融安县）一带瑶族，“椎髻罽衣，以青红染纻织成花缦为服”[14]。汉族百姓一般穿对襟、袖小而短的粗布衫，俗称“短褐”。妇女上身多穿短小的襦、袄，下着裙或裤。镇安府（今那坡县、德保县）一带，“男子裹帕，妇女短衣长裙跣足”[15]。

图 9　广西贺州壮族女子服饰

明清时期，随着农业和家庭手工业的发展，广西世居民族服饰逐渐丰富多彩，富有时代特点和地方风格。元朝末年，兵灾连绵不断，民不聊生，全国很多地区人口稀少，土地荒芜。明王朝建立后，采取了奖励垦荒、兴修水利、减轻赋税徭役、推广种植桑棉等一系列恢复生产的措施，有力地促进了社会经济的发展。随着生产力的提高和市场的扩大，工商业人口不断增加，新型工业不断涌现，生产技术也不断进步。随着棉花种植的发展，在全国出现了苏州、松江、杭州、南京、北京、嘉兴等一大批棉纺织业中心和专业生产地区。这些地区出产的丝绸、棉织品，无论在质量上还是在产量上，都有很大提高，享誉海内外。在这些先进地区经济文化的影响下，广西世居民族吸收了从岭外传入的先进技术经验，丰富和发展了广西民间手工业和民间工艺，使广西世居民族服饰从质朴素雅向华丽多彩迅速迈进，出现了一系列款式新颖、工艺精湛、富有民族风格的服饰。明人谢肇淛《百粤风土记》载：粤西“官署曹掾而下，皆短衣芒屩，或跣足著高屐，无襟裈”[16]。明人解缙《龙州诗》曰：“菠萝密树满城闉，铜鼓声喧夜赛神。黄帽葛衣圩市客，青裙绵带冶游人。”[17]清人顾炎武《天下郡国利病书》说，壮人“花衣短裙，男子着短衫，名曰黎桶，腰前后两幅掩不及膝。妇女也著黎桶，下围花幔”[18]。或者“男女服色尚青，蜡点花斑，式颇华，但领、袖用五色绒线绣于花上”[19]。明代瑶族，“长髻插梳，两耳穿孔，富者贯以金银大环，贫者以鸡、鹅毛杂绵絮绳贯之。衣仅齐腰，袖极短。年十八已（以）上谓之裸（罗）汉，用猪粪烧灰，洗其发尾令红，垂于髻端，插雉尾以示勇……女则用五彩缯帛缀于两袖，前襟至腰，后幅垂至膝下，名狗尾衫，示不忘祖也。……亦造金银首饰如火筋，横于髻，谓之笑钗。有裙有裤，裙最短，露膝”[20]。侗族，则“椎髻插雉尾，卉衣”[21]。仫佬族，“先时蓬头跣足，明成化间（1465—1487年），知县袁璿禁之，始巾帻草履”[22]。明清时期，进入广西的汉族由于长期与少数民族相处，其服饰不仅带有中原汉族的传统，而且有受广西少数民族影响的痕迹。除部分官宦之家和少数殷富人家绫罗绸缎，或用洋纱洋布制作服饰外，大部分汉族民众只能穿褐色粗布衣，服装或长或短，样式或衫或裙，男子多着裤。

明朝末年，由于封建统治阶级的政治腐败，土地兼并严重，农民起义风起云涌，于是，满洲贵族乘虚而入，建立清王朝。清王朝建立后，强迫各族人民遵照满族文化习俗，剃发易服，但妇、孺、隶、伶、婚、丧等不在此限，故又有“十从十不从”之说，即“男从女不从，生从死不从，阳从阴不从，官从隶不从，老从少不从，儒从而释道不从，娼从而优伶不从，仕宦从婚姻不从，国号从官号不从，役税从语言文字不从”。广西地处边疆，远离清朝统治中心，除汉族外，其他少数民族多隶属于土官统治之下，民间百姓服饰多从旧俗。清代，广西世居民族服饰的式样、色彩等都比过去丰富。同时，随着广西少数民族“大分散、小聚居”分布特点的形成，不仅各民族的服饰文化各有特色，就是在同一民族内部，由于所处的地理环境不同，社会经济文化的发展水平不一样，在服饰文化上也开始出现了地区差别。

清代，广西世居民族“妇女多不缠足，其或大家富室闺阁则缠之。奴婢俱赤脚行市中。亲戚馈遗盘榼，俱妇女担负。至人家则袖中出鞋穿之，出门即脱置袖中”[23]。壮族服饰多为“椎髻贯耳，富者男女皆以银作大圈加颈。男衣短窄，裂布束胫，出入常佩刀。女衣不掩膝，长裙细褶，或蓝或红或花，更有穿夹裙者，厚三四层，重五六斤，缀五色绒于襟袂裙幅间。善涉水，手摄裙幅，视水浅深以次收展”[24]。这是壮族服饰的一般情况，事实上，各地壮族服饰的差别越来越

图 10　广西那坡壮族老年妇女服饰

大，壮族服饰文化的地域风格已具雏形。如怀远（今三江侗族自治县内）壮族，“男女皆斑衣，长仅至脐，裙不过膝”[25]。融县壮族，“男花布缠头，女项饰银圈，衣缘以锦，花褶绣履。时携所织壮锦出售，必带竹笠而行”[26]。（图11）马平县（今柳州市柳江区）壮族，“男黑布裹头，黑衣花带。妇短衫缘锦，袖连彩帛三四重，裙则纯锦。常刺额为花草蛾蝶状，所谓雕题漆齿也”[27]。（图12）兴安县壮族，“男蓝布裹头，妇椎髻银簪，悬以花胜抹额，悉缀以珠，衣裳俱缘以锦绣”[28]。（图13）临桂县（今桂林市临桂区），“丈夫尺帛缭头，妇人髻绾木梳，短衣长裙，俱贯耳跣足”[29]。永福县，“妇人椎髻差圆，络珠为饰，裙拖十幅，刺花纹”[30]。庆远府（今河池市）壮族，“身着青布，衣多缘绣，亦止及腰，内络花兜，敞襟露胸，以示丽。亦有聚鹅毛为球缀衣以为饰者。裤短裙长，不裤者半焉。裙色皆深青，亦以绣缘，襞襀颇繁。行则衱左右于腰。腰多束花巾”[31]。“男服短窄衫，老者衣细褐，少者长青裤。女服青衣花纹小袂，裙以红缯线文其中，上青下红，长则曳地。”[32]“宜山县壮人，男衣短狭，色尚青，老者衣细褐。妇女则小袂长裙，绣刺花纹，其长曳地。”[33]天河县（今罗城仫佬族自治县内）壮族，“妇人服饰无老少，色尚红，裙作细褶，厚累五六层，重数斤”[34]。永定长官土司（在今河池市宜州区和都安瑶族自治县内），“村峒壮人，男以花巾青布缠头，赤足，遇喜庆及出门做客，亦有戴红帽穿鞋袜者，罕着衣袍。妇女头戴花簪，耳戴大银环，穿青蓝花布大袖短衣，袖口用红布镶四五寸，省亲会客始穿。多穿青蓝布短裙，间有穿青布及月蓝布细褶长裙者。虽极寒冷，俱赤足”[35]。白山土司（在今马山县内），“土人衣尚青，男子间有着蓝者，妇女则纯青，行路以青布一幅卷于发上，短衫长裙，裙其（极）宽而褶极细，其着长衫者则无裙。未嫁女项挂银圈，耳悬灯笼坠，手无戒指，惟母指束一银箍，名曰桶箍。首饰用琴样银簪，长尺许，横贯于髻。……平日皆跣足，遇年节及喜庆宴会，男着袜，女蹑花鞋，悉以布为之。而绫锦绸缎，富绅家间或用之，若僻远村民，则有终其身未一睹者”[36]。古零（今属马山县）壮族，“跣足不履，长裙短衣”[37]。“宣化（今南宁市内）壮俗，男子髡发留大髻，以笠空其中，覆于顶。男女衣皆尚青，或以薯染红。盛服则锦兜花裙，缀以古铜钱，丁当自喜。富女以银作大圈围颈上。长裙细褶，缀五色绒于襟袂间。”[38]太平府（今大新县内），“土人多以尺布裹头，不留髭须，足著草履，出必以油盖自随。时负丝网袋，趁圩负物而归。妇人手带银钏，多者或至三四。短衣长裙，行则衱于带间。恒携竹篮，挑野蔬以佐食”[39]。（图14）下雷土州（今大新县内），“妇女所著衣服，上节衣长九寸，领、袖俱堆五色线，下节用布幅围。头巾白质黑章，髻如田螺，又以银钗数枝斜簪其髻，多赤脚，后发剪齐”[40]。养利州（今大新县内），“妇女短衣长裙，衣缝两截……男子冠帽，贫者尺布裹头，穿草履”[41]。或“男花巾缠头，项饰银圈，青衣绣缘。女环髻遍插银簪，衣锦边，短衫系纯棉锦裙，华饰自喜”[42]。永淳（今横县内）“壮妇高髻，上覆大笠，跣行乱石丛苇中若飞。胸著锦兜花裙，裙边系唐宋铜钱，丁当有声”[43]。西林县壮族，“男锦巾裹头，著红绿衣。每逢佳节，好吹笛游玩。女绾双髻，覆以绣帕，著花领衣，系绿裙”。（图15）或“男花布裹头，喜著半背，携自织锦帕。妇以彩帛约发，髻插凤钗，

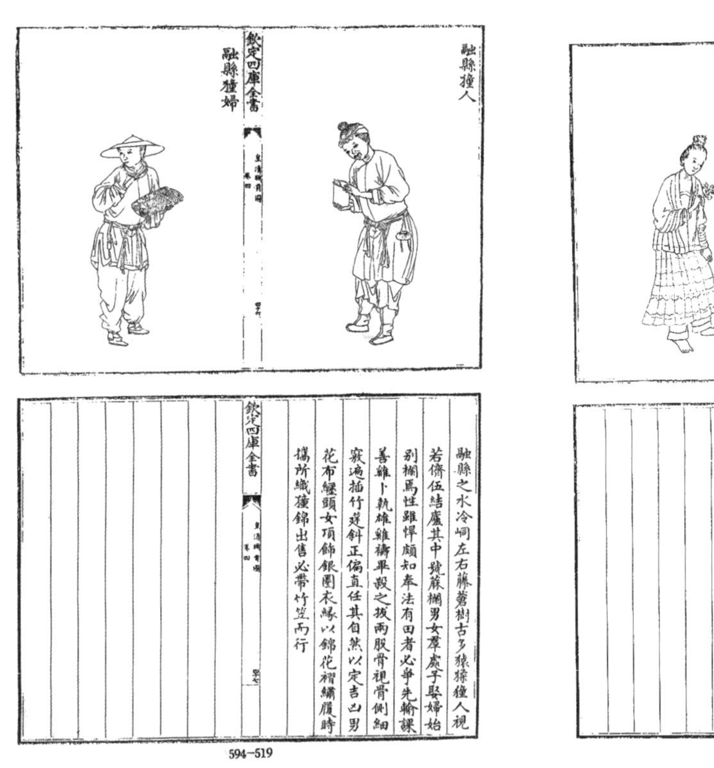

欽定四庫全書

融縣獞人

融縣獞婦

融縣之水冷峒左右藤蓊樹古多猺獞人視若儕伍結廬其中號蘇欄男女群處子娶婦始別欄焉性雖悍頗知奉法有田者必爭先輸課善雞卜執雄雞禱畢殺之拔兩股骨視骨側細竅遍插竹筳斜正偏直任其自然以定吉凶男花布纏頭女項飾銀圈衣緣以錦花褶繡履時攜所織獞錦出售必帶竹笠而行

594–519

图 11　《皇清职贡图》中的融县“撞人”

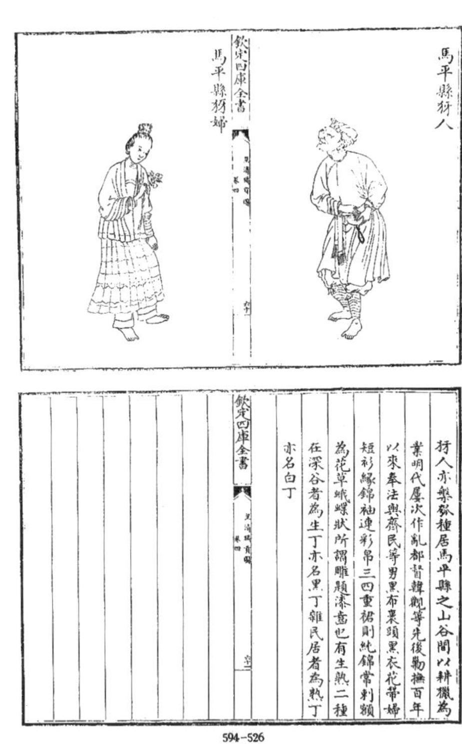

欽定四庫全書

馬平縣犽人

馬平縣犽婦

犽人亦槃瓠種居馬平縣之山谷間以耕獵為業明代屢次作亂都督韓觀等先後勦撫百年以來奉法與齊民等男黑布裹頭黑衣花帶婦短衫緣錦袖連彩帛三四重裙則純錦常刺額為花草蛾蝶狀所謂雕題漆齒也有生熟二種在深谷者為生丁亦名黑丁雜民居者為熟丁亦名白丁

594–526

图 12　《皇清职贡图》中的马平县“伢人”

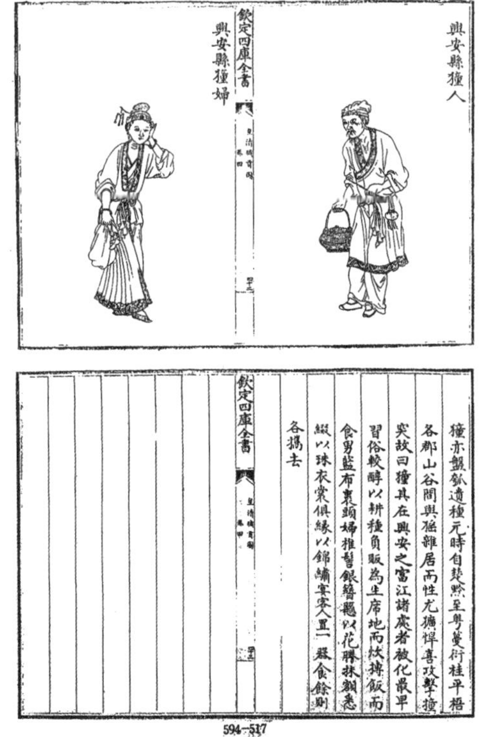

欽定四庫全書

興安縣獞人

興安縣獞婦

獞亦盤瓠遺種元時自楚黔至粤蔓衍桂平梧各郡山谷間與猺雜居而性尤獷悍喜攻擊擄突故曰獞其在興安之富江諸處者被化最早習俗較醇以耕種負販為生席地而炊摶飯而食男藍布裹頭婦推髻銀簪懸以花勝抹額悉綴以珠衣裳俱緣以錦繡宴客人置一盤食餘則各攜去

594–517

图 13　《皇清职贡图》中的兴安县“僮人”

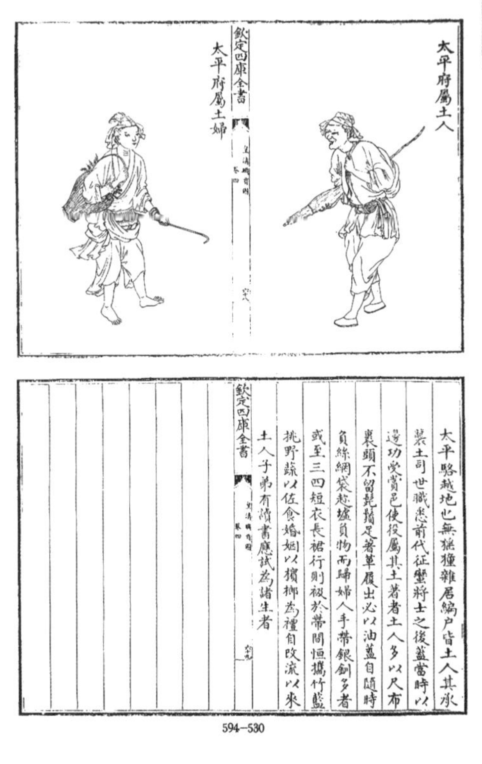

欽定四庫全書

太平府屬土人

太平府屬土婦

太平駱越地也無猺獞雜居編户皆土人其承襲土司世職悉前代征蠻將士之後蓋當時以邊功受賞邑使役屬其土著者土人多以尺布裹頭不留髭鬚足著革履出必以油蓋自隨時負絲網袋赴墟負物而歸婦人手帶銀釧多者或至三四短衣長裙行則被於帶間恒攜竹籃挑野蔬以佐食婚姻以檳榔為禮自改流以來土人子弟有讀書應試為諸生者

594–530

图 14　《皇清职贡图》中的太平府“土人”

项饰银圈，下垂小珠璎珞。红衣广袖，外系绿裙”[44]。或“男女无冬夏俱尺帛裹头，狭衣短裙”[45]。或“男衣带皆黑，妇女衣不掩膝，长裙细褶。”[46]“男持镖佩刀，女戴笠跣足。”[47]西隆州（今西林县、隆林各族自治县内）壮族，“男以蓝布缠头，蓝衣花带，手银镯，足鹞鞋，时肩丝网袋，以藏什物。土妇首裹布帻，髻插花簪，绿衣红领花袖，外系细褶长裙，束以飘带，能织花布巾”[48]。（图16）镇安府（今那坡县、德保县）壮族，“民性顽朴，男子巾布跣足，妇女戴笠拖裙”[49]。思恩府（今环江毛南族自治县）“侬人”（壮族），“妇首绾双髻，短衣布裙”[50]。（图17）或“男裹青帻，女戴竹笠”。“妇女草笠短衣。”[51]贺县（今贺州市八步区）壮族，“男花巾缠头，项饰银圈，青衣绣缘。女环髻遍插银簪，衣锦边短衫，系纯锦裙，华饰自喜，能织壮锦及巾帕，其男子所携必家自织者”[52]。（图18）桂平县（今桂平市）壮族，“妇用银丝围绕头髻，耳环大圜，不用坠子。衣不掩膝，长裙细褶，缀五色绒于襟袂间”[53]。岑溪“俍人”（壮族），“男椎髻，绩麻为衣，以耕渔为生。妇垂髻，耳环，与民人相同。喜以茜草染齿，使红，以示丽。贫者时戴笠携筐，挑野蔬以佐食”[54]。（图19）贵县（今贵港市内）“俍人”，“男戴笠著履，时携巾扇闲游。女青衣绣裳，系红绿彩色带，喜簪花，亦喜以茜草染齿”[55]。（图20）灵山县壮族，男子“戴笠跣足，衣饰亦与齐民相仿”。“壮妇用花帛兜肚，袴仅蔽膝。往来圩市必持雨伞而行。”[56]（图21）

清代，汉族男子多穿青色或蓝色直领枇杷襟上衣，衣上缝3个口袋，1个略小，在左

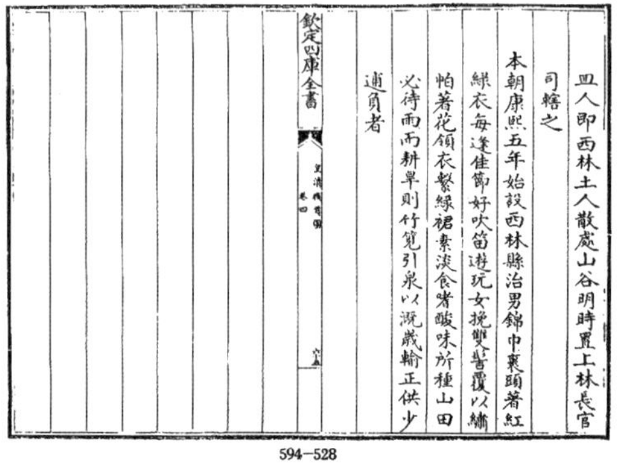
欽定四庫全書 皇清職貢圖 卷四

皿人即西林土人散處山谷明時置上林長官司轄之

本朝康熙五年始設西林縣治男錦巾裹頭著紅綠衣每逢佳節好吹笛遊玩女挽雙髻覆以繡帕著花領衣繫綠裙素淡食嗜酸味所種山田必待雨而耕旱則竹筧引泉以溉歲輸正供少逋負者

594-528

图 15 《皇清职贡图》中的西林县“皿人”

欽定四庫全書 皇清職貢圖 卷四

西隆州本日南地唐宋屬田州明永樂時置安隆長官司

本朝康熙初始設西隆州雍正五年以泗城土府改設流官遂分隸焉土人村舍多在山脊鋤畬種粟家無積糧男以藍布纏頭藍衣花帶手銀鐲足鵰鞋時肩絲網袋以藏什物土婦首裹布幘髻插花簪綠衣紅領花袖外繫細摺長裙束以飄帶能織花布巾每歲首酋長率所部百餘人以雉兔等物獻之官府俯伏跪拜惟謹犒以酒食各袖所餘而去就田輸稅不異齊民

皇清職貢圖卷四

594-531

图 16 《皇清职贡图》中的西隆州“土人”

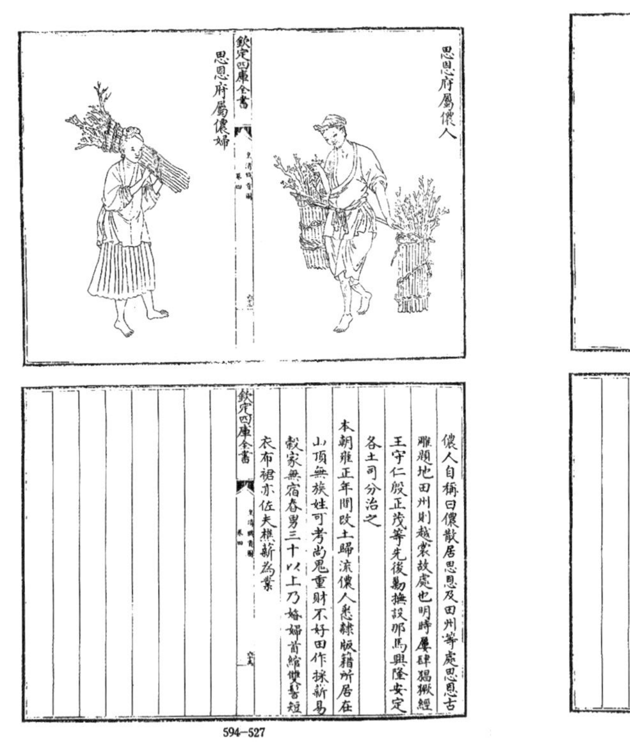

图 17 《皇清职贡图》中的思恩府“侬人”

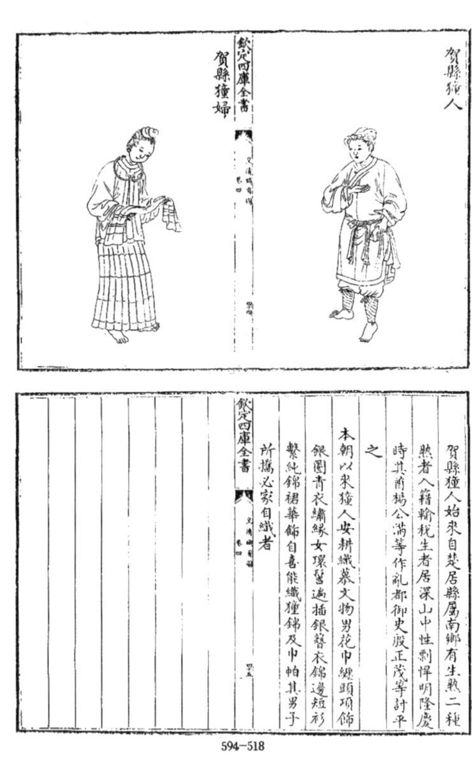

图 18 《皇清职贡图》中的广西贺县“僮人”

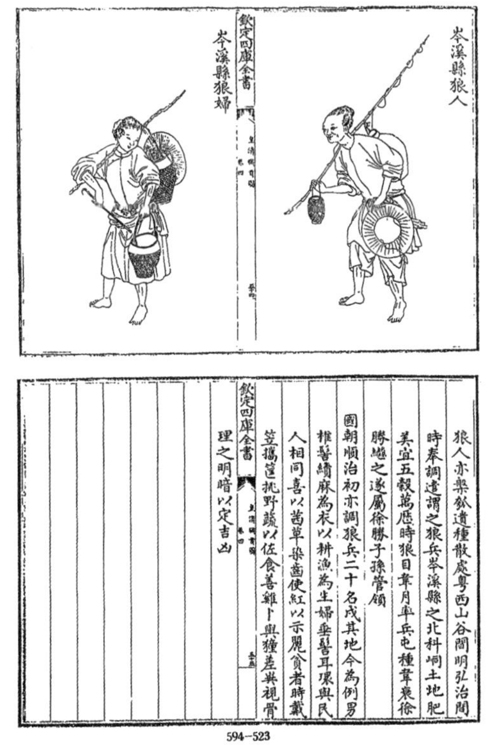

图 19 《皇清职贡图》中的岑溪县“俍人”

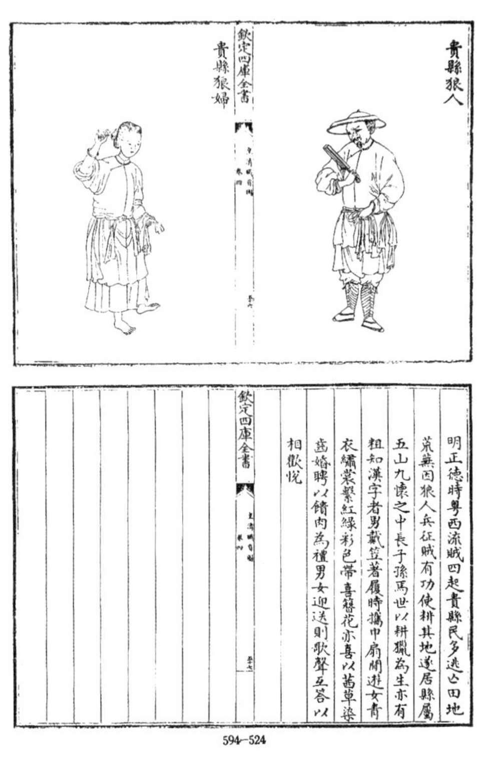

图 20 《皇清职贡图》中的贵县“俍人”

胸前；2个略大，在胸前的左右衣襟上。用布打结为扣，缝在襟缘，成年男子缝扣9颗，少年男孩缝7颗，幼年男童缝3颗。下穿宽筒长裤。妇女多穿长到膝盖的大襟衣，下穿宽筒长裤，着布鞋。官绅富裕户男子穿长衫马褂，女子短衣长袍，衣襟和袖口多镶边。贫困人家多穿草鞋、板鞋或跣足，一般人穿布草鞋或布鞋，富裕人家多着袜，穿绣花布鞋或皮鞋。部分客家人男子上穿对襟唐装，下穿大裆宽筒裤。未婚女子梳一条长辫子，上穿右襟唐装，下穿小裆直筒裤；已婚妇女蓄发绾髻，上穿右襟唐装，下穿小裆宽筒裤，着布鞋。居住在桂西北山区的汉族多是明清时期被调遣到滇黔桂一带戍守或军屯的后人，这部分人后因无战事而被遣散，进入广西西北部地区。而当时此地的平坝地区已被别的民族居住耕种，他们只好进入较偏僻的山区居住，被人称为"高山汉"。受当地少数民族影响，他们的服饰既保持了中原汉族唐装的特色，又有桂西北少数民族服饰的特点。清代，居住在桂西北隆林山区的汉族，男子蓄发，将之编为长辫绕于头上如锅圈状，再用一条两端有穗子的土青色布帕包上。上穿蓝黑色立领对襟短衣或大襟衣，系铜纽扣或布纽扣，下穿蓝黑色大裆宽筒裤，用布带将其系紧。富人穿绸缎制作的大襟长袍，外套马褂。寒冬时节，内穿自织土布做的衬衣、衬裤及布背心，背心有单层布、夹层布、夹棉之分，上穿"腰子"，下身加穿棉裤，裤脚用布带束紧，以防寒风吹入。富人穿羊皮制作的皮袄、皮裤。女子蓄发绾髻，髻上插银簪，吊银链，包以两端有绺穗的青布头帕，上穿长过膝盖的土青色大襟衣，腰系两端绣有花瓣的青布腰带，系围裙，用两根以红、黄、白、蓝等色丝线绣成的飘带将围裙系紧，系围裙时，将两根飘带的两端系于腰后，行走时随风左右飘摆，分外妖娆。腿缠脚绑，脚穿翘尖鞋。[57]

清代瑶族，"男子编白雉插首，银环穿耳，银箍匝额，银环饰项，腕戴银钏，多至二三双。女子簪发以竹，复（覆）以花布，如鸟张翼状。衣腹、背俱系唐宋铜钱为饰。裙用五色绒彩织为文绣，短仅至膝，系钱于边幅，行则有声"[58]。临桂县（今桂林市临桂区）大良瑶族，男子"椎髻跣足，短衣缘绣，以锦缀膝，出必携雨盖。瑶妇以银簪遍插髻间，耳缀大银环，以蛮锦刺绣为衣"[59]。（图22）兴安县平地瑶族，"男女俱青衣短袴，女无裙"[60]。"男花帛裹头，带银手钏，衣、袴俱锦缘，时以布囊负物。女锦缠头，缀以珠玉，项饰银圈，花布巾束腰。偶诣亲串家，晴雨必以油盖自随。"[61]（图23）灌阳县竹箭瑶，"男女俱绾髻，簪竹簪三枝，有似于（如）箭。男衣缘边短衣，女花领绣裙"[62]。（图24）永福县瑶族，"服青蓝布，长不掩膝。发以黄蜡胶之，覆以蓝布，置木板径尺于顶上，其板二齿，岐出数寸。每梳栉，必宴客相贺。……有白瑶，居毛峒、里（理）定二里，衣缟素，以锡饰笠顶，望之皆白，故名。亦称木皮瑶"[63]。县内梳瑶，"男不留髭须，梳髻缠花巾，领、袖缘以花布。女布衣花带，不事装饰，以髻中绾木梳，故概名梳瑶"[64]。"灵川县六都多瑶……自谓盘古之裔。服青布短褐，袴不被膝，衣领绣花，以镶红绿为缘。"[65]陆川县山子瑶，"男椎髻缠头，著短袖衣，女则以绣缘领。每出行，男女皆携葫芦为饮器"[66]。（图25）合浦瑶族，"喜以绣帛束胸，短裙跣足，常负藤囊至圩贸易"[67]。（图26）"罗城通道镇板瑶……男衣黑衣，妇人左衽，裙有五色，系古铜钱，步行有声。"天河（今罗城仫佬族自治县内）瑶族，“男子蓄发绾髻，裹以花布。妇人以长带束额，耳带大圈。男、妇皆青布短衣裤，以红白布为缘”。“思恩（今环江毛南族自治县内）瑶……其俗男衣短狭青衣，老者衣细褐，妇女则小袂长裙，绣刺花纹，其长曳地。”“南丹瑶，男女皆蓄发绾髻，男青衣白裤，女花衣花裙，长仅及膝。”“武缘（今武鸣）瑶……男子辫发作髻，服青短衫，胸系花布，妇人加褶裙，织花为饰。”“西林瑶……男女衣、裤色青，领、袖皆锦，男结发摇扇，女裹花帕，露胸跣足。”“桂平瑶……衣青蓝短衣，蓬头跣足，妇人则以红绿两截作裙。”“平南县有平地瑶、盘古瑶、外瑶三种。平地瑶男妇皆青衣、花带、草履，以银圈挂项。盘古瑶头插匙簪，衣领绣花。平地瑶则不簪不绣。外瑶俗与民同。”[68]修仁县（今荔浦县、金秀瑶族自治县内）顶板瑶，“男女短衣花领，皆以黄蜡胶红板于首。女则缀以琉璃珠，累累若璎珞然”[69]。（图27）由此可知，清代瑶族服饰的地区差别也已形成。

清代苗族服饰也很有地方特色。“融水苗，青布缠头，耳、项各悬银圈，衣、裤俱青色，短小紧窄。”[70]“怀远（今三江侗族自治县内）苗，男女服以青布，绣花极工巧，俗谓花衣苗。”[71]龙胜苗族，“头留长发绾髻子，四时用青布或花布包头。男上穿短青衣到膝，下穿青围布，非裙非裤。妇女头髻绾于额前，髻上插银簪，耳戴大银圈，项戴项圈，上穿长花领青布短衣，胸前常挂银牌，下穿青布短裙，两脚胫常包花布。男女俱赤脚”[72]。或“男缠头，插雉尾，耳环项圈，青衣紫袖。女绾髻遍插银簪，复（覆）以长簪，缀红绒，短衣缘锦，花兜

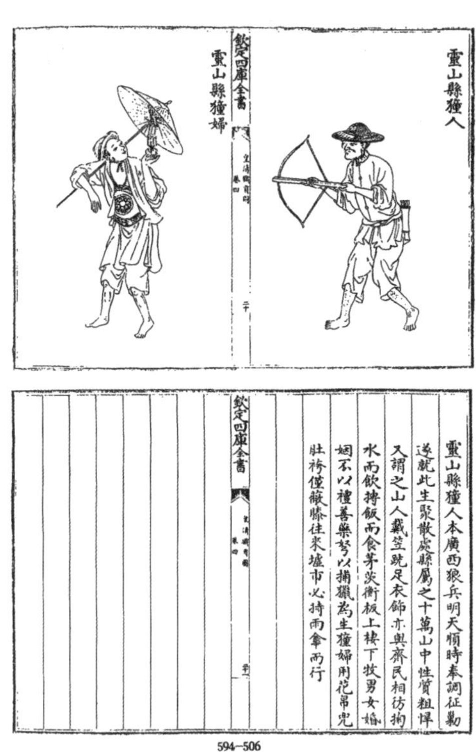

图 21 《皇清职贡图》中的灵山县“僮人”

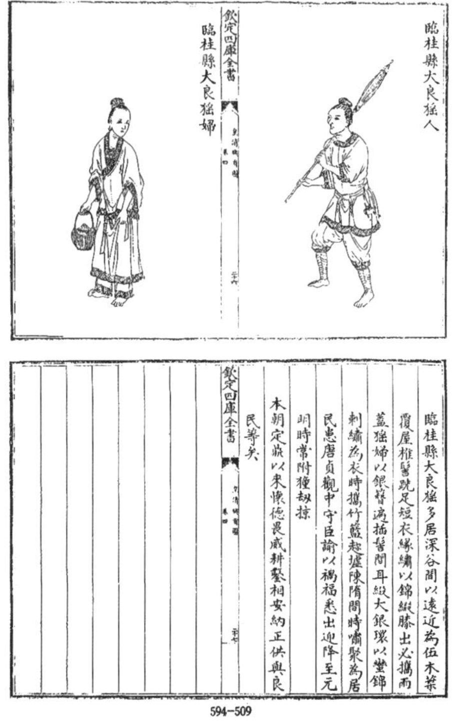

图 22 《皇清职贡图》中的临桂县大良“徭人”

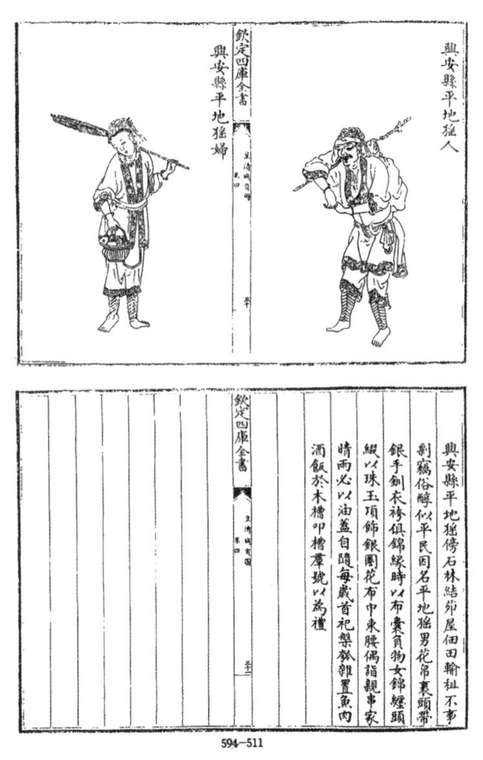

图 23 《皇清职贡图》中的兴安县平地“徭人”

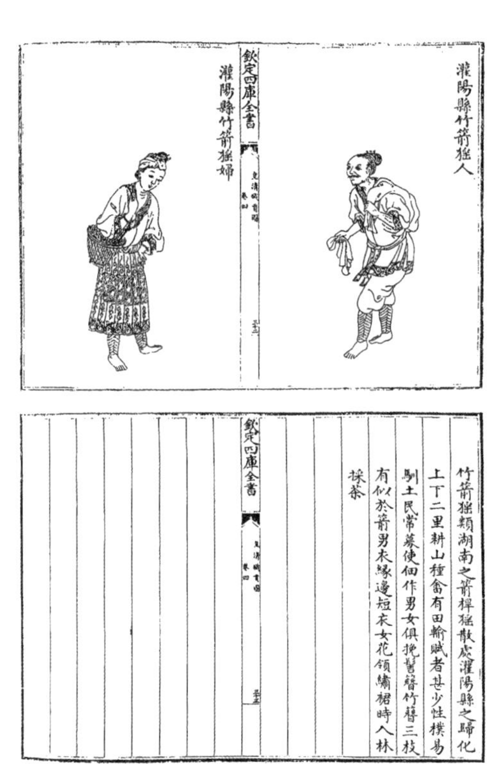

图 24 《皇清职贡图》中的灌阳县竹箭“徭人”

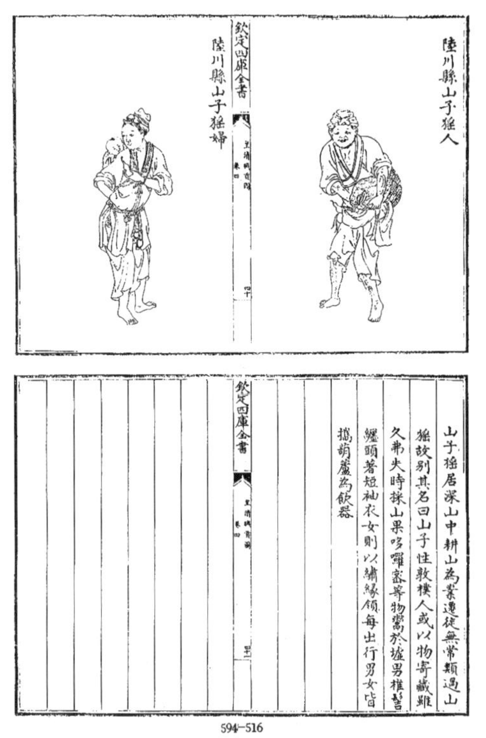

图 25 《皇清职贡图》中的陆川县山子“徭人”

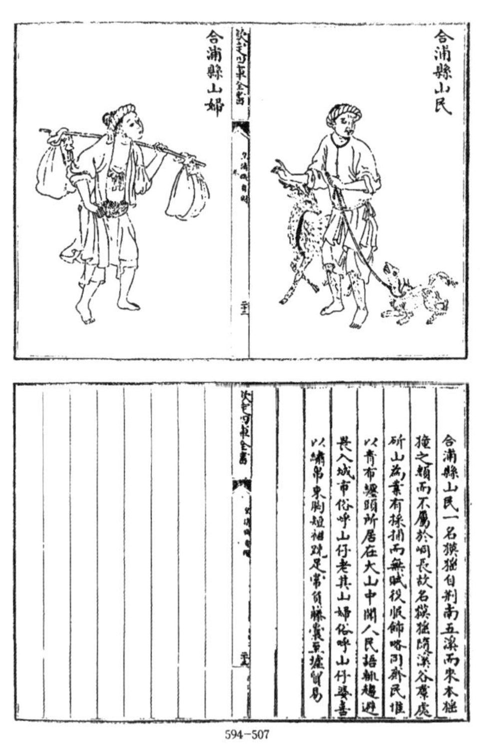

图 26 《皇清职贡图》中的合浦县“僕徭”

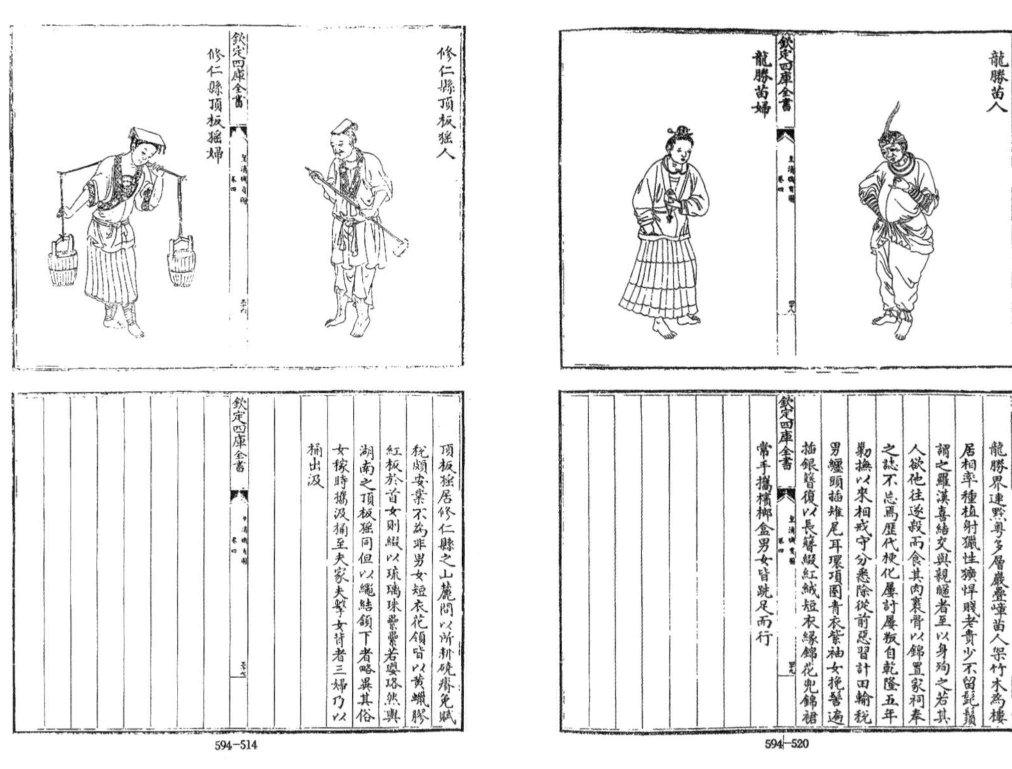

修仁縣頂板猺人

修仁縣頂板猺婦

欽定四庫全書

頂板猺居修仁縣之山麓間以所耕磽瘠免賦稅頗安業不為非男女短衣花領皆以黄蠟膠紅板於首女則綴以琉璃珠纍纍若瓔珞然與湖南之頂板猺同但以繩結領下者略異其俗女嫁時攜汲桶至夫家夫挈女往者三婦乃以桶出汲

594-514

龍勝苗人

龍勝苗婦

欽定四庫全書

龍勝界連黔粤多層巖叠嶂苗人架竹木為樓居相率種植射獵性獷悍賤老貴少不留髭鬚謂之羅漢喜結交與親暱者至以身殉之若其人欲他往遂殺而食其肉裹骨以錦置家祠奉之誌不忘焉歷代梗化屢討屢叛自乾隆五年勦撫以來相戒守分悉除從前惡習計田輸稅男蠻頭插雉尾耳環項圈青衣紫袖女挽髻遍插銀簪復以長簪綴紅絨短衣緣錦花兜錦裙常手攜檳榔盒男女皆跣足而行

594-520

图 27 《皇清职贡图》中的修仁县顶板“徭人”

图 28 《皇清职贡图》中的龙胜苗人

羅城縣苗人

羅城縣苗婦

欽定四庫全書

苗之在羅城者與猺雜居而性頗不類好吹笙男子髻插三雉尾耳環手鐲短衣繡緣苗婦椎髻長簪著鑲錦緻衣胸露花兜裳則純錦以示靚麗能織番錦又善音操楚歌挂釵留客能為鸜鵒舞娶婦生女則送歸母家謂之一女來一女往食則以手摶飯和以魚鮓為上食交易以木刻記之宋時始置縣治猶頑梗今則奉法與齊民同村落亦有塾舍書聲

594-521

图 29 《皇清职贡图》中的罗城县苗人

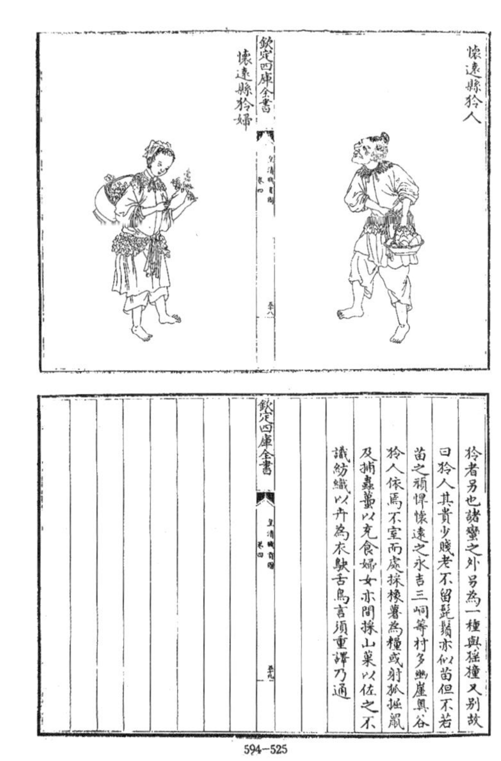

懷遠縣狑人

懷遠縣狑婦

欽定四庫全書

狑者另也諸蠻之外另為一種與猺獞又別故曰狑人其貴少賤老不留髭鬚亦似苗但不若苗之頑悍懷遠之永吉三峒等村多幽崖異谷狑人依焉不室而處採橡薯為糧或射狐掘鼠及捕蟲蟻以充食婦女亦間採山菓以佐之不識紡織以卉為衣鴃舌鳥言須重譯乃通

594-525

图 30 《皇清职贡图》中的怀远县“伶人”

图 31 广西侗族在鼓楼前跳芦笙舞

锦裙，常手携槟榔盒。男女皆跣足而行”[73]。（图28）罗城苗族，“男子髻插三雉尾，耳环手镯，短衣绣缘。苗妇椎髻长簪，著镶锦敞衣，胸露花兜，裳则纯锦，以示靓丽。能织番锦”[74]。（图29）

清代侗族，“男女俱穿耳，男头插白雉尾……女额、项、手以银箍、银圈、银镯为饰，裙以六幅青布为之而不缝，其长过足即用为脚缠”[75]。怀远（今三江侗族自治县内）之永吉、三峒一带侗族，仍“不识纺织，以卉为衣”[76]。（图30）

仫佬族，“服色尚青，男衣短狭，老者衣细褐，女则短袂长裙”[77]。

水族，“男女皆绾髻向前，项饰银圈。男服对衽衣，名四块瓦。女花裙，衣袖长窄。……出入以环刀、镖枪自随”[78]。

仡佬族，“男蓄发，以青布包首，头插烟袋，出常携锄，能作壮语。妇人衣蓝，领、袖、裙脚则以红、黑各色缘之”[79]。清嘉庆《广西通志》卷279还说：“仡佬，一名仡僚，种有五。……以布一幅横围腰间，旁无襞积，谓之桶裙。男女同制花布者为花仡佬，红布者为红仡佬。各有族属，不通婚姻。又打牙仡佬，彪悍尤甚。又剪头仡佬，男女畜（蓄）发寸许……”“又剪头仡（佬），男女生发，时时剪之……”

彝族，“喜居山巅，短衣长带”[80]。

综观古代广西世居民族服饰的演变发展，我们可以看到：随着生产力发展水平的提高，经济文化的发展，古代广西世居民族服饰的发展经历了从无衣到有衣，从简陋到华丽精巧，从单一到多样的演变过程。经过历代的演变发展，广西世居民族服饰文化在不断地吸取其他民族服饰文化的精华，不断地提高、创新后，终于形成了自己的民族风格和特色。

二、近现代广西世居民族服饰变迁概况及其特点

辛亥革命的胜利，将统治中国近300年的清王朝推翻，清朝封建统治阶级在服饰文化上的清规戒律也随之变成了历史。中华民国时期，当时的政府发出剪辫通令，广西各民族人民和全国人民一道闻风而动，将保持近300年的辫发陋习根除，衣冠服饰也跟着发生重大的变化。它主要表现为服饰文化千百年来以服饰“昭名分，辨等威”的传统习惯和规章制度的废弃，传统服饰文化中的等级制随着封建王朝的崩溃而消失，人们可以按照自己的意愿来选择称心如意的服饰，可以根据自己的经济条件和审美观念来打扮自己。随着资产阶级民主革命思想的传播，结构合理、外形美观、穿着方便的中山装开始在广西世居民族知识分子中流行。20世纪20年代，中华民国政府颁布服制条例，这主要是针对男女的礼服和公务人员的制服而言，对于平时的便服和世居民族的传统服饰未做具体规定，所以，在广西农村，广大世居民族群众仍穿传统民族服饰。（图32）中华民国政府广西当局虽也大力推行“风俗改良运动”，强迫广西少数民族放弃传统服饰，剪发易服，甚至派军警等下乡，持刀剪发、剪裙，但收效甚微。

中华人民共和国成立后，中国共产党实行了民族平等和民族团结的正确路线，尊重广西世居民族的风俗习惯和传统文化，这为世居民族服饰文化的发展迎来了一个百花齐放的春天，各民族人民都可以按照自己的民族习惯和喜好来穿着自己的服饰。“文化大革命”期

图 32　广西南丹月里壮族妇女服饰

间，由于受到极左思潮的影响，用形而上学的观点看待问题，将世居民族，特别是少数民族传统服饰视为“奇装异服”，列为“横扫”之列，部分世居民族青年由此改穿黄军装。“文化大革命”结束后，随着党的民族政策的落实，各民族的风俗习惯和传统文化又重新得到尊重，不少群众又重新穿上传统民族服饰。党的十一届三中全会之后，随着经济改革的进行，广西民族地区长期形成的封闭状态逐渐被打破，少数民族和汉族之间的平等交流不断加强，民族团结、和谐成为民族关系的主流，历史上形成的民族隔阂和民族成见逐渐消失。同时，民族地区社会生产力发展水平提高，自给自足的自然经济壁垒逐渐崩溃，商品经济观念对人们的影响日益加深，少数民族群众在现实生活中逐渐认识到汉族服饰的优越之处，于是，广西世居民族特别是壮、毛南、仫佬、水等民族的服饰文化发展便逐渐趋同于适应现代化生产和快节奏生活的汉族服饰，这与他们长期与汉族杂居，善于吸取汉族的文化有关。此外，改革开放之后，广西各民族群众生活水平不断提高，人们的价值观念与审美心理都发生了很大的变化，人们对物质文明和精神文明的需求也不断深化，在现代化潮流的影响下，越来越多的世居民族群众认为机织衣料比自织土布美观、耐穿，买成衣和胶皮鞋等要比自缝衣、裤和自纳布鞋更为省事、方便、耐穿、美观。于是，款式新颖大方、质地高档、做工精细考究的时装也开始在广西各民族群众中流行，特别是在青年中流行得更快。随着我国改革开放的进程加快和各民族经济文化的繁荣，时装在广西各民族中更普遍地流行。时装，其实是一种时髦的服饰文化，它不仅符合时代，也符合时节。它每时每刻都在变化，每时每刻都在发展，具有较大的流动性。时装在广西的流行，是广西世居民族服饰文化史上的一个新转折，它标志着广西世居民族服饰的传承已发生严重危机，衰退之势难以逆转。以壮族为例，中华民国时期，一般人家男子多穿对襟圆领唐装，妇女穿大襟或小襟右衽衣；城镇官员、富豪商绅和学生多穿中山装、西装、长衫、马褂和学生装等，妇女多穿旗袍。20世纪50年代初期，农村仍流行唐装和大、小襟右衽衣，城镇兴穿学生装、中山装、列宁装、青年装、西装等。“文化大革命”期间，多穿军装、国防装、工作服等。20世纪70年代末，时装流行于城乡之中，不仅青年人，甚至中老年人亦西装革履，各种各样的流行时装名目繁多，传统民族服饰濒临消失。

20世纪末，经济全球化的发展与外来文化的传入如汹涌澎湃的浪潮，使传统文化备受冲击。走进广西世居民族地区，我们可以看到，穿着世居民族服饰的人越来越少，掌握世居民族服饰工艺的民间艺人在村里屈指可数。经济发展与科学进步是把双刃剑：一方面能提高广西各民族社会的生产效率与生活水平，进而使人们的服饰更为丰富多彩；另一方面又破坏了原已存在的传统技术与审美观念，进而使传统的广西世居民族服饰濒临失传。在广西融水苗族自治县杆洞乡杆洞村，我们随机访问了30位苗族村民，虽然所有的人都认为应该保留本民族服饰，但保留有本民族服饰的仅有25人，平时经常穿着的只有1人，过民族节日时穿着的有15人。在广西靖西新靖旧州村的20位受访者中，有15位还保留有本民族服饰，但平时穿着的仅有2人，过民族节日时穿着的有9人。广西龙胜各族自治县龙脊镇金江村黄洛屯红瑶以从

图 33　广西贺州盘瑶妇女服饰

图 34　广西隆林苗族男女服饰

事民族旅游业为主，绝大多数红瑶村民都保留有本民族服饰，白天游客进村时，村民全部穿着本民族服饰接待游客；晚上游客一走，除老年人外，其他人基本上都换上时装，本民族服饰的穿着更多的是为了展示给游客欣赏。在经济全球化发展与外来文化传入的影响下，广西世居民族传统服饰在现代社会中日趋衰退已是一种普遍的现象与不争的事实。

从广西世居民族服饰文化变迁过程来看，呈现如下特点：

第一，在广西世居民族服饰变迁过程中，男子的服饰是变化得最快的。中华民国时期，已有一部分少数民族男子开始穿着汉族服饰。中华人民共和国成立后，随着各民族之间经济文化交流的进一步加强，除老年人外，广西各民族男子的服饰已日趋一致。这一是因为男子服饰本来就比女子服饰简便，改装较容易；二是因为广西世居民族男子往往是家庭中的政治、经济代表人，他们往往比妇女更多地参与社会政治、经济、文化等活动，和外界的交往接触比妇女多，容易接受现代化的商品观念和审美观念的影响，容易接受新生事物。所以男子在服饰变化的过程中，步伐就会迈得大些，速度也相对快些。

第二，从居住区域上看，居住在城镇或靠近汉族聚居区的少数民族的服饰比居住在边远山区的少数民族的服饰变化要快。这是因为居住在城镇中或靠近汉族聚居区的少数民族常与汉族交往，受汉族先进文化和城镇现代化生活文化的影响程度比居住在山区的少数民族深，其服饰文化上的现代化和多样化就比山区的少数民族出现得早。以瑶族为例，居住在平坝的平地瑶，其服饰就比居住在山上的盘瑶变化得快。（图35）又如壮族，居住在城镇或圩集上的壮族，其服饰也比居住在边远山区的壮族服饰更为多样化和现代化。

第三，广西世居民族群众的服饰正日趋多样化。历史上，广西的经济文化发展比较缓慢，加上受到封建礼教和极左思潮的影响，用形而上学的眼光看待新事物，把人们正常的穿着打扮看作是追求资产阶级生活方式，于是，“新三年、旧三年，缝缝补补又三年”的消费思想也就应运而生，人们的服饰显得十分朴素、单调，尤其是世居民族中的中老年人，一套服饰，春夏秋冬皆适宜，一衣多季的情况十分普遍。数十年来，随着经济体制的改革，广西世居民族群众的收入普遍有所提高，人们的观念、心理都发生了很大的变化，一衣多季的服饰文化和人们的生活水平与心理要求极不适应，于是，一季多衣的习俗逐渐形成，并取代一衣多季的消费习俗，成为服饰消费文化中的主流。人们不仅要求不同的季节要有不同的服饰，春夏秋冬的服装各有特色，就是在同一季节中，也要求有不同款式的服饰，盛装、便装、劳动装，一日数次轮流换穿，特别是青年姑娘，仅日常所穿的裙子就有百褶裙、筒裙、连衣裙、绣花裙、蜡染裙等。广西世居民族群众的服饰正日趋多样化。

第四，广西世居民族传统服饰礼服化的形成。在广西世居民族地区，虽然平时穿着民族传统服饰的人越来越少，但这并不意味着穿着民族传统服饰的习俗已经消失。在民

图 35　广西富川平地瑶

图 36　广西那坡蓝靛瑶女子服饰

族传统节日里，参加民族传统节日活动的各民族群众都会翻箱倒柜，找出最漂亮的本民族传统服饰穿在身上。民族传统服饰逐渐成为广西各民族群众的礼仪服饰，人们仅在民族传统节日的庆典、祭祀等场合才穿着民族传统服饰，平时的生活、劳动等则穿着市场上购买的时装。

图 37　广西三江侗族女子盛装

注释：

① 北京大学哲学系美学教研室：《西方美学家论美和美感》，北京：商务印书馆，1980，246 页。

②《隆林仡佬族》编撰委员会编：《隆林仡佬族》，南宁：广西民族出版社，2013，209 页。

③ 郑超雄：《壮族审美意识探源》，南宁：广西人民出版社，1991，91~94 页。

④（南朝宋）范晔：《后汉书》卷 86。

⑤（汉）刘安：《淮南子》卷 18《人间训》。

⑥（宋）司马光：《资治通鉴》卷 7《秦纪二》。

⑦ 沈从文、王孖：《中国服饰史》，西安：陕西师范大学出版社，2004，50 页。

⑧ 沈从文、王孖：《中国服饰史》，西安：陕西师范大学出版社，2004，55 页；周喜宝：《中国古代服饰史》，北京：中国戏剧出版社，1984，179 页。

⑨ 沈从文、王孖：《中国服饰史》，西安：陕西师范大学出版社，2004，77 页；陈高华、徐吉军主编：《中国服饰通史》，宁波：宁波出版社，2002，263 页。

⑩（唐）魏征等：《隋书》卷 31。

⑪（清）谢启昆：《广西通志》卷 87，嘉庆六年（1801 年）刻本。

⑫（清）谢启昆：《广西通志》卷 88，嘉庆六年（1801 年）刻本。

⑬（宋）周去非著，杨武泉校注：《岭外代答》卷 3《外国门》，北京：中华书局，1999，119 页。

⑭（清）谢启昆：《广西通志》卷 87，嘉庆六年（1801 年）刻本。

⑮（清）谢启昆：《广西通志》卷 87，嘉庆六年（1801 年）刻本。

⑯（清）谢启昆：《广西通志》卷 87，嘉庆六年（1801 年）刻本。

⑰（清）谢启昆：《广西通志》卷 87，嘉庆六年（1801 年）刻本。

⑱（清）顾炎武：《天下郡国利病书》卷 105《广西》。

⑲（明）王士性：《桂海志续》，转引自（清）谢启昆：《广西通志》卷 278，嘉庆六年（1801 年）刻本。

⑳（明）王士性：《桂海志续》，转引自（清）谢启昆：《广西通志》卷 278，嘉庆六年（1801 年）刻本。

㉑（清）谢启昆：《广西通志》卷 279，嘉庆六年（1801 年）刻本。

㉒（清）谢启昆：《广西通志》卷 279，嘉庆六年（1801 年）刻本。

㉓（清）谢启昆：《广西通志》卷 87，嘉庆六年（1801 年）刻本。

㉔（清）谢启昆：《广西通志》卷 278，嘉庆六年（1801 年）刻本。

㉕（清）谢启昆：《广西通志》卷 278，嘉庆六年（1801 年）刻本。

㉖（清）傅恒：《皇清职贡图》卷 4，《四库全书》第 594 册，台北：商务印书馆，1986。

㉗（清）傅恒：《皇清职贡图》卷 4，《四库全书》第 594 册，台北：商务印书馆，1986。

㉘（清）傅恒：《皇清职贡图》卷 4，《四库全书》第 594 册，台北：商务印书馆，1986。

㉙（清）谢启昆：《广西通志》卷 278，嘉庆六年（1801 年）刻本。

㉚（清）谢启昆：《广西通志》卷 278，嘉庆六年（1801 年）刻本。

㉛（清）李文琰：《庆远府志》卷 10，乾隆十九年（1754 年）刻本。

㉜《古今图书集成》卷 1415，《方舆汇编·职方典·庆远府部》。

㉝（清）李文琰：《庆远府志》卷 10，乾隆十九年（1754 年）刻本。

㉞（清）李文琰：《庆远府志》卷 10，乾隆十九年（1754 年）刻本。

㉟（清）李文琰：《庆远府志》卷 10，乾隆十九年（1754 年）刻本。

㊱（清）王言纪：《白山司志》卷 9，道光十年（1830 年）刻本。

㊲（清）谢启昆：《广西通志》卷 87，嘉庆六年（1801 年）刻本。

㊳（清）谢启昆：《广西通志》卷 278，嘉庆六年（1801 年）刻本。

㊴（清）傅恒：《皇清职贡图》卷 4，《四库全书》第 594 册，台北：商务印书馆，1986。
㊵（清）颜嗣徽：《归顺直隶州志》第三卷《风俗志》，光绪二十五年（1899 年）刻本。
㊶（清）汪溶日：《养利州志·习尚》，康熙三十三年（1694 年）刻本。
㊷（清）傅恒：《皇清职贡图》卷 4，《四库全书》第 594 册，台北：商务印书馆，1986。
㊸（清）谢启昆：《广西通志》卷 278，嘉庆六年（1801 年）刻本。
㊹（清）傅恒：《皇清职贡图》卷 4，《四库全书》第 594 册，台北：商务印书馆，1986。
㊺（清）谢启昆：《广西通志》卷 278、279，嘉庆六年（1801 年）刻本。
㊻（清）谢启昆：《广西通志》卷 278、279，嘉庆六年（1801 年）刻本。
㊼（清）谢启昆：《广西通志》卷 87，嘉庆六年（1801 年）刻本。
㊽（清）傅恒：《皇清职贡图》卷 4，《四库全书》第 594 册，台北：商务印书馆，1986。
㊾（清）谢启昆：《广西通志》卷 88，嘉庆六年（1801 年）刻本。
㊿（清）傅恒：《皇清职贡图》卷 4，《四库全书》第 594 册，台北：商务印书馆，1986。
51（清）谢启昆：《广西通志》卷 87，嘉庆六年（1801 年）刻本。
52（清）傅恒：《皇清职贡图》卷 4，《四库全书》第 594 册，台北：商务印书馆，1986。
53（清）吴志绾：《桂平县资治图志》第 4 卷，乾隆三十三年（1768 年）刻本。
54（清）傅恒：《皇清职贡图》卷 4，《四库全书》第 594 册，台北：商务印书馆，1986。
55（清）傅恒：《皇清职贡图》卷 4，《四库全书》第 594 册，台北：商务印书馆，1986。
56（清）傅恒：《皇清职贡图》卷 4，《四库全书》第 594 册，台北：商务印书馆，1986。
57《隆林汉族》编撰委员会编：《隆林汉族》，南宁：广西民族出版社，2013，126~127 页。
58（清）黄钧宰：《金壶七墨》卷 5，同治十二年（1873 年）刻本。
59（清）傅恒：《皇清职贡图》卷 4，《四库全书》第 594 册，台北：商务印书馆，1986。
60（清）谢启昆：《广西通志》卷 278、279，嘉庆六年（1801 年）刻本。
61（清）傅恒：《皇清职贡图》卷 4，《四库全书》第 594 册，台北：商务印书馆，1986。
62（清）傅恒：《皇清职贡图》卷 4，《四库全书》第 594 册，台北：商务印书馆，1986。
63（清）傅恒：《皇清职贡图》卷 4，《四库全书》第 594 册，台北：商务印书馆，1986。
64（清）谢启昆：《广西通志》卷 278，嘉庆六年（1801 年）刻本。
65（清）谢启昆：《广西通志》卷 278，嘉庆六年（1801 年）刻本。
66（清）傅恒：《皇清职贡图》卷 4，《四库全书》第 594 册，台北：商务印书馆，1986。
67（清）傅恒：《皇清职贡图》卷 4，《四库全书》第 594 册，台北：商务印书馆，1986。
68（清）谢启昆：《广西通志》卷 278，嘉庆六年（1801 年）刻本。
69（清）傅恒：《皇清职贡图》卷 4，《四库全书》第 594 册，台北：商务印书馆，1986。
70（清）谢启昆：《广西通志》卷 279，嘉庆六年（1801 年）刻本。
71（清）谢启昆：《广西通志》卷 279，嘉庆六年（1801 年）刻本。
72（清）周诚之：《龙胜厅志》，46 页，道光二十六年（1846 年）刊本。
73（清）傅恒：《皇清职贡图》卷 4，《四库全书》第 594 册，台北：商务印书馆，1986。
74（清）傅恒：《皇清职贡图》卷 4，《四库全书》第 594 册，台北：商务印书馆，1986。
75（清）谢启昆：《广西通志》卷 279，嘉庆六年（1801 年）刻本。
76（清）傅恒：《皇清职贡图》卷 4，《四库全书》第 594 册，台北：商务印书馆，1986。
77（清）谢启昆：《广西通志》卷 279，嘉庆六年（1801 年）刻本。
78（清）谢启昆：《广西通志》卷 279，嘉庆六年（1801 年）刻本。
79《西隆州志》，转引自（清）谢启昆：《广西通志》卷 279，嘉庆六年（1801 年）刻本。
80（清）谢启昆：《广西通志》卷 279，嘉庆六年（1801 年）刻本。

广西南丹瑶族妇女跑纱

第二章 源远流长的服饰制作

广西世居民族服饰制作历史悠久。历史上，广西以自给自足的自然经济为主，“男耕女织”一直是广西社会的主要经济形态，各民族家庭一家人所穿的服饰，大多由家庭妇女用手工制作。最初是使用蕉、葛、竹、木、麻等野生植物纤维作为原料制作服饰，后来又种植麻、棉等植物，纺纱织布，制作服饰。中华民国时期，部分人开始使用机织布缝制服饰。中华人民共和国成立后，缝纫机逐步取代了手工缝制；除老年人外，大部分青年人都逐渐使用机织布、化纤布代替自织土布缝制服饰。20世纪90年代后，随着生产力发展水平的提高和经济的增长，各民族群众收入的增加和生活水平的提高，时装逐渐取代各民族传统服饰，广西世居民族传统服饰制作技艺逐渐失传。

一、骨针与纺专

人类是从古猿进化而来的。为了更好地抵御烈日的暴晒、严寒的侵袭、荆棘的伤害和虫蚁的叮咬等对人体的危害，人类开始千方百计地寻找各种物品来遮蔽自己的身体，从此开始穿上了最初的“衣裳”。

广西世居民族传统服饰制作历史悠久。1956年，考古学家在广西柳州白莲洞发现1枚旧石器时代晚期的骨针，距今1万年以上。[1]这是目前广西地区发现的年代最早的纺织工具。此后，又在柳州市大龙潭鲤鱼嘴新石器时代贝丘遗址的第一期文化中出土了1枚新石器时代早期的骨针，在第二期文化中出土了3枚新石器时代中期的骨针，其中1枚针身细长，针尖断缺，有两个对钻针孔，上孔残缺，下孔完好。孔径0.2厘米。[2]在桂林甑皮岩遗址又出土了3枚新石器时代早期的骨针。[3]新石器时代中、晚期后，发掘的骨针不断增多，并逐渐向短小型发展，一般长5厘米，最大直径约0.4厘米，针孔直径约0.2厘米。[4]（图1）看来当时的“白莲洞人”和“甑皮岩人”等广西世居民族的先民已有可能学会用骨针将兽皮、树皮、树叶或花草藤蔓连缀起来，用以遮蔽人体。直到现在，在广西融水苗族自治县的安陲一带，每年新春伊始，各村寨的苗族都要上山割芒篙草，编为衣裳，披在身上，再戴上面具，扛刀弄斧，假扮“芒篙神”，成群结队地出现在村寨中，借以祈求“芒篙神”保佑村民生活吉祥幸福。这种芒草衣，可能就是远古苗族先民最初普遍穿着的衣裳。

骨针的发明表明广西世居民族的先民已经开始有意识地用兽皮、树叶等物保护身体。但兽皮的大小、长短、厚薄并不一定适合人的体型，炎热的夏天穿兽皮也不舒服；而树叶、花草等物，亦不耐寒。于是，广西世居民族的先民又在生产实践中创造了原始的纺纱工具——纺专。（图2）

图 1　广西出土的骨针

图 2　广西出土的纺专

纺专，又称“纺轮”或“纺砖”。在我国许多新石器时代的遗址中，都曾发现大量的这种原始纺织工具。1974年，考古学家在广西平南县石脚山遗址内发掘了两件新石器时代的陶纺轮，一件为圆饼形，一件为算珠形，中间均有一孔，孔中可插一专杆。纺纱时，先把要纺的纤维捻一段缠在专杆上，然后垂下，一手提杆，一手转动圆盘，即可将纤维纺为线。此后，在广西贵县罗泊湾汉墓、平乐银山岭等地的墓葬中也都发现有纺专。这些纺专有石制的，也有陶制的，结构简单，制作容易。从工作原理上来说，纺专已完全具备了现代纺纱机械的基本功能，既可加拈，又可牵引，不论是哪种质地的原料都可以纺出粗细不同的纱线。纺专的出现，说明在新石器时代晚期，广西世居民族的先民已能将野生的植物纤维捻成线，制作衣裳。可以想象，人类最初用骨针穿树叶、兽皮披衣于身，既不结实，又不舒服。而当人们学会用纺专将纤维捻成线后，用以编织各种宽窄适宜的网状物或带子，用来遮体，不仅牢固多了，舒服多了，而且萌发了最初的美感。后人所说的“冬编鹅毛、木棉，夏缉蕉、竹、麻、纻为衣”的服饰文明从此开始。人类在用服饰遮掩自己的身体，获得御寒、遮羞、装饰等文化意识的时候，也是人类日益远离自然的时候。于是，藏在心灵深处的对美的追求逐渐浮现出来，化作五彩斑斓的衣裳，覆盖在人体上。

二、月光下的纺车

纺专的出现给广西世居民族先民的社会生产带来了巨大的变革，是广西纺织技术发展史上的一个重要里程碑。但这种纺纱方法毕竟还是原始的手工劳动，既吃力，又缓慢，捻度不均匀，产量与质量也较低，不能满足人们的需要。于是，继纺专之后，广西世居民族的先民又发明创造了纺车。最初的纺车为手摇式纺车，它采用绳轮来进行传动，可以加拈、合并比较均匀一致、粗细要求不同的丝弦。据有关学者研究，汉代，广西世居民族的先民在使用纺专纺纱的同时，就开始使用纺车纺纱了。[5]纺车在古代曾被广西各民族的先民广泛使用，直到20世纪80年代，部分居住在山区的少数民族仍在使用这种手摇式纺车纺纱。手摇式纺车一般由支撑架、摇柄、传动轴、大传动轮、小传动轮、传动带、锭子等组成。锭子一般为铁质，较大的一端套上二三厘米长的木质轮子，并将其穿在两木柱或索套上；另一端小而尖，伸出木柱外，从绳轮过来的绳弦则套在两木柱之间的锭杆上。摇动摇柄，锭子就可以自由转动。伸出柱外的锭子另套上竹筒，绕上纱线即成为纻子。纺织时，一手摇纺车，一手握线加拈，就可以起到边纺边捻的作用。纺车的发明、使用是广西纺织史上的一大进步，它突破了纺车垂直呈平面旋转的方式，把旋转方向改为立面旋转，不仅加快了纺纱的速度和效率，而且操作者可以坐着操作纺车，减轻了劳动强度。（图3）

长期以来，广西少数民族一直过着男耕女织的小农生活，一家人穿着的衣裳，全靠家中妇女纺纱、织布制作。所以，使用纺车纺纱的劳动全由妇女完成。

20世纪80年代以前，如果你在夜阑人静时走进广西少数民族村寨，就会看到妇女们或在晒楼上，或在屋檐下，或在火塘旁，或在大门外，借着灯光或天上的月光，不停地转动纺车。飞快旋转的纺车将照在纺车上的月光与棉絮绞成银白色的纱线缓慢地流出，欢快的纺车声如同一首动人的小夜曲在寂静的村寨上空轻轻回荡。闻声而来的小伙子凝视月光下的姑娘，不知道是该走近姑娘身边坐下谈情，还是这样远远地窥视心仪的姑娘，静静地享受这山村月夜良辰美景，真是进退两难。（图4）

侗族的“行歌坐夜”多选在月光皎洁的晚上。每当夜幕降临，同村要好的男青年便三五成群地拿着手电筒、琵琶或笛子，到其他村寨寻女伴谈情说爱。女青年也三五成群地在木楼的火塘边、厅堂、屋里或干栏廊上，端来新搓的棉卷，慢慢地摇动纺车。这时，侗寨上除了纺车的吱吱声外，别的声音都听不到了。外村来的小伙子翻过山坳，蹚过小河，循声找到木

图 3　广西南丹白裤瑶妇女纺纱

图 4　广西三江侗族妇女纺纱

楼下，轻轻弹起琵琶，唱起《走寨歌》：

隔一重山哟又一重岭，
远路行歌到你村。
……
月亮光光照墙角，
早就有约哟才来到这里来行歌。
……

歌声惊动了纺纱的姑娘，楼上的纺车声停了下来，清脆的歌声飘出窗口：

屋里还有谈话的老人，
寨上还有唱歌的后生，
月亮刚刚爬上对门的山顶，
等一等哟远路来的情人。

楼上的纺车又重新转动，小伙子踏着纺车的旋律走上木楼，推门坐到姑娘的身边。纺车停了，歌声起了，直唱到雄鸡报晓，晨曦微露，方才散场。⑥

三、火塘旁的织布机

据有关专家的研究，我国古代织机的发展演变大致是原始腰机—斜织机—水平寇机。原始腰机又称“踞织机”，还没有机架，它将经线的一头依次一根根地结在同一根木棍上，另一头也依次结在另一根木棍上并系在腰间，把被两根木棍固定了的经纱绷紧，就可以像编席子一样有条不紊地进行编结了。从云南晋宁石寨山汉代遗址出土的贮具器上所塑造的原始织机图看，这种织机有上下开启织口、左右穿引纬纱、前后打紧纬密等三个方向运动，由人腰束一带，席地而织，用足踩织机的经线木棍，右手持打纬木刀打紧纬线，左手投纬引线。这种原始织机于宋代在广西曾较为流行。据宋人周去非《岭外代答》卷6记载：“静江府古县（今永福县），民间织布，系轴于腰而织之，其欲他干，则轴而行，意其必疏数不均且甚慢矣。及买以日用，乃复甚佳，视他布最耐久，但其幅狭耳。原其所以然，盖以稻穰心烧灰煮布缕，而以滑石粉膏之，行梭滑而布以紧也。”这种织机，系轴于腰而织之，似为原始腰机，但它又使用了梭子，看来应是原始腰机向斜织机的过渡。广西隆林各族自治县猪场乡那伟村洞沟屯的花苗、广西龙胜各族自治县龙脊镇金江村黄洛屯的红瑶、广西金秀瑶族自治县的盘瑶至今都还使用原始的腰机织彩色花带或锦。（图5）这种腰机历史悠久，结构简单。织者坐在一张矮凳上，一手提综杆分经形成梭口，用梭引经穿过，另一手持纬刀打纬，如此反复进行，直到将花带或锦织好。

从考古发掘资料看，汉代，广西已经开始使用斜织机进行织布。在贵县罗泊湾汉墓内，发现了古代织机的残件，经辨认有打纬刀、卷布轴、经轴、梭、引经杆、分经杆、马头、挑经刀、提综杆等。据有关学者考证，这是一种比较原始的斜织机。⑦

过去，广西民间织机多为斜织机，它主要由机台和机架组成。以靖西织布机为例，这类

图5　广西金秀盘瑶妇女使用腰机织锦

图 6　广西隆林花苗妇女织锦

织布机长173厘米，呈倒梯形，前端宽65厘米，后端宽77厘米，机台前端设有坐板，后端承接机架。机架高77厘米，经纱从机架后梁出发，垂直下降到分经轴后水平转向，通过综、筘到卷布轴。筘装置在摆杆上，借助摆杆的重力和惯性来打紧纬纱。筘的后面是两片地综，地综由综丝和综框组成长方形，上下以杆为综框，其间是综丝，两片地综下连踏板。这种织机不仅可以织布，而且加上提花片综后又可用于织锦。提花片综置于地综之后，由综杆和综丝组成，从前到后依次排列，悬挂在机架上。除靖西外，环江等地的民间织机也具有这种一机二用的功能。⑧

20世纪80年代后，随着机织布逐渐取代家织布，成为服饰的主要面料，广西民间的织布机才逐渐消失。但民间织锦仍用木机自织，其中最有代表性的是宾阳竹笼机，这类织机分布很广，忻城、环江等地都有。该机机台一般长173厘米，从前往后呈倒梯形。前端宽65厘米，后端宽79厘米，机架高109厘米。在机架的中部和上部有两个杠杆结构，分别用来提拉地综和编结有花本的竹笼，故名“竹笼机”。悬挂竹笼的杠杆长约150厘米，后端吊重物以保持平衡。竹笼两头用细绳垂挂一根竹筒以分隔两面通丝，竹针编排在竹笼周围，整个竹笼就是花本。织锦时，根据编好的程序顺次取下竹针，拉起一组提花通丝就能牵动经线形成开口。竹笼机只用一片地综配以踏杆，就能完成平纹的织制。地综由综丝和综杆组成，每根综丝带动一根底经，综杆上连杠杆，杠杆后端连着踏板。竹笼机形成梭口的过程是：在卷经轴前有个直径约14厘米的分经筒，使底经和面经分开，这样便形成了第一次梭口。踩动踏杆，因杠杆作用提起地综，底经随之而起，变成面经，形成第二次梭口，但梭口很小，还要通过一个一端尖形的竹筒以加大梭口，以便于引纬。之后取出竹筒，放开踏杆，又恢复原状，形成一次梭口，如此反复循环便可将锦织出。⑨20世纪80年代前，广西少数民族的服饰基本上还是自己制作。走进少数民族聚居的村寨，几乎是家家有织机，户户备染缸。织机大多放置在火塘旁或堂屋。（图8）

明清之后，广西世居民族主要以棉布作为服饰的原料。除了官员和居住在城镇的人外，居住在农村的大部分人家都种植棉花。从收获棉花到织布，要经历轧花、弹花、卷花、纺纱、浆纱、络纱、牵纱等过程。正如侗族《织布歌》所唱：

绞车架上去棉籽，
弹花老将笑呵呵。
手举弓锤上下舞，
弓弦相碰高唱歌。
花仙忙把花来扦，
纺车嗡嗡转旋螺。
夜来灯下把线纺，
米汤浆成挑下河。
河中去把纱线洗，

图7　广西那坡壮族妇女织布

图8　广西三江侗族妇女织黑白锦

竹竿举起晾屋角。
门前栽桩把线牵，
布梳理伸上楼阁。
织布机子安窗下，
脚踏布梳手抛梭。
织得平布三百匹，
织得裹脚五百裸。
豆纹斜纹凭手巧，
心灵手巧织绫罗。

在男耕女织的小农经济下，织布就是农村妇女日常生活劳作的一项重要内容。白天，劳作的妇女像盛开的山花点缀在崇山峻岭间；入夜，她们坐在织布机旁，巧手持梭，左右穿梭，谱写纺织史上的乐章。火塘里那熊熊燃烧的火焰，照亮了木楼、干栏，映红了山寨、岸场，将姑娘的脸庞映得红红的，像一朵盛开的鲜花，一幅幅融汇了农家妇女心血的土布像飞流直下的瀑布从织机上流下，素绢红花，分外妖娆。正如广西凤山县壮族民歌所唱：

丝线细又长，
阿妹织布忙，
白布铺成九里街，
花布堆成万花筒，
青布染蓝靛，
黑里又透蓝，
……⑩

四、从植物纤维到合成化纤

文化人类学的调查资料与文献记载都表明，广西世居民族最初是以野生植物为原料制作服饰的，最初以野生的蕉、葛、竹、木、麻为原料，后来发展到种植麻、棉，近三四十年来，才大量使用合成化纤。

广西地处亚热带季风气候区南部，属中亚热带与南亚热带气候区域，年均气温17～22℃，且地处低纬度区域，太阳高度角大，单位时间内得到的太阳辐射能多，热量资源十分丰富。同时，广西又是全国水资源非常丰富的地区，年降雨量在1250～1750毫米，十分有利于野生植物的生长。所以，古代岭南草木茂盛，山花烂漫。广西世居民族的先民在与大自然相处的过程中，通过不断的实践，逐步意识到那满山遍野的蕉、葛、竹、木、麻等不仅取之不尽，用之不竭，而且具有天然的光泽与韧性。如果把某些植物表皮上的韧性皮层剥下来，就可得到比树枝细长，而又比蔓草坚韧且富有弹性的线状材料，即后人所说的“植物纤

图 9　广西隆林花苗织布

图 10　广西龙胜红瑶织锦

图 11　火草平绣衣

图 12　树皮衣

维”。这些线状材料的纤维，成了人类最初选择的服饰材料。因这些植物多含有杂质和果胶，故采集回来后必须进行脱胶处理，将其放入水中浸沤，或放入锅中用水煮炼，脱掉果胶。然后进行劈分与绩接，将粘成片状的纤维分成极细的细条，再将纤维一端的绪与另一端的绪捻转，使之连接，继而用纺专加拈，经过续接加拈后的线缕便可用于织造。

旧石器时代之后，广西世居民族就已知道用骨针将树叶、树皮缝制为衣。随着生产技术的进步和人类需求的提高，人们在生产实践中发明了树皮布的制作。《后汉书·南蛮西南夷列传》说，秦汉时期，瑶、苗族先民就已知道“织绩木皮，染以草实，好五色衣服”。宋代，居住在阿林县（今桂平市内）的壮族先民俚人就曾以勾芒木树皮制作衣裳。宋人李昉《太平御览》卷820引《广州记》说：“阿林县有勾芒木，俚人斫其大树半断，新条更生，取其皮绩以为布，软滑甚好。”取勾芒木树皮制布很有讲究，先将粗大的勾芒木主干从中间砍断，让其生出新树枝，再剥取新生树枝的树皮制树皮布。剥取树皮的时间多在夏季，因为这时期树皮的水分较多，柔软，易剥取，也有利于加工制作。因用这种树皮布制作出来的衣裳“软滑甚好”，所以，一直到明清之后，玉林、陆川、桂平等地都还有人上山砍勾芒木树皮制布缝制衣裳。明人邝露《赤雅》卷上载：“南方草木可衣者曰卉服。绩其皮者，有勾芒布，红蕉布。……绩其花者，有桐花布、琼枝布、娑罗布。……桃花布，南中千叶桃花似牡丹，穗长尺许，织穗成布。”清人谢启昆《广西通志》卷93引《太平寰宇记》说：“（陆川县）白羊山有勾芒木，可以为布。俚人砍之，新条更生，取绩以为布。”清代《嘉庆重修一统志》还记载：“勾芒木，明统志，皮可绩为布，郁林州出。”[11]古代的俚人是怎样将勾芒木树皮制成布的？史籍上没有记载，但文化人类学的调查可能可以让我们看到其中的一些端倪。据文化人类学者调查，20世纪50年代时，云南勐腊县的克木人仍以构树皮制衣。他们从构树树干上剥下1米长的树皮，放入水中浸泡20余天，然后取出来用木棒捶打，再洗去灰黑色的外皮，使其成为结实坚韧的衣裳布料。[12]海南岛黎族用树皮制作衣裳的历史悠久，至今已有2000年的历史。其制作过程一般分为剥树皮、修整、浸泡、脱胶、敲打、漂洗、晒干、拍打等工序。如今海南黎族一些妇女仍用树皮缝制腰机带，一些妇女还会用树皮缝制衣、帽。（图12）据调查，20世纪50年代在广西大瑶山的原始森林中，还有10多种野生树的内皮可作纤维之用。如：山棉皮，叶大如指，皮质坚韧细致，是制作蜡纸的原料。九层皮树，又名“千层皮”，伐木取内皮，置冷水浸泡，晾干后再加热煮软，煮后再经漂洗，即成质地洁白而细致的纤维，其坚韧程度，比之苎麻似无逊色。谷树，又名“沙皮”，过去金秀的茶山瑶即取其树皮自制“纱纸”，其内皮也可以当纤维麻用。[13]

蕉，又称“蕉麻”，芭蕉料，属多年生草本，形如芭蕉，其茎直立柔软，由粗厚的叶鞘包叠而成柱状，叶鞘内纤维粗硬，坚韧、有光泽、耐水浸，取其纤维加工可供织布。早在汉代，广西少数民族就已知道用蕉中的叶鞘纤维织布，俗称“蕉布”。先将蕉茎砍下，剥为丝条，以稻草烧灰煮水，取灰水煮之，再织为布。杨孚《异物志》说：“芭蕉叶，大如筵席，其茎如芋，取镬煮之为丝，可纺绩。”这种可织为细布的蕉，宋人又称其为“水蕉”。宋人周去非《岭外代答》卷8载：“水蕉，不结实，南人取以为麻缕，片干灰煮，用以织缉。布之细者，一匹值钱数缗。”[14]明清之后，除采野生蕉织布外，广西山区的少数民族又将其培育，移植于田中种植。清人谢启昆《广西通志》卷91载:“甘蕉，望之如树，株大者一围余，叶长一丈或七八尺，广尺余、二尺许……其茎解散如丝，以灰炼之，可纺织为絺绤，谓之蕉葛。虽脆而好，黄白不如葛，赤色也，交广俱有之。”清人李调元《南越笔记》说：“蕉类不一，其可为布者曰麻蕉，山生或田种，以蕉身熟踏之，煮以纯灰水，漂僻令干，乃绩为布。本蕉也，而曰麻蕉，以其为用如麻故。”隆林各族自治县猪场乡那伟村洞沟屯苗族传说：很久很久以前，苗族的祖先不会种麻和棉花，人们只好拿树叶和芭蕉叶来做衣服穿，后来才学会种麻和棉花，用来织布做衣服。（图13）这种蕉布，今天在广西已绝迹。但据台湾黄英峰先生在2006年中山大学召开的中国民族学与人类学国际会议上介绍，日本冲绳岛上的世居民族过去也以蕉织布，后亦失传。数十年来，日本的有关学者和部门经过发掘、抢救，让蕉布的生产工艺重新振兴，因其布料来自原生态植物，且轻凉质好，很受日本人欢迎，用蕉布制作的服饰亦成为日本中上层人士用以炫耀身份的服饰。

葛也是广西少数民族很早就用作织布的植物。葛属藤蔓豆科植物，用其茎皮纤维加工出来的布轻薄软细，穿着十分舒适，俗称“葛布”，又称“夏布”，意为夏天穿着凉快。两汉之后，广西少数民族地区流行以葛织布，故史籍上记载广西少数民族，“服用惟蕉、葛”。

图 13　广西隆林花苗绩麻

《后汉书·王符传》载："葛子升越，筒中女布。"李贤注引《南越志》说："蕉布之品有三：有蕉布，有竹子布，又有葛焉。"宋人周去非《岭外代答》说："藤……其叶则以为渔父之蓑，一领可终身用矣。"[15]容州（今容县）"无蚕桑，缉蕉、葛以为布"[16]。这种情况一直持续到明清时期，明人解缙《龙州诗》曰："菠萝密树满城阓，铜鼓声喧夜赛神。黄帽葛衣圩市客，青裙绵带冶游人。"[17]此诗就记载了广西龙州居民以葛为衣。清人谢启昆《广西通志》卷91则记载了广西梧州一带世居民族种葛织葛布："有蕉葛，不花不实，人家沿山溪种之，老则斫置溪中，俟烂揉其筋，织为葛布，亦有粗细。"同书卷89引《南越志》说："桂州出古终藤，结实如鹅毳，核如珠玑，出其核，纺如丝棉，染为斑布。丰水县古终藤，俚人以为布。"[18]同书卷90说：宜州"又有葛布"。"葛布，出宾州者佳。""葛布，贵县者佳，俗呼为浔州葛。"[19]其中尤以郁林（今玉林）产的质量为最佳，被作为贡布。明人魏濬《西事珥》卷6载："郁林葛，南方称为佳物。机诞而纵，长五六丈，然质颇重厚，似不甚宜暑。原贡额不载，万历十五年（1587年）始令贡千疋，已又令贡二千疋，工部覆奏，定每岁百疋。近内监教之，织为龙凤纹献之。葛之有龙凤自此始。"清人谢启昆《广西通志》卷93亦说："葛布，各县俱出，而郁林者佳，俗呼郁林葛。案《西事珥》：（明）万历间，内监教之织为龙凤文，葛自此珍。"[20]后来由于棉布的兴起，葛布才渐渐衰败。

图14　广西隆林德峨偏苗老年妇女服饰

竹是一种多年生的禾本科植物，用途极广。广西大部分地区的土壤与气候都适宜竹的生长。广西世居民族在长期的生活实践中学会了利用竹纤维织布制作衣裳。以竹为布，在今人看来似乎有点忽悠人，更不用说是在科学技术发展水平不高的古代广西，若能以竹织布，真让人不敢相信，但事实上这是千真万确的。那竹子是怎样加工成布的呢？晋人嵇含《南方草木状》说，将刚长出地面不久的嫩竹捶成细丝条，放入水中浸泡，使其柔软，便可纺织为布。据唐人李吉甫《元和郡县志》记载，当时广西贺州出产的竹布因质量特别好，还被列为贡品，送往长安（今西安）。清人谢启昆《广西通志》卷91亦载："麻竹，白穰可为纸花，穰韧与白藤同，炼为麻，可织竹炼布。""竹子布，容州、藤州出。"近年来，我国的纺织工作者和有关部门经过发掘、抢救，让竹布的生产工艺重新振兴，取其纤维织布制作服饰和

图 15　广西南丹白裤瑶妇女理纱

床单等，很受欢迎。

我国是大麻和苎麻的原产地，所以，国际上又把大麻叫作“汉麻”，把苎麻叫作“中国草”，它们都是优良的纺织原料。其纤维细长坚韧，平滑而有丝光，易染色而不易褪色，吸湿效果较好，散热快，是制作夏装的优质布料。广西盛产大麻和苎麻。大麻又称“火麻”，属桑科，一年生草本植物。花单性，雌雄异株。雌株纤维量略多，但纤维上节多，纤维粗，色泽黑。雄株纤维量略少，但强度高，色泽白，特别适于纺织。经测定，火麻的茎皮纤维量可以达到70%，单纤维长150～250毫米，宽15～25微米，单纤维的强度约为42克，是一种十分适合纺织的纤维。[21]苎麻属荨麻多年生草本植物，茎叶生细毛，皮肤接触时会引起刺痛。茎皮纤维可做纺织原料。苎麻纤维含量很高，经测定，其茎皮含有78%的纤维，单纤维可达620毫米，平均为600毫米；宽度为17～56微米，平均约37微米；单纤维强度可达52克。[22]广西世居民族利用大麻和苎麻织布制衣的历史也是比较早的。中华人民共和国成立后，考古工作者在平乐银山岭战国墓挖掘出了一些纺织得很细的麻布，贵县罗泊湾汉墓也出土了麻布鞋、麻布袜等。特别是贵县罗泊湾汉墓，从出土的木牍“从器志”记载看，该墓随葬的纺织品是相当多的，包括了成匹的缯、布，用缯、布做成的衣服和装载其他物品的囊袋……品种有丝织物和麻织物。麻织品的原料是苎麻和大麻，都是平纹组织，有粗、细两种。粗麻布用于做鞋、袜，细麻布用作衣料。因其轻薄，夏天穿着“轻凉离汗”，是士大夫和商贾喜爱的服饰布料。汉高祖刘邦得天下，害怕富商斗富攀比，影响社会节俭之风，曾严禁商人穿着花练布衣服。明清时期，广西许多地区都出苎麻、赤麻，据谢启昆《广西通志》载，清代广西庆远府各州县均出苎麻，各土州均出赤麻。[23]“络布，以络麻绩成，因名。”[24]崇善县（今广西崇左市内）产“长麻，土人纺绩织布为夏衣”。[25]其中尤以郁林（今玉林）的纻布最有名。“纻布，《元和志》：贵州贡。《明一统志》：藕细布，一号郁林布，比蜀黄润。古称云：‘筒中黄润，一端数金。’”[26]广西隆林各族自治县的苗族至今仍然种麻纺纱织布，每年春季，当地苗族村民就选择一些土质厚、肥力强、质地松、向阳背风、排水方便、无涝渍的地块作为撒播青麻的地块。先犁耙、松土，把地平整好后，将农家肥均匀地洒在地的表层，再用锄头将农家肥与表层土拌匀，待农历三月中旬就将青麻种均匀地撒播在表层土上。冬天到来时，就选一块土质肥厚、向阳背风、排水方便的地块挖坑，将移栽的青麻植入，覆盖一层薄土，并用刀砍除秆叶，再施一层农家肥即可。待青麻长到10厘米高时，就除草、培土、整畦，以利于全面生长。青麻必须赶在立秋前收割完，否则立秋后天气干燥，麻皮不易剥离，质量差。将收割回来的青麻立起晒干至呈金黄色后，就要及时剥麻。剥麻时先从中间向尾部剥，再从中间向根部剥。剥下来的麻皮要保持麻丝整齐有序，避免出现麻丝混乱的现象，否则后面的织麻接丝就会增加繁重的劳动量。将麻皮放在石碓里舂，除去麻丝表皮的光滑部分，让麻皮呈现皱纹状态。用宽6厘米左右的玉米壳裹在手掌上，将舂好后的麻皮按麻头接麻头，麻尾接麻尾，一根根地捻接起来，缠绕在玉米壳外，成为连续不断的长线团。将麻线团放到水里煮10分钟左右，让麻线团柔软。将煮过水的麻线团用纺线机卷成线筒，再将一个个麻线筒盘绕在一个竹子做的大十字盘上，成为一大股麻线圈，放到室外晾干。将晾干的麻线圈放入加了水的大锅里，再加上适量的木柴灰一同煮沸1小时后停火，让麻线圈在灰水里浸泡10小时。然后取出来用清水冲洗干净，晒干。再煮水、冲洗、晒干，如此反复多次，直到麻线被完全漂白洗净。将漂白过的麻线用滚子碾压，使其扁平、柔软，直到线条光滑。然后布线、卷线，把线植入梳里，把装好线的梳子上机，安装梭子，踩动织布机，就可以织麻布了。

唐宋时期，随着生产力的发展，特别是南宋经济中心的南移对广西经济的发展起了一定的促进作用，广西的苎麻织物质量达到较高的水平。当时，广西所产的苎麻织物有桂州（今桂林市内）的苎布、都落布，富川的斑布，贵州（今贵港市）的苎布，郁林（今玉林）的土贡布，其中尤以桂州产的苎布质量最上乘，成为当时有名的贡品。宋代，广西少数民族的织麻技术得到了进一步提高。据宋人周去非《岭外代答》卷6记载：当时的左、右江溪峒，“地产苎麻，洁白细薄而长，土人择其尤细长者为练子。暑衣之，轻凉离汗者也。……有花纹者，为花练，一端长四丈余，而重止数十钱，卷而入之小竹筒，尚有余地，以染真红，尤易着色。厥价不廉，稍细者，一端十余缗也”。宋人范成大《桂海虞衡志·志器》进一步指出：“练子，出两江州峒，大略似苎布，有花纹者谓之花练，土人亦自贵重。”宋代，广西到处都种植苎麻，处处有人善织麻布。当时所织的麻布等，亦因质地上乘，被商贾收购贩卖，外销四方而远近闻名。故史籍上记载说：“广西触处富有苎麻，触处善织布。柳布、象布，商人贸迁而闻于四方者也。”[27]宋人祝穆《方舆胜览》亦说，在当时的象州，出现了“妇女以缉麻布为业”的景象。[28]在当时，仅麻织品一项，广西每年就要向中央王朝进贡织品上万匹。这说明，宋代广西麻织品的质量与产量都是较高的。明清时期，广西麻织品的质量与产量都得到了较大的提高。清人谢启昆《广西通志》卷91载:“络布，以络麻织成，因名。各县出。”其中，尤以郁林（今玉林）布著名，质量高于川布，“比蜀黄润”，“一端数金”。

图 16　广西隆林花苗妇女的麻布裙

古代广西世居民族之所以大量使用野生植物纤维制作服饰，除了因为当时满山遍野都有取之不尽、用之不竭的蕉、葛、竹、木、麻等野生植物外，还因为这些野生植物本身富有大自然的清新气息。大自然中的各种植物都有着自己独特的馨香，只不过有的浓烈一些，有的清淡一些，即使是一株小小的青草，也带着淡淡的沁人心肺的

图 17　广西隆林花苗女子的麻布裙

清香，这就使人在使用植物为原料制作服饰时，会自然而然地融入天地草木之中，使服饰带上丛林、原野的情趣。同时，植物纤维所展现的光泽虽然不一定熠熠生辉，但其天然的色彩、光泽不是一般人力所能创造的。所以，广西世居民族先民曾在很长的时期内一直将野生植物纤维用作制作服饰的材料。即使是在高科技发展日新月异的今天，仍有不少人喜爱穿着植物纤维制作的服饰，意为返璞归真，与大自然和谐相处，别具美的韵致。

使用蕉、葛、木、竹、麻等植物纤维织布制衣，夏天穿着凉爽适宜，但冬天御寒终嫌保暖不足。随着社会生产力发展水平的提高，广西世居民族经过不断探索、实践，又学会了种植棉花，用棉花纺纱织布。大约到汉代，广西世居民族就已知道用棉织布。广西世居民族最初使用的棉布是木本棉，当时亦称“吉贝”。宋人周去非《岭外代答》卷6说：“吉贝木，如低小桑枝，萼类芙蓉，花之心叶皆细茸，絮长半寸许，宛如柳绵。有黑子数十。南人取其茸絮，以铁筋碾去其子，即以手握茸就纺，不烦缉绩，以之为布，最为坚善。”明人魏濬《西事珥》卷6亦载：“吉贝，有紫白二种，亦有诸色相间者，夷人多衣之。斑衣三子与斑衣者女，节所常着，故以此为名。”“葛，越木绵之属，木绵之精者，谓之吉贝。言其色之斑驳似贝。”“萋兮菲兮，成自贝锦，亦言锦之纹为贝也。粗则为卉服，精则为织贝。”清人谢启昆《广西通志》亦说：“木棉树，大可合抱，高者数丈，叶如香樟，瓣遍极厚，一条五六叶，正二月间开大红花如山茶，而蕊黄色，结子如酒杯，老则坼裂，有絮茸茸与芦花相似。花开时无叶，花落后半月始有新绿，其絮土人取以作茵褥。余买数斤欲效棉花制为絮，女工不能治，海南蛮人织以为巾，上出细字花卉尤工巧，名曰‘吉贝’，即古所称白叠布。”“木绵，岭西最易生之物，或取以作衣被。”[29]清人汪森《粤西丛载》卷19《物产》亦载：“闽岭以南多木棉，土人竞植之，采其花为布，号吉贝……吉贝木，其华（花）成对，如鹅毳，抽其绪（絮）纺之以织布，与苎不异。亦染成五色，织为斑布，正此种也。盖呼为吉耳。”当时，广西廉州（今合浦县）一带所织的吉贝布，不仅质量好，而且品种多，既有匹幅长阔、洁白细密的慢吉贝布，又有狭幅粗疏色暗的粗吉贝布，还有“绝细而轻软洁白，服之且耐久者”[30]。当时，广西所产的棉布又称“桂布”，因其质好，布厚耐寒，不仅深为各民族群众喜爱，而且连京都官吏、文人也常以它为布料制衣。唐代诗人白居易为左拾遗时，以广西的棉布和苏州的绵制衣，穿着“肢体暖如春”，大加赞赏，写《新制布裘》一诗赞曰：

桂布白似雪，
吴绵软如云。
布重绵且厚，
为裘有余温。
朝拥坐至暮，
夜复眠达晨。

图 18　广西隆林壮族妇女服饰

图 19　广西贺州盘瑶服饰

谁知严冬月，

肢体暖如春。[31]

唐文宗时，左拾遗夏侯孜常穿桂布衫上朝，文宗见后问道："衫何太粗涩？"夏侯孜答曰："布厚，且可欺寒。"文宗闻之大喜，也以桂布制衣穿着，于是满朝文武官员竞相效仿，桂布一时名噪京师朝野。

唐宋之后，棉布逐渐成为广西世居民族主要的服饰面料，并由此而形成种棉、纺织、染色、刺绣、挑花、缝制等一系列的工艺传统和文化现象。居住在黔桂边界都柳江流域一带的苗族，每当春暖花开的季节，一个村寨的人就合伙挖一片轮荒地。动土那天，要先请一个经验丰富、懂祭仪的老人到地头祭神，洒酒入地，再供几片鱼、肉，喃神，祈请地公、地母保佑棉花生长。然后众人才动锄挖土。清明前后，要选一天作为种棉节，届时全村出动，男女青年盛装打扮，家婆、媳妇挑棉种、五色糯米饭、酒、肉、鸡，一路欢歌来到地头。播种前，让一对穿盛装的童男童女扮作"花神"，站在临时搭建的"花台"上。请寨老杀一只红公鸡，喃神驱邪，摆酒、肉、饭、鸡，请"花神"向地公、地母敬献。然后，先由"花神"动手点种3窝，众人方可播种。种完后，众人在地头聚餐，载歌载舞，尽兴方散。

广西巴马一带的壮族，新媳妇头年种棉，要请众舅母和其他一些亲友帮挖土、碎土、培土。家婆择吉日选好地后，新媳妇便托人带话，请舅母和本村及附近村寨的姑娘来帮挖地。届时，新媳妇要请人做豆腐，蒸五色糯米饭，买鱼、猪肉等，并挑到地头。来帮忙的舅母和亲友身着盛装，肩扛锄头，浩浩荡荡地向棉花地进发。村寨中的小孩、歌手和其他男女青年

图 20　广西融水安太苗族女子服饰

亦跟随去看热闹。到地头休息片刻后，由一有威信的长妇安排工作，众人分成几组，由山脚朝山顶挖；新媳妇的姐姐则拿簸箕装糯米饭、豆腐、肉等，请歌手、客人、小孩吃。歌手们用餐后便开始互相对歌，舅母和众姑娘伴歌声齐挥锄挖土。晚上收工后，众人回新媳妇家聚餐，男女青年物色对象唱歌，人们谈笑风生，歌声此起彼伏，到处都是歌的海洋。正如壮族民歌所唱：

八月九月棉花白，
我约阿哥去摘棉。
摘了上坡摘下坡，
摘得十几二十箩。
棉花晒在场坝里，
挑选好棉纺成纱。
一周两周织成布，
一周两周裁成衣。
新衣送给阿哥穿，
我俩一起去赶圩。[32]

随着广西社会经济发展水平的提高，民族地区的经济结构正在发生变化，长期以来在社会经济中占主导地位的自给自足的小农经济在现代化生产的冲击下发生了剧烈的变动，各民族群众的生活水平有了相应的提高。随着经济的发展和人民群众购买力的增强，机织棉布逐

图 21　广西那坡壮族妇女上山劳动

渐进入广西各民族家庭，并逐渐取代过去自种、自纺、自织、自染的土布，成为服饰的主要面料。20世纪80年代末，以耐磨、光滑、轻薄、透明、易洗、快干为特点的人造纤维大量出现于城镇市场后，又流向少数民族聚居的山寨，并以其价格便宜的优势争得市场，逐步取代机织棉布，成为青年人服饰的主要面料。20世纪末，在一些首先摆脱贫困、走向富裕之路的少数民族地区，人们对面料的防缩、防皱、柔软、富有光泽等方面都提出了更高的要求，服饰面料走向高档化和优质化。

五、心灵手巧的民间艺人

广西世居民族服饰大多具有独特的民族风格和浓郁的乡土气息，织布制衣的能工巧匠绝大多数是土生土长、没有受过专门训练的各民族妇女。在广西少数民族地区，妇女除了要和男人一样上山下田劳作以及操持全部的家务，还要负责全家人的服饰制作。正如彝族民歌所唱：

捡棉来纺线，
棉线一根根；
穿梭来织布，
棉布一张张；
裁布来缝衣，
针迹一行行；
……[33]

在隆林各族自治县的花苗和素苗村寨，每户人家都种火麻，用以制作服饰。一件服饰的制作，从撒种、施肥、除草、采麻、晒麻、劈麻、纺线、绕线、浆线、牵线、卷轴到上机织麻布、碾布，使其平滑，再到靛染、蜡染、挑花、刺绣、缝制，数十道工序，全由妇女独立完成，且她们白天还得下地劳动，操持家务，纺织都在夜间进行，其艰辛可想而知。正如当地苗族《纺纱歌》所唱：

夜静点灯来纺纱，
右手接来左手拉；
松枝当作灯来点，
每根纱线经手拿。

女红是广西各民族妇女自幼就必须培养的技能与责任。纺纱、织布、蜡染、挑花、刺绣、织锦……基本上都出自女性之手，她们把自己所有的时间、所有的情感与执着全都融入一针一线中，织成歌吟，绣成诗篇，构成永恒，表达了女性的审美情趣与人生诉求，装点着她们平淡而快乐的生命之舟。“农耕文明是我们现今所说的民间艺术产生和发展的温床与土壤。”[34]在男耕女织的传统生活方式下，手巧是中国女性完美的重要标志之一。过去，广西

图 22　广西那坡壮族妇女在刺绣

民间习俗认为，一个姑娘手工艺的精巧与否，是衡量其是否聪明能干的重要标志之一，关系到这位姑娘的婚姻与前途。在广西少数民族地区，心灵手巧、技术高超的姑娘不仅是全家，甚至是全村的光荣，而且还是小伙子们热烈追求的对象，上门求亲者络绎不绝。居住在广西东兰一带的壮族过去议婚定亲时，男方家长不仅要对八字，还要看“两黑一花”。如果姑娘的手、衣服不黑，鞋无花，即使人长得再漂亮，也很难找到婆家。当地人认为，黑衣表示勤劳，黑手表示会染蓝靛，花鞋表示心灵手巧。过去，广西凤山县壮族小伙子求偶的标准除了模样漂亮外，手巧也是重要的条件之一。小伙子看上某位姑娘时，除了唱歌赞美姑娘“生得白细细”“眉毛弯又弯”“眼睛亮晶晶”外，更多的是赞美姑娘的勤劳能干：

妹在园中笑，
鲜花红似火；
妹在村中唱，
百鸟都来和。
妹呀妹，
哪个比得你姣娥？
丝线细又长，

图 23　广西南丹白裤瑶女子用粘膏树汁描绘图案

阿妹织布忙；
白布铺成九里街，
花布堆成万花筒；
青布染蓝靛，
黑里又透蓝。
妹呀妹，
千般手艺你高强。[35]

在广西苗族村寨，好媳妇的标准是会纺麻、绣花。流传在广西苗族地区的《苗族创世诗史》载：

姑娘嫁出去，
别人讨了她；
做个好媳妇，
纺麻又绣花。[36]

苗族民间谚语亦说：“不会点蜡花，不能算苗妹。”[37]所以，苗族女孩七八岁就常坐在母亲身旁，一边听母亲讲本民族、本支系的传说故事，一边跟母亲学挑花、刺绣。花样绣成

图 24　广西那坡壮族女孩学织锦

图 25　广西龙胜瑶族女子刺绣

了，本民族的传统文化也深深地根植在少女幼稚的心灵中了。年龄稍大，她们就开始为自己绣嫁衣，结婚后要为丈夫、子女挑绣衣服。

在广西少数民族地区，农村中的少数民族女孩子往往把学习民间工艺作为人生一件大事来认真对待，许多人从小就跟随家中老人学习手工艺，正如彝族民歌《妈妈的女儿》所唱：

长到十二岁后，
见人纺线她学纺，
见人织布她学织，
见人缝衣她学缝。
事事勤奋学，
件件都灵活。㊳

侗族民间也把手巧作为女孩聪明能干的标志。正如侗族民歌《夸新娘》所唱：

图 26　广西南丹八圩瑶寨白裤瑶女孩学刺绣

你家姑娘好聪明，
脚勤手巧脑子灵；
对待老的多孝敬，
对待少的嘴巴勤；
手上活路般般会，
纺纱织布样样精；
绣凤绣得凤展翅，
绣龙绣得龙腾云；
操持家务是里手，
周围团转[39]都有名。

所以，在过去，侗族妇女几乎人人都会纺纱、织布。善于纺纱、织布、染布的人，会受到人们的赞扬与器重，青年男子在物色对象时，也以女子是否善于纺纱、织布作为条件之一。[40]

广西隆林彝族姑娘在织布时常喜欢边织边唱民间流行的《纺棉歌》：

小河水幽幽，
河边捡棉花，
学捡细细捡，
棉花满箩筐；

学钩细细钩，
棉絮堆云朵；
学弹细细弹，
弹得如雪堆；
学捻细细捻，
好似松鼠尾；
学纺细细纺，
棉线牵蛛网；
学织细细织，
布薄如纸张；
学染细细染，
黑如鸦翅膀；
学裁细细裁，
碎布少出来；
学缝细细缝，
针迹一线排。
……[41]

这首民歌反映了彝族女孩在长辈的影响下自我学习捡棉、弹棉、捻棉、纺纱、织棉、染布、裁缝等的学艺过程。正因为一个姑娘手工艺的精巧与否，是衡量其是否聪明能干的重要标志之一，关系到这位姑娘的婚姻与所谓的前途，所以在过去，一些十三四岁的女孩子甚至辍学在家学织绵、挑花、刺绣，以便将来为家人制作服饰和为自己做嫁妆。20世纪80年代前，广西三江侗族自治县大多数的侗寨女孩，七八岁就学剪纸花，10岁学绣花，十四五岁学绣花衣、花鞋。十七八岁的姑娘手艺就不错了，箱子里至少收有10件绣花衣。[42]在广西那坡县壮族地区，女孩子长到十二三岁，做母亲的便要手把手地教她学纺纱线、弹棉花、织布、染布、做布鞋。[43]在广西瑶族地区，几乎每个妇女都要学会两种生存的本事：一是地里的功夫，要会盘田，种好庄稼；二是学会刺绣，在衣裳上“盘田”。这样的女子才是小伙子心中追求的目标。据广西金秀瑶族自治县六巷乡六巷村六巷屯花蓝瑶一位老人说，她从小就喜欢刺绣，小时经常看老人挑花、刺绣，13岁起就在母亲和邻居的教授下慢慢学穿针、引线，挑花、刺绣，后来成为村里的巧手能人，附近的男子都找人来家提亲。直到现在，村里的一些老人还拿她这件事来开玩笑。迄今为止，她的绣品还是附近村子中最好的。该屯花蓝瑶一位男子说，他爱人年轻时不仅漂亮、贤惠、有文化，而且很会刺绣，做出来的瑶族服装很漂亮，所以自己就拼命地去追求她。对于这些长期生长在农村的妇女来说，挑花、刺绣不仅可以使她们在辛苦的农作之余得到片刻的休息，同时也可为她们封闭单调的生活增添几分乐趣，让她们的思想情感在挑花、刺绣的图案纹样中得到一些寄托和慰藉，让她们可以展现

图 27　广西隆林壮族妇女在刺绣

图 28　广西融水安太苗族妇女的亮布衣与银饰

自己的才能。由于服饰工艺可以衡量一个人是否聪明能干，所以，穿着民族传统服饰是姑娘们展现自己才能的机会，正如地方民谚说："去赶歌圩，去赶圩场，妹仔比衣裳，男仔比模样。"不管是炎热的夏日，还是要翻山越岭，姑娘们都要戴挂满饰物的头帕或帽子，颈挂数个项圈，手、脚佩戴银饰，身着数套衣裙，不烦其重，不怕其热，一路往集会的地点赶去，去对歌，去跳舞，去比美，去展现自己的智慧、才能。广西三江侗族自治县程阳风雨桥一带的侗族多在春节时举行婚礼，按传统习俗，天黑时派人去接新娘，黎明前将新娘接到新郎家，俗称"偷亲"。新娘出门时一般只穿一套新衣裳，佩戴一些简单的银饰。按当地习俗，第二天一早，新娘要由几个小姑娘领到村边去挑几担水，每挑一次，就要换一套新衣裳；三五天内，新娘每出门一次，或做打油茶等事，也要换一套新衣裳。因此，娘家就派两三个姑娘挑一担新衣裳到新郎家，内有夹衣十几件，单衣一二十件，裤子一二十条，还有绣花布鞋、银项圈、银手镯等。新娘出门挑水时，寨上的小伙子和妇女都跑出来看，挤满巷道两旁，对新娘评头品足。人们并不注重新娘的相貌，而是关注她穿戴的服饰，比如银饰的多少、衣裙色彩的浓淡、图案纹样结构的巧拙、针线的粗细等，这些都被人们议论、讲评。心灵手巧的新娘马上会获得村民的好印象。一般说来，各民族妇女制作的服饰都是自己穿着，不带商品性，所以，它既不受价值观念的制约，也不用去迎合别人的爱好，具有极大的自由性与创造性。她们利用工余饭后和农闲的时间，起早偷闲地倾注大量心思，从自己的生活直接需要出发，根据自己对生活的感受和喜好，按自己和本民族的审美观念、生活方式、风俗习惯和经济条件，精心地纺织出一幅幅结实耐用的土布，裁制出一件件具有民族特色的服装，再在服装上刺、挑、织、绣或镶出一幅幅具有乡土气息和民族风格的图案。如瑶族是个以刀耕火种为主要耕作方式的山地民族，他们世代居住在深山老林，以山为伴，靠山谋生，所以，瑶族妇女在挑花、刺绣时就常以山和山上的草、木、花等为题材内容。又如侗锦，它的题材内容也主要来源于生活。侗族妇女织锦时，往往把生活中常见到的喜爱之物，如野菜花、桃花、李花、枫叶、鹰、青蛙、蝴蝶等动植物再现于织锦图案中。这些服饰的制作，在艺术形式和工艺技巧上，有的难免朴拙、粗放，难以和一些现代时装相比，但它却像一首首质朴动人的民歌，清新、活泼、健康、富于创造性，散发出浓郁的乡土气息，表达了广西各民族群众对美好生活的向往与追求。

广西各民族民间服饰工艺技术的传承主要是母传女，姐教妹，邻里互授，村邻相习，祖辈世代传袭而下。正如彝族民歌所唱：

麻团怀中夹，
麻线机头挂，
母亲来教囡，
教囡来织麻。
织好一段布，
颜色白花花，
……[44]

俗话说："五岁六岁玩泥巴，十一二岁学绣花。"广西世居民族聚居区的姑娘，有的从八九岁便跟长辈学习手工技巧，从小接受本民族传统工艺的训练，得到言传身教，耳濡目染，使她们从小就具有一定的民间工艺基本功。同时，广西民间世代相传的歌圩、抛绣球、跳盘王、抢花炮、舞狮、划龙舟、斗鸟等传统文化艺术活动，也使她们从小受到得天独厚的传统文化艺术熏陶，她们的服饰艺术造诣因此具有更为丰厚深刻的内涵。随着年龄的增长、知识的积累，以及理解能力和审美能力的提高，这些长期从事服饰制作工艺的姑娘，一个个都练就了一手精湛的技艺，获得了工艺上的成熟，成为民间服饰艺人。那一件件五彩斑斓的衣裳，令人叹为观止。不仅仅是民间艺人精湛的技艺和服饰上绚丽的纹样，而且那衣裳的袖口、裙缘上一道道形如树木年轮一样的花边，仿佛让人们看到了一个民间艺人的成长过程。在传统的农业社会中，学习这些民间工艺技术对她们来说是一种社会责任，既被视为生存所

图 29　广西隆林花苗女子盛装

图 30　广西南丹白裤瑶用粘膏树汁绘画图案纹样

图 31　广西大化布努瑶跳铜鼓舞

必需，也被视为对本民族文化的认同。这些能人巧手虽然都是些洗碗刷锅、喂猪养鸡，里里外外什么都管的农村妇女，但她们又是不脱离生活土壤的工艺制作者。她们从小就开始进行的艺术实践，经过数年或数十年的磨炼，在吸取前人艺术成果的基础上，终于获得了艺术上的成熟。她们所制作的民间传统服饰，既保持了本民族、本地区的艺术风格，又有自己鲜明的个性和艺术特色。单就某一件传统服饰来说，它无疑注入了某一民间艺人的思维、想象、意蕴与聪明才智。由于每一个民间艺人都长期生活在民族文化场中，长期约定俗成的风俗习惯、口传心授的传统技艺对每个人都有极大的影响，任何个人的思想与意蕴，都只能是在群体思想与意蕴上的延伸。每个人的聪明才智，既在集体创作的基础上得以继承、发扬，又通过自己的思维、创新，充实、提高、丰富了前人的成果，从而使广西民族民间传统服饰具有鲜明的传承性和变异性，这就给广西民族民间传统服饰注入了新的生命活力，使广西民族民间传统服饰的发展变化能跟上时代的发展变化。

20世纪90年代后，随着中国农村市场经济的建立，商品经济以最快的速度流向社会的每一个角落，即使是居住在边远山区的少数民族也能较快地享受到工业文明所带来的物质商品的便利，从而对传统的广西少数民族民间服饰制作工艺造成极大的冲击。

图 32　广西南丹壮族女子服饰

首先是审美观念的变化。20世纪50年代后，党和国家在广西民族地区大力发展文化教育事业，培养了大批的民族知识分子和有文化的新一代民族青年。广西各民族在接受现代文化教育的同时，也接受了全新的价值观念和异族文化观念。这种文化的移入和采纳经过数十年的积累，开始动摇了人们原先固有的传统观念。大批接受现代文化教育的少数民族，特别是少数民族中的知识分子和公务员，他们已经逐渐融入以汉文化为主体的国家政治、经济、文化生活之中，其审美观念发生了很大的变化。随着农业文明向工业文明、传统社会向现代社会的转型，现代工业产品极大地丰富和改变了人们的生活方式与思想观念，民间传统工艺赖以存在的物质基础与文化基础受到了极大的冲击。小农经济下视手巧为女性完美标准的审美观念彻底动摇，人们逐渐看淡了传统民族服饰的价值，染织、挑花、刺绣等工艺不再是衡量广西各民族女性完美的尺度，只要有文化，勤劳，有能力，能挣钱，善持家，把家庭经济搞活，家庭富裕了，就是妇女能力的表现，就是能人。人们认为，妇女也可在原本挑花、刺绣的劳动时间里从事别的更赚钱的劳动，再从市场上购买更多更好的服饰。所以，新一代的广西世居民族女性不再像她们的长辈那样虔诚地、全心全意地花费时间、精力和感情去从事民间工艺的学习与制作。

其次是价值观念的变化。广西世居民族服饰作为广西民族民间工艺品，它既是艺术品，也是广西各民族民间生活用品，它的实用功能是十分明显的。广西各民族妇女在制作民间工艺品时，首先是考虑它的实用性，将它作为实物让人们在一定的场合与时间使用，其次才考虑它的审美性。但数十年来，随着广西社会生产力的发展，各民族群众的生活水平逐渐提高，购买成衣和机械化生产的生活用品已成为一般家庭的消费趋势。同时随着现代化生活的节奏加快和生活环境的改变，传统民族服饰制作、穿着费时费力的慢节奏特点与现有的生活节奏产生了矛盾，她们不再愿意花一两年的时间去绣、织一件衣裳或裙子，机织图案纹样和花边缝制的新式民族服饰同样可以满足她们的心理需求。这种价值观念与审美观念的变化，使得越来越多的年轻人逐渐抛弃在他们看来费工费时的传统服饰制作工艺，这也加剧了传统

图 33　广西隆林仡佬族用化纤制作的服饰

服饰制作工艺的传承危机。

最后是青年妇女外出务工导致服饰工艺技术的传承断层。二三十年来，随着经济全球化的发展与市场经济的冲击，大批世居民族男女青年走出村寨，到城镇和沿海地区务工，许多村里只剩下老年人与小孩，形成村寨与家庭的空巢现象。传统服饰工艺的传承因青年妇女的外出务工而出现断层现象。随着具有精湛手艺的老一代民间艺人逐渐消失，新一代人对民族传统服饰工艺完全陌生，广西世居民族传统服饰制作工艺的传承将濒临消失。以壮族为例，过去壮族的传统服饰都经过织、染、绣等工序，所以，农村中的妇女都会纺纱、织布、蜡染、靛染、挑花、刺绣、织锦等服饰制作工艺。在壮族聚居的忻城县西宁街，过去这条街上家家户户都有织锦机，不少人家有两三台，织锦是当地一门妇孺皆会的手艺，一天到晚，大街上到处都听到吱吱嘎嘎的织锦声，绣出来的壮锦多用于制作服饰、被子、床单、门帘等。但2007年去调查，当地只剩下一位82岁的壮族老人会织锦。老人12岁就学织锦，是远近闻名的织锦能手。但就是如此，她每天也只能织出一块1.2米长的锦。她说："这个东西学得慢，哪个妹仔有耐心学啰？又找不来钱，人家去超市打工一个月有八九百元，几好[45]，何苦来做这个事？"忻城西宁街，这个曾经被誉为壮锦制作中心的地方，现在正面临着后继无人的困境，手工织锦的制作技艺濒临失传。那坡县是一个壮族人口占绝大多数的民族聚居区，但据有关学者调查，在壮族聚居的文寨，一二十年来，受外来文化与市场经济的影响，传统文化

图 34　广西南丹怀里白裤瑶母女刺绣传承

的传承受到极大的冲击。21世纪初，该地的青年女子已不知道纺纱、织布等传统服饰的制作工艺，只有中年以上的妇女才懂一点纺纱、织布的技能，会用蓝靛染布的只有两个老人；当地妇女过去多佩戴银饰，但在“文化大革命”时被迫卖掉后，制作银饰的工艺也就此失传。[46]融水苗族自治县秆洞乡秆洞村秆洞屯是个苗族聚居的村屯，过去妇女们都以会刺绣为荣，人人都会纺纱、织布、蜡染、靛染、挑花、刺绣等。但数十年来，在经济全球化的冲击下，人们的观念发生了很大的变化。随着市场经济的发展，农村市场经济空前活跃，即使是秆洞这个融水最偏僻的乡村，每到圩日，大量异地生产的、物廉价美的服饰材料和成衣充满整个圩场，特别是从贵州贩运来的、由民间作坊和服装工厂生产的民族服饰。这些服饰使用化纤面料、化学染料和机器缝纫等现代化工艺技术制作，不仅保留了苗族传统服饰的一些基本特点与风格，而且质美价廉，很受当地苗族群众欢迎。随着年轻人靠外出务工为生，掌握传统服饰制作技艺的艺人群体正在逐渐缩小，民族民间艺人的传承已出现断层现象。

注释：

① 贾兰坡、邱中郎：《广西洞穴中打击石器的时代》，《古脊椎动物与古人类》第2卷，1960年3月第1期。

② 柳州市博物馆、广西壮族自治区文物工作队：《柳州市大龙潭鲤鱼嘴新石器时代贝丘遗址》，《考古》1983 年第 9 期。

③ 广西壮族自治区文物工作队、桂林市革命委员会文物管理委员会：《广西桂林甑皮岩洞穴遗址的试掘》，《考古》1976 年第 3 期。

④ 郑超雄：《壮族审美意识探源》，南宁：广西人民出版社，1997，127 页。

⑤ 余天炽等：《古南越国史》，南宁：广西人民出版社，1988，149 ~ 150 页。

⑥ 杨通山等：《侗乡风情录》，成都：四川民族出版社，1983，70 ~ 71 页。

⑦ 余天炽等：《古南越国史》，南宁：广西人民出版社，1988，151 ~ 152 页。

⑧ 吴伟峰：《广西壮族的织锦技术》，《广西民族研究》1990 年第 3 期。

⑨ 吴伟峰：《广西壮族的织锦技术》，《广西民族研究》1990 年第 3 期。

⑩ 黄桂秋：《壮族仪式歌谣与民俗文化》，香港：香港天马图书有限公司，1996，184 页。

⑪（清）《嘉庆重修一统志》卷 470《郁林直隶州》。

⑫ 向翔、龚友德：《从遮羞板到漆齿文身》，昆明：云南教育出版社，1991，49 页。

⑬ 广西壮族自治区编辑组:《广西瑶族社会历史调查》第 1 册,南宁:广西民族出版社,1984,172 页。

⑭（宋）周去非著，杨武泉校注：《岭外代答》卷 8《花木门》，北京：中华书局，1999，326 页。

⑮（宋）周去非著，杨武泉校注：《岭外代答》卷 8《花木门》，北京：中华书局，1999，324 页。

⑯（清）谢启昆：《广西通志》卷 88，嘉庆六年（1801 年）刻本。

⑰（清）谢启昆：《广西通志》卷 88，嘉庆六年（1801 年）刻本。

⑱（清）谢启昆：《广西通志》卷 88，嘉庆六年（1801 年）刻本。

⑲（清）谢启昆：《广西通志》卷 88，嘉庆六年（1801 年）刻本。

⑳（清）谢启昆：《广西通志》卷 88，嘉庆六年（1801 年）刻本。

㉑ 陈维稷主编：《中国纺织科学技术史》，北京：科学技术出版社，1984，8 页。

㉒ 陈维稷主编：《中国纺织科学技术史》，北京：科学技术出版社，1984，7 页。

㉓（清）谢启昆：《广西通志》卷 90，嘉庆六年（1801 年）刻本。

㉔（清）谢启昆：《广西通志》卷 91，嘉庆六年（1801 年）刻本。

㉕（清）谢启昆：《广西通志》卷 93，嘉庆六年（1801 年）刻本。

㉖（清）谢启昆：《广西通志》卷 92，嘉庆六年（1801 年）刻本。

㉗（宋）周去非著，杨武泉校注：《岭外代答》卷 6《服用门》，北京：中华书局，1999，223 页。

㉘（宋）祝穆：《方舆胜览》卷 40《象州》，（清）乾隆《钦定四库全书·史部地理类》。

㉙（清）谢启昆：《广西通志》卷 91，嘉庆六年（1801 年）刻本。

㉚（宋）周去非著，杨武泉校注：《岭外代答》卷 6《服用门》，北京：中华书局，1999，228 页。

㉛《白氏长庆集》卷 1，《四库全书》集部 19《别集类》。

㉜《隆林壮族》编撰委员会编：《隆林壮族》，南宁：广西民族出版社，2013，149 页。

㉝ 王光荣：《彝族歌谣探微》，南宁：广西人民出版社，1991，197 页。

㉞ 燕达、高嵩：《苗族盛装》序，贵阳：贵州民族出版社，2004。

㉟ 黄桂秋：《壮族仪式歌谣与民俗文化》，香港：香港天马图书有限公司，1996，184 页。

㊱ 杨通山：《苗族歌谣文化》，南宁：广西人民出版社，1992，100 页。

㊲ 朱慧珍、贺明辉主编：《广西苗族》，南宁：广西民族出版社，2004，110 页。

㊳ 王光荣：《彝族歌谣探微》，南宁：广西人民出版社，1991，221 页。

㊴ 团转：广西桂柳话方言，意为四周或周围。

㊵ 广西壮族自治区编辑组：《广西侗族社会历史调查》，南宁：广西民族出版社，1987，202 页。

㊶ 王光荣：《彝族歌谣探微》，南宁：广西人民出版社，1991，194 页。

㊷ 杨通山等编：《侗乡风情录》，成都：四川民族出版社，1983，62 页。

㊸ 何毛堂等：《黑衣壮的人类学考察》，南宁：广西人民出版社，1999，104 ~ 107 页。
㊹ 王光荣：《彝族歌谣探微》，南宁：广西人民出版社，1991，235 页。
㊺ 几好：广西桂柳话方言，为多好之意。
㊻ 海力波：《道出真我》，北京：社会科学出版社，2008，163 页。

广西巴马瑶族自治县瑶族男子

第三章 富有情趣的文化意境

文化是一种十分复杂的现象。据不完全统计，至今关于文化的不同定义已有200余种。尽管关于“文化”一词的具体解说各不相同，但它们的基本分歧归根到底在于“文化”的狭义与广义之争。狭义文化主要指精神财富，如文学、艺术、教育、科学等，或专指社会意识形态以及与之相适应的制度和组织机构。广义文化指人类在实践中所创造的物质和精神成果的总和，它包括了物质文化、制度文化、精神文化。我们在这里所说的文化，是指广义的文化。服饰和文化的关系是十分密切的。服饰是人类物质生活用品的重要组成部分之一，也是人类文明的标志之一。服饰除了满足人们的物质生活需要之外，还代表一定时期的物质文化、制度文化、精神文化，它们之间有着千丝万缕的关系。广西世居民族服饰文化是广西世居民族文化的重要组成部分之一，它从一开始就与广西世居民族的社会经济、文化、制度的发展息息相关，它将广西世居民族在历史上所形成的民族风俗、宗教信仰、伦理道德、政治制度、审美观念、历史传统、工艺技术等文化传统集于一身，是民族文化的缩影。在服饰发展史上，文化对服饰的形成与发展所产生的影响是十分巨大的。

图 1　广西东兰壮族妇女服饰

工艺师简介:

一、无字的史书

历史上，广西世居民族除汉族外，其他少数民族大多没有与本民族语言相适应的，或在本民族内部普遍流行的文字。为了能让子孙后代记住本民族的历史，除了用民间传说等“讲古”的方式叙说历史外，少数民族群众还将本民族的历史传说、风俗习惯、审美情感等织绣于服饰上，流传于后人，一个个图案纹样就是一个个故事，一幅幅绣片就是一段段历史，从而使其服饰成为民族传统文化的符号与载体，成为一本无字的民族史书。

在黔桂边界的广西隆林各族自治县猪场乡的高山之巅，生活着一个被人们称为“花苗”的族群。花苗是苗族的一个支系，是远古时期的九黎、三苗部落的后裔。5000多年前，生活在黄河下游的蚩尤及后来生活在长江中下游的三苗与从黄土高原来的炎帝、黄帝及其后来的尧、舜、禹部落多次发生战争。苗族先民失败后，为求生存，被迫渡过黄河、长江，逐步向西南深山迁徙，从黄河流域来到今天的隆林猪场乡。猪场乡的花苗至今仍以穿着民族传统服饰为荣，其妇女上衣用红、绿、黄等色的花线绣满各种图案纹样，下穿蜡染麻布百褶裙，扎绣花腰带，系绣花围裙，小脚缠绣花绑带。据说古时候花苗祖先打仗时，曾以竹片为铠甲护身，后来花苗妇女为纪念祖先，便以绣花腰带扎身代替铠甲。据猪场乡那伟村洞沟屯苗族一位老人说，苗族在古代曾创造过一种象形文字，他们曾以蜡汁为墨，将该种象形文字写在布上，因为布比竹片轻，且容易收藏保管。后来，他们又学会了靛染，将写上蜡字的布用蓝靛染色，再煮水脱蜡，现出蓝底白字。但这种象形文字在颠沛流离的迁徙过程中丢失了。为了让子孙后代能记住历史，传承文化，苗族妇女便把对祖先创建业绩的感念，化作一个个图案纹样绣在衣裳上，从而使其服饰斑斓绚丽。裙幅上3条不同颜色的条纹，表示他们的祖先在迁徙过程中经过的3条江河，四方形的图案则代表他们曾聚居过的城郭形状。（图2）当然，这些图案纹样只有织绣本人和与她同一支系的人才能读懂。这些思想厚重的图案纹样，在外人的眼目中也许只是一种审美情趣的创作，但在苗族民众的心中，却像一位白发苍苍的老人在向后辈子孙默默地诉说数千年前的沧桑历史，承载着苗族绵延几千年的文化，它在苗族人的身上，记录着对远方故土的追忆与迁徙的历程。

历史上，瑶族也没有与本民族语言相一致的文字，交易、借贷等多用刻木或刻竹的方式记录，追忆祖先和回顾历史多通过民间传说和民族服饰。一件五彩斑斓的衣裳，可能就是一部记载民族历史文化的“史书”。广西南丹县白裤瑶，因男子穿白色土布灯笼裤而得名。在男子的膝盖部位处绣有5条长短不一的红色条纹，形如人的五指。据说数百年前，其祖先为反抗莫氏土官的压迫，率领族人与土官斗争，为保护民族尊严，带伤而战，在裤子膝盖处留下五指血痕。为纪念祖先及其功绩，男子们的裤子膝盖处都用红色丝线绣上5条垂直的条纹。（图3）白裤瑶妇女的夏装也极为别致，妇女蓄发盘髻，包以黑土布头巾，上衣为两幅布拼成的贯头衣，前幅为素静的蓝黑蜡染布，后幅多用浅蓝色的蜡染布绣一正方形图案，据说这图案是模拟当年被土官夺走的瑶王印，是为了铭记这一被凌辱欺诈的历史。正如白裤瑶

图 2　广西隆林花苗女子裙子上表示 3 条江河的图案纹样

图 3　广西南丹白裤瑶男子裤子上的 5 条红色纹样

图 4　广西南丹白裤瑶妇女衣裳上绣的传说中的瑶王印

《天地始歌》所唱：

为什么我穿的花背心上印着一个金印，
为什么我穿的花裙上印着九十九个花纹？
今晚我才知道唷，
是雅海要我们记住金印的教训，
是雅海要我们记住九十九次苦难的历程。
……
为什么我头上戴着一个花帽圈，
为什么我穿的白裤有五条花纹？
今晚我才知道唷，
花帽圈是雅海献给阿者的心，
五条花纹是阿者血战楼刻留下的血印。①

在南丹莫氏土官统治白裤瑶地区期间，白裤瑶人一直以穿这一传统民族服饰来表达不忘祖先历史，渴望民族平等，争取民主自由的思想。在当时，随意地改变民族服饰或不穿民族服饰，都被看作是对本民族的歧视和背叛，轻者遭同族人的鄙视，重者则被赶出村寨。[②]历史上，瑶族人民长期遭受历代封建统治阶级的残酷剥削与压迫，被迫从黄河下游与长江中下游一带的平原地区往西南山区迁徙，入山唯恐不深，入林唯恐不密，踉跄篁竹，飘忽不定，从而形成“南岭无山不有瑶”的分布局面，这也使瑶族更为注重族群意识的凝聚力。白裤瑶妇女上衣的四方形图案，也许原非瑶王的印章，或许是某个历史时期的痕迹记忆，或是白裤瑶妇女对美好生活向往的表达，但由于特定历史时期的惨痛遭遇，它被人们赋予了特定的文化含义，成为历史的印记。（图4）这种跨越时空的历史记忆，伴随着他们从过去走到今天，又从现在走向未来，成为民族的永久记忆。

服饰也是人们记载历史的“史书”。广西隆林革步、金钟山一带的壮族有这样的传说：很久很久以前，因山洪暴发，房屋被冲毁，人群被冲散，人们扶老携幼往山坡上逃跑避难。洪水过后人们发现一个个山坡被洪水围成一个个孤立的小岛，从此人们就在山头各自生活，沟通十分困难。于是人们又伐木造船，互相来往。为了记住这段历史，人们就在服饰上刺绣不同颜色的波浪，比喻江河；刺绣不同形状的线条，象征小船；刺绣三角形图案，象征新建的家园，用以记载这段难以忘却的历史。

广西的许多世居民族都喜用蓝靛染制服饰面料，其起源传说众说纷纭。据广西那坡县城厢镇龙华村吞力屯一位壮族村民说，古时候，当地的壮族先民在与外族人发生战争时，头人不幸受伤，逃往深山老林时疼痛难忍，跌倒在路边，顺手采摘路边的野生蓝靛，将其捣烂敷在伤口上，伤口竟然神奇地好了，但在敷药的地方却留下了蓝黑色的印痕。后来他就叫家人用蓝靛来染制衣服，使服饰颜色与那蓝黑色的印痕一样，并号召其族人也用蓝靛染制衣服，以与别的族群区别，世代沿袭。（图5）

广西贺州平桂南乡壮族女子，喜包黑土布布帕，帕外以红布条缠紧。穿紫黑色无领右衽大襟宽袖长袍，衣长过膝，襟缘、袖口均用数条宽窄不同的浅蓝色布条镶边。穿宽筒布裤、绣花鞋。据说，明代大藤峡瑶族、广东罗旁山瑶族起义时，明王朝曾征调广西壮族俍兵到南乡戍守，后定居于此。为繁衍后代，定居南乡的俍兵与来不及逃走或在战争中失去丈夫的瑶族女子结为夫妻。新婚之夜，瑶族女子为表示对死去亲人的悼念和寄托哀思，先用白布包头，外面再罩黑布，露出白布边，象征为死去亲人戴孝；黑布外再缠以红布条，以示新婚吉祥喜庆。这种悲喜并存的头饰既是当地已婚妇女的标志，又反映了当地壮、瑶族民族交融的复杂过程。（图6）

一个民族或族群所遭受的苦难历程，往往能增强本民族或族群的凝聚力。为维持民族或族群生存的尊严，每个民族都十分注重历史的传承与陈述。在广西隆林德峨地区，偏苗老人常在民族节日活动中或茶余饭后在火塘旁为后人吟唱苗族古歌或创世史诗：

在万国九州的中间是罗浪周底，

我们的先人就住在那里，

图5　广西那坡壮族妇女用蓝靛染制的黑布服饰

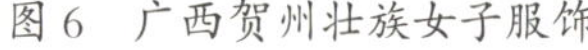

图 6　广西贺州壮族女子服饰

图 7　广西隆林苗族服饰

……

红稗小米不曾缺少，

高粱稻谷样样齐全，

还有黄豆赛过鸡蛋。

以后启野要至老从这里经过，

占据了先人居住的地方。

……

他们只有把这些景致做成长衫，

拿给年轻的女子穿。

……

衣衫的花纹，

就是罗浪周底；

围裙上的线条，

就是奔流的江河，

……

他们只有把那些景致绣在围裙上，

拿给婆娘（即妇女）穿，

她们团团转地围起来给老人看，
围起来给男女老少看，
让人们看到那些开垦出来的田地，
让人们看到那些盖起来的楼房，
把这些当作永远的纪念。
……

过去，苗族由于没有文字，其先民所创造的历史与传说，往往通过妇女的巧手在服饰中得以记录与呈现。她们以针为笔，以线为墨，以布为纸，一针一线地精心绣制一幅幅图案纹样，翔实地记述苗族艰辛的生活与历程。她们把苗族被迫离开古老的家园迁徙到西南边疆后，对自己曾经开垦耕耘过的那片富饶故土、田园依然保持的那些情怀，通过千针万线记录在民族传统服饰上，让子孙后代永不忘记历史上发生过的那些刻骨铭心的事情。（图7）虽然服饰上这些形状各异的图案纹样并不是人们一下子就能读懂的史书，但它确实是一种文化符号，替代了文字的功能，成为记录历史的载体，在苗族人民的身上，反复向后人讲述历史上曾经发生的事情。

二、民族与族群的符号

服饰是民族认同的重要标志之一。早在原始社会时期，人类就曾以服饰作为氏族的族徽，以之为与其他的氏族的区别。进入阶级社会之后，由于历代封建统治阶级对少数民族进行压迫和歧视，少数民族十分重视本民族的传统文化，尤其是对和民族心理素质关系密切的民族传统服饰等文化表象尤为敏感，并产生一种特殊的感情。在这种民族意识支配下，他们甚至将本民族的传统服饰看作民族的象征和尊严。为了保持本民族的传统服饰，继承民族文化，维护民族尊严，他们可以不惜一切代价，包括流血牺牲。

各民族把民族传统服饰视为本民族的尊严和象征之事，古往今来不乏实例。汉武帝时，苏武流亡匈奴近20年，自始至终不改华夏之服，不失汉朝节杖，民族气节凛然，历代传为佳话。清兵入关，强制各民族剃发留辫子，结果激起各民族的反抗斗争。地处边疆的壮族，除走仕途当官和居城镇者外，在边远山区和农村，大多数壮族人仍绾髻、高髻或椎髻。广西其他少数民族也大多如此。故时人云："男从女不从，生从死不从，阳从阴不从，官从隶不从，老从少不从，儒从而释道不从，娼从而优伶不从，仕宦从婚姻不从，国号从官号不从，役税从语言文字不从。"③

历史上，苗、瑶等民族深受封建统治阶级的民族压迫与民族歧视，长期过着迁徙不定的生活，"入山唯恐不深，入林唯恐不密"。在长期与自然及外族的斗争中，民族认同是团结本民族以求生存、发展必不可少的重要条件。所以，苗、瑶等少数民族的民族意识非常强烈，而作为民族传统文化外在表现形式的民族传统服饰常被作为本民族的尊严和象征的符

图 8　广西南丹白裤瑶男女服饰

号。从清王朝到民国政府，虽都曾多次下令少数民族改装易服，但绝大多数苗、瑶族民众不为所动，依然穿着民族传统服饰。他们通过穿着民族服饰来认同自己的本民族成员，或与其他民族成员进行区分，这种根深蒂固的民族意识对其后人影响很大。在广西白裤瑶地区，直到20世纪70年代，外出当兵退伍回家的白裤瑶青年男子，回到乡镇所在地时，仍必须先脱下军装，换上白裤瑶民族传统服饰，方能回村。（图8）

水族在清代以前多穿蓝色和尚领无扣长衫。清兵入关后，水族男子穿大襟无领阔袖青蓝色长衫，内衬白布短褂，下穿青蓝色宽筒便裤，冬天穿棉长衫和夹裤。女子多穿无领对襟短衣，身大袖宽，银扣，衣角镶彩色花边，下穿百褶裙，系青布围腰，有的还打绑腿。（图9）清朝统治阶级曾强迫水族人民改穿紧身衣、马裤、旗袍，放弃传统民族服饰，水族人民对此极为不满，不断奋起反抗，拒绝改装。

服饰文化是民族文化的表象特征之一。从中国的文献记载来看，古代中原地区的文人、官商对广西少数民族的认识大多也是从服饰的色彩、款式开始的。壮族是广西的世居民族，自称为“布壮”“布越”“布侬”“布央”“布傣”等，但很多人对壮族的历史文化了解不深，没法区分其族群文化，只好从服饰上去区分、识别。广西龙胜各族自治县龙脊镇平安村平安寨的壮族老人说，他们的祖先大约是在元末明初来到这里的，刚来时只有几户人家，在莽莽群山中开荒垦种，山高树密，穿别的颜色制作的衣裳很容易与山上的草木混为一色，找不到人，所以他们夏天上山劳动时都穿白布上衣、黑裤子，进山劳动时很显眼，别人容易找到自己。直到20世纪80年代，这里的妇女夏天上山劳动都还穿白上衣。通过区分服饰的不同，人们很容易将其所属的民族加以认定。（图10）

广西的瑶、苗等少数民族是支系较多的民族，他们在历史上没有建立过统一的政权，也没有使用过与本民族语言相一致的、统一的文字，族群文化差异性很大。族群文化的差异很多时候表现在服饰的差异上。以瑶族为例，广西的瑶族大多是唐宋之后逐渐从岭外迁徙而来，由于分布广，居住分散，经济生活也不太一样。随着政治、经济、文化生活的不断变化，瑶族逐渐发展成为一个支系繁多的民族。俗话说“一方水土养一方人”，由于长

图 9　广西南丹水族男女服饰

图 10　广西龙胜壮族妇女服饰

期生活在较为封闭、偏远的地方，交通不便，相互之间很少来往，受该地区生态环境的影响，各地瑶族服饰的发展都各有特色，最终形成众多的族群款式、地域风格和民族特色。虽然古人也对广西的瑶族做过许多研究，但不少人对瑶族众多的支系仍知之不多，他们更多的是从服饰的差别上去认识、了解瑶族不同支系的族群文化。他们将穿着不同服饰的瑶族分别称为“红瑶”“花瑶”“白裤瑶”“花蓝瑶”“尖头瑶”“顶板瑶”“大板瑶”“长发瑶”“青裤瑶”等。如：广西龙胜，因其女子穿着红色丝线绣制的红上衣而被他人称为“红瑶”。广西融水一带，因其女子从头饰、衣、裙到脚上的鞋，都绣满五彩斑斓的纹样，人们便将其美誉为“花瑶”。防城港市防城区，因其女子头盖五彩斑斓的头帕，顶上披挂彩珠和红绒穗，头部装饰斑斓绚丽，当地群众称之为“花头瑶”。（图11）广西南丹县的白裤瑶，则因其男子都穿白色土布灯笼裤而得名。广西大瑶山女子服饰均绣有精美的图案纹样，色彩斑斓，被他人称为“花蓝瑶”。“花蓝”，花花蓝蓝之意，即赞誉其服饰美丽。故清人谢启昆的《广西通志》说：“惟瑶之中独有以装饰之异而别其名者。如耳垂联（链）环，鬓挂矾珠，髻裹蕉叶，不裙不裤，惟以布幅围其前后，前短后长，坐地则兜之，名曰平地瑶。……戴梳于顶，状如扇面，名曰梳瑶。顶以木板，板列矾珠，累约缀旒，名曰顶板瑶。簪竹箭二根，长二尺许，覆以锦，穿林入莽，频则其首，翩翩如蝶，名曰箭杆瑶。以豪猪鬃为簪，加以竹片，双分鬓后，剪剪若燕尾者，名曰燕尾瑶。以木皮绊额系筐，伛偻而趋者，过山瑶，亦名山子瑶。又有以三角银版缀以红绒，插于髻畔，而腰结花绦者，盘古瑶也。”④历史上，由于瑶族长期不断地迁徙，很多时候，“他乡遇故人”，除了语言、风俗习惯的认同外，民族服饰也是瑶族族群认同的标准之一，因为这是他们祖宗留下来的东西，是千年流传下来的“根”。改革开放后，笔者曾多次应邀参加或带队到泰国、美国、越南的瑶族社区考察。听说我们的考察团中有瑶族成员，当地的瑶族都穿上瑶族服饰前来迎接。他们认为，瑶族见瑶族，就应该穿瑶族服饰。一些移居美国的瑶族为拥有一套瑶族服饰，不惜花三四千甚至上万美元托人到泰国瑶族地区去购买。在他们的思想意识中，传统服饰就是他们的“根”，是民族的外在表现，所以，瑶族人过世时都要穿瑶族传统服饰下葬。在广西南丹县里湖瑶族乡怀里村怀里屯，我们随机调查了32名白裤瑶村民，其中有16人认为人死时应该穿本民族的服饰下葬。在龙胜各族自治县龙脊镇金江村黄洛屯，57名红瑶村民有41人认为死后应该穿本民族服饰下葬。他们认为，如果不穿本民族服饰，到阴间后祖宗不认识他们，不让他们归宗认祖，无法享受后人的供祭。

广西隆林各族自治县的苗族大部分是清代时从黔西南迁徙而来的，进入隆林后主要分布在今德峨、克长、蛇场、猪场等乡镇，由于原居住地的不同，到隆林后又居住分散，生态环境不同，与周边壮、汉等民族的交往也不一样，从而形成偏苗、红头苗、花苗、清水苗、素苗、白苗等6个支系，各支系的族群文化都有较大的差异，服饰文化也各有特点。从服饰上看，偏苗妇女的盛装很艳丽，而便装较为朴素。其妇女习惯在头部右侧的发间斜

图 11　广西防城港花头瑶妇女

图 12　广西贺州瑶族男女服饰

图 13　广西南丹白裤瑶男女服饰

插一把木梳，故名“偏苗”。上穿无扣对襟衣，系麻布蜡染长裙，显得朴素典雅。红头苗因其男女过去都用红头帕包头而得名。民国年间，国民党认为红头巾与红军崇尚红色有牵连，曾强令收缴红头苗的头巾，青年人被迫以白、蓝色头巾包头。花苗因其妇女上衣、围裙、脚绑等均用红、黄、青等彩色丝线刺绣各种图案纹样而得名。在隆林的苗族中，花苗女子不仅上衣很漂亮，全部绣满彩色图案纹样，而且下身穿的蜡染百褶裙，也是花团锦簇，十分艳丽，就像一朵盛开的山花，故被人们誉称为“花苗”。白苗因其女子喜穿用雪白麻布制作的百褶裙，不染色，不绣花，一片素洁，故而得名。（图15）清水苗妇女衣裳尚青，据说其祖先来自清水江边，其民亦如清水江水一样清纯、洁净，因以得名。素苗亦称“栽姜苗”，又因其祖先在黔西南时曾为庄主之庄丁，故又名“哉庄苗”。其女子服装衣袖宽大，上衣挑绣各种图案纹样，扎腰带，系脚绑，衣着古朴庄严。苗族各支系的服饰都有自己的传统和特点，代代相袭。他们的装束与表述形式经历了漫长的历史时期才得以形成，尤其是表述形式，不仅体现出各支系的地域风格与特色，而且是一种思维定式，是区别不同支系成员的外在识别标志，是同一支系成员相互认同的要素，是族群的符号，所

图 14　广西隆林偏苗妇女

图 15　广西隆林白苗女子服饰

以，苗族妇女才会终其一生苦练服饰制作技艺，为我们留下精美绝伦的艺术珍品。

大新县板价一带的壮族男子过去穿无领琵琶衣，裤子与当地汉族同。妇女穿短衣长裙，上衣短而窄，长约30厘米，仅到腰，袖长15厘米，右衽，纽路从颈口往右经腋下直到襟边。颈边、袖缘、衣边均绣有彩色花边。裙子的式样虽然简单，但系裙的方法很特别。裙用黑土布缝制，裁为扇形，两边连有长带，系裙时由前面围到后面，再绕到前面用带打结，然后把左边裙底插到右腰间，右边裙底插到左腰间，在腰后形成交叉的裙幅。民国二十一年（1932年），国民党广西当局为强迫当地壮族同化，嫌这种裙子怪异，有“伤风俗”，派村长、乡警拿剪刀到圩集上抓人剪裙子，强制改装，遭到当地壮族的激烈反对，群起抵制。[5]直到20世纪60年代，当地壮族妇女仍穿这种裙。在她们的心目中，服饰既是一种特殊的载体，承载着本民族绵延了几千年的传统文化，又是本民族特有的徽记与标志，无论走到哪里，都可以以“衣”认人。

三、身份、地位和等级的象征

从历史的长河看，文化是伴随着人类社会而产生的，与最初的人类原始社会相适应，最初的文化也无等级门户之见。随着私有制的产生和阶级的出现，文化才染上阶级的色彩，服饰文化既然是人类社会文化的一个重要组成部分，当然也就难免打上阶级的烙印。

人类自从进入阶级社会后，随着社会

图 16　广西天等壮族老人传统服饰

财富的增加，人们对财富的占有开始出现多寡不均的情况，社会贫富分化逐渐加剧。一些既得利益者，特别是氏族部落的首领为保证自己对财富的永久占有，便制定各种规章制度，将自己与广大贫民阶层区分开来，于是，服饰亦成为区分、识别不同社会成员身份、地位、等级的标志。

在等级社会中，服饰是一个人身份、地位的外在标志。在古代中国，历代统治阶级都十分注重服饰的等级观念，把它作为国家大事来抓。《易经・系辞下》说："黄帝、尧、舜，垂衣裳而天下治，盖取之乾坤。"在这里，因服饰而设职位使国家得到治理。《白虎通》亦云："圣人所以制衣服何，以为絺绂蔽形，表德劝善，别尊卑也。"[⑥]特别是在等级森严的封建社会中，财富的悬殊、身份的尊卑、地位的高低等，都会导致对服饰的不同追求，而统治阶级为了表现其至高无上的权力与威严，对各阶级、阶层人士穿什么、戴什么、佩什么都制定有严格的戒律，用以"表德劝善，别尊卑"，并形成"只认衣衫不认人"的观念。

根据文献资料和出土文物分析，中国服饰制度的初步建立，大约在夏商以后，到周代已逐步完善。西周时期，随着社会生产力的发展和土地所有制的变化，西周的等级制度也逐步确立。与这种等级制度相适应，产生了完整的冠服制度。从这个时期的铜铭文及《诗经》《周礼》等记载来看，周朝不仅有服饰制度，还专门设"司服"一职，掌管服制的实施，安排帝王的穿着。自天子以至卿士，服饰各有等差。周代后期，奴隶社会日趋瓦解，封建社会

图 17 广西天等壮族女子服饰

逐步形成，服饰制度被纳入了“礼治”的范围，成了礼仪的表现形式。从此，服饰等级制度日益森严。正如董仲舒《春秋繁露·服制》所说：“虽有贤才美体，无其爵不敢服其服。”

广西少数民族服饰的等级制度虽然没有中原汉族服饰制度这么复杂，但以服饰来区分人的社会地位尊卑贵贱的情况同样存在。宋人周去非《岭外代答》说，宋代瑶族一般男子“斑布袍袴，或白布巾”，而其头人“则青巾紫袍”。[7]特别是在壮族历史上的土官统治时期，等级森严的土司制度在服饰上的规定也是十分严格的。土官是当地的土皇帝，土官和官族为了炫耀他们生活的富有，穿绸缎，佩金戴银。为了表示土官的威严和特权，他们规定属下的土民只准用黑、蓝两色的粗土布做衣裤，衣服不许有衣领；读书人可以穿灰色或白色短衣，只有考中秀才的人才能像土官一样穿大襟长袍、马褂。其实质是封建统治阶级利用服饰来将人区分等级，建立封建等级秩序，炫耀封建统治阶级的权势，维护封建统治阶级的尊严与不可侵犯的社会秩序。直到清代末年，这种封建等级制仍在一些尚未改土归流的土州中盛行。如在下雷土司（今大新县内），土官严禁属下土民穿绸布衣和戴毡帽。清朝末期，土民黄河清的祖父穿一件新衣服到下雷赶街，被土官撞见，说：“你竟敢穿得比我好？”然后命令土兵将其抓入牢中关了二个月，并罚一百光洋。[8]在全茗、茗盈土州（今大新县内），土官不许土民穿白色和花红色的衣服，不许穿鞋、袜进城。[9]在安平土州（今大新县内），土官有多种陋规：土民只准穿自己织的土布服饰，不准穿外来的“客布”（机织布），男女的包头巾严禁用“客布”和绸缎，土民不得穿长衫，不得戴雨帽上街……谁若违犯上述规定，就会遭到毒打和罚钱。土官还规定土民不准穿白色的服饰，不准穿绸缎、洋布，不准穿长衫……清光绪年间，土民农世元戴毡帽到安平赶圩，被土官官族看见，指着他责问：“你是从哪里当官回来的，竟敢戴毡帽？”吓得农世元赶快脱帽谢罪。[10]在南丹土州，土官规定属下庄民和

图 18　广西南丹罗富壮族妇女服饰

班夫不得穿有领的衣服，不能用机织布、绸缎等好布料制作衣服。

等级社会中关于服饰的清规戒律，既反映了封建等级制度的差别，也反映了封建统治阶级对广大劳动人民的压迫、歧视，折射出人间社会的苦辣悲欢。中华人民共和国成立后，中国政府实行民族平等与民族团结政策，广西少数民族服饰文化上的等级差别才彻底消除。

四、性别、年龄、婚姻的标志

从考古资料、文献记载和原始民族的服饰状况来看，男女之间的服饰最初是区别不大的。随着社会生产力的发展，人类由母系社会进入父系社会，由于男女在社会经济生活中的分工不同和生理需要的差别，加上妇女地位的降低，以及审美观念的发展变化，男女之间在服饰上的差别才越来越大。

我国古代信仰习俗认为：男为天，属阳；女为地，属阴。所以，男女之间不仅在经济、政治活动中要有区别，而且在服饰上也要有所不同，以体现男女有别的原则。以周代王室服饰为例，按阴阳之别，男女祭仪之差，把天子之服定为九种，祭服六，常服三；王后之服定为六种，祭服三，常服三。由于王与王后的信仰礼仪上的区分，所以王后没有祭天地、山川、社稷这三种祭服。王后女服的三件常服中，第一种“祎衣”是黄色的，表示亲躬养蚕之意；第二种“展衣”是白色的，是参加王宴客时出来见礼的服饰；第三种“缘衣”是黑色的，是深居闲处的便服，取其“至阴不动”“太质无华”之意。古代公卿、大夫、士的夫人也是这样的服饰，以标志女性。在广西，少数民族服饰性别区别的形成，除了受到男女之间在礼仪上的差别影响外，更重要的是受到男女之间不同的社会分工和男女生理上的不同需要的影响，在这些因素的影响下，少数民族男女之间在服饰上的差别才越来越大。据史籍记载，春秋战国时期，居住在广西的壮、侗、水诸族先民，无论男女均着“左衽”衣。明代，部分地区的壮族男女的服饰差别仍不太大，均穿短衣短裙。顾炎武《天下郡国利病书》说：“壮人花衣短裙，男子着短衫，名曰‘黎桶’，腰前后两幅掩不及膝。妇人也著黎桶，下围花幔。”[11]但清代之后，这种情况有了很大的变化。一是男子逐渐弃裙穿裤，或裙裤均穿，而裙多作装饰用，裤的实用功能日益明显。二是男子的服饰日趋简便单调，妇女服饰日趋追求华丽，装饰繁缛复杂。最后，男子穿裤，女人穿裙或裤成为服饰文化中的一种约定俗成的习惯而根深蒂固地保留在人们的思想意识中。

现在，广西世居民族特别是少数民族男女服饰都有一定的区别。一般说来，妇女的服饰种类较多，饰物丰富，图案纹样繁多，色彩对比强烈，做工精致，并在实用的基础上追求装饰的美学原理与审美情趣，以表现女性的娇美、婀娜；而男子服饰一般多庄重、沉着、朴实，图案纹样简洁明快，充分显示出男子的英武阳刚、强健彪悍之体态。

苗族男女服饰的差异很大。一般说来，女子服饰比男子服饰复杂，花色式样层出不穷，装饰丰富，一些贵重的金银首饰，也主要装饰在妇女身上。苗族男子上衣为大襟或对襟短衫，也有的穿长袍，下穿长裤，冬天裹脚绑，服饰式样较为简单。妇女穿大襟右衽衣，下身穿百褶裙或宽筒短裤。裙长短不一，有的过膝，有的仅到膝盖，颜色有蓝、青蓝、黑、紫和白色，裙缘刺绣或镶阑干，尤其是蜡染绣花裙，花纹斑斓，佳丽厚重，再佩上银簪、银冠、手镯、颈圈等银饰，与朴素简单的男子服饰相比，显得十分华丽。（图19）

在广西南丹县白裤瑶地区，男女之间服饰的区别也很显著。男子上穿无扣交领衣，下穿

图 19　广西融水安太苗族女子的盛装与银饰

长到膝盖的白土布灯笼裤。女子夏天上穿无袖无扣的蜡染绣花贯头衣，冬天穿右衽衣，下穿蜡染绣花百褶裙。（图20）男女服饰泾渭分明。

广西那坡县者祥一带的彝族男女均穿白上衣、黑裤子，男女之间的服饰区别主要表现在胸襟的饰物上。男子上衣胸正中处缀有一块称为“档花”的标志，图案为光芒四射的太阳。女子则在胸襟正上方佩戴一块锡铸的“普马”，“普马”图案为两条鱼跃出水面，围住光芒四射的太阳，鱼的上方各有一只飞鸟，以此区别男女。（图21）

仡佬族男女服饰也同样存在区别。民国初年，广西隆林仡佬族男子还穿右衽大襟长衣，腰束长带。妇女则穿短衣长裙，上衣右衽齐腰，袖背上绣有鳞状花纹，多为浅蓝色或青色面料制作。青壮年妇女的上衣多在颈部和右下腋处用纽扣系结，衽上无花纹，衽下有襟。新婚女子襟边饰有2～3道浅色布条纹，外边套以斗篷。斗篷用整块青布制成，中间挖一个洞为领口，无袖，前短后长，斗篷上多绣花纹，穿时从头上套下。斗篷的颈带和腰中的系带用金属花链连接。下穿直筒裙，无褶，分上、中、下三节，上、下两节多用麻织，饰青、白色条纹，中间用羊毛织成，染为红色。20世纪40年代末，男子逐渐改穿唐装；女子穿无领右衽衣，袖上嵌两道黑边，从颈口至右腋下镶一条约8厘米长的彩色丝绒，鲜艳夺目。喜扎围裙，穿绣花鞋。现在，男子除部分老人还穿长衫外，青壮年人服饰与当地汉族相同。妇女的服饰与当地壮族相似，包黑色头帕，穿青色或浅蓝色右衽衣，衣领扣处每边各有4颗银扣，颈下、胸前、袖口及两肩均用黑布镶边，一般是大边1条，小边3条。衣长仅齐腰。下穿长裤

图 20　广西南丹白裤瑶妇女夏衣

图 21　广西那坡白彝妇女服饰

图 22　广西隆林德峨仡佬族男女服饰

或绣花长裙，脚穿绣花鞋。（图22）

在古代社会，尤其是在原始部落、族群中，人们都将少儿成长为成人看作是人生中的一件大事，对少儿成为成人的年龄界限看得非常重要。只要少儿一到部落、族群公认的成年人年龄，举行一定的仪式，就意味着他从此是成人，成为本民族承认的、正式的社会成员，可以参加部落、族群中的各种会议，可以谈情说爱、结婚生子，并有为本部落、族群的利益去斗争，甚至献出生命的义务。《礼记·曲礼上》载："男子二十而冠，女子许嫁而笄。"就是说到20岁才可行冠礼，表示从此结束"垂髫"的少年时代，束发戴冠，宣告已经长大成人。在广西少数民族地区，一些参加成年礼仪式的青少年还要进行改穿成人服饰的仪式，通过服饰的变更来表示身份的变化。

广西少数民族大多分布在山区，由于地处偏僻，交通不便，与现代社会交往较少，在人生礼仪上留下较多的传统习俗，不少家庭和族群仍十分重视成年礼，虽然不少仪式已由繁入简，但仍十分严肃，容不得半点轻视和亵渎。广西贺州土瑶女孩，幼年时戴绣花绒帽，（图23）十四五岁时，父母亲便为她举行戴木帽仪式。姑娘一旦戴上木帽，便被公认已长成人。举行仪式前，父母亲要上山砍油桐树制作木帽，并在家中正屋前搭一间小木房，房内空间窄狭，仅容一床一桌，供姑娘与情人幽会，俗称"情人房"。择吉日举行仪式，召同村年龄相仿的好姐妹同聚于姑娘家中，由母亲当众姑娘的面把女儿所戴的绣花绒帽脱下，将头发剪得只剩头顶一小束，然后将木帽戴于姑娘头上。从此，姑娘便可搬入"情人房"单独居住，每当夜幕降临，一首首缠绵的情歌如云雾环绕于小木房周围。[12]（图24）

广西大瑶山一带的茶山瑶认为，小孩是"花婆神"送到人间来的。为了酬谢花婆神，必须在小孩出生后到15岁之间先后举行"架七星桥""架水沟桥""架冲桥""做

图 23　戴绒帽的广西贺州土瑶少女

前身鸡”“做前身鸭”“做前身猪”“做平楼”“还花”等8次酬神仪式，俗称“还花”。其仪式可一个人单独做，也可兄弟姐妹数人共同举行。最后一次仪式“还花”一般在15岁时举行，以标志小孩已经成人，从此脱离“花婆神”。其仪式极为隆重，耗费很大，须杀4～7头猪，鸡若干，孵化过的鸡蛋若干，共凑成九牲，或十五牲，或二十一牲祭品，请师公数人祈禳一昼夜，击长鼓，吟唱《还愿婆皇上筵南堂歌唱》等经书。最后，参加“还花”仪式的孩子换上成年人的新衣服，在师公率领下，反复4次，穿过用竹片、白布、纸花等扎成的门楼，意为从此成为大人，可独自参加各种社会活动。[13]

图 24　广西贺州市平桂区土瑶女子服饰

服饰因人的年龄大小不同而有所区别。在人生的不同阶段，年龄的不断增长不仅造成了人生理上的差别，而且在服饰上也形成了不同的类型和风格。这种因年龄大小而发生的服饰差别，主要表现在发型、头饰，以及服饰式样的大小、图案纹样的多寡和色彩的艳素上。

居住在桂西北大石山区的毛南族，其女子成年虽不用举行任何仪式，但各个年龄阶段的女子服饰都大有区别。20世纪50年代后，女童服饰多用自织、自染的蓝靛土布制作，头戴布帽或毛线圆帽，上穿右开襟上衣，下着挂带开裆裤。少女服饰仍以蓝靛土布制作，但开始梳发留辫，戴顶上缀绒球的毛线圆帽，上穿蓝色右开襟衣，下着封裆裤，脚穿千层布鞋，着装简朴，天真无邪。进入青春期的姑娘以士林蓝、天蓝、粉红、桃红等机织布制作服饰，扎一条长到腰际的长辫，上穿右开襟紧身衣，衣领、襟缘、袖口均镶嵌3道花边，下穿裤脚镶3道花边的长裤，手戴银镯。花边有大小之分：大条花边如筷条头大，镶绣费工少，缝制容易，用在平时在家和劳动时的穿着上；小条花边如火柴梗一样粗细，纹样细腻，精致美观，用在姑娘们赶圩对歌、探亲访友时穿的盛装上。再戴一顶金面黑边的花竹帽，显得风姿绰约、婀娜多姿。已婚妇女披发或扎长辫，戴银耳环，衣、裤与青年姑娘略同，但颜色多为青色或蓝色。腰前多系一条绣有云藕、花草纹样的黑布围裙，脚穿千层白底黑布鞋，成熟中透露出端庄秀丽。老年妇女盘发髻于脑后，髻上插一玉、银或竹簪，外包黑头巾。以黑土布为衣料，穿右开襟上衣，宽头裤，探亲访友时穿自制的白布袜，勾头绣花踏跟鞋，给人以朴实庄重、利索大方的感觉。

发型是服饰的一个重要组成部分，也是广西少数民族区分年龄的一个重要标志。广西龙州县一带的壮族姑娘，不同的年龄阶段梳不同的发式。青春年华、情窦未开的小姑娘，头上梳刘海，让短发垂下；已经有了对象，或是结了婚但未曾生育的女子，把前额的刘海梳向右边，用发夹夹起，而头的左边仍留刘海；成家有孩子的少妇则把头发往后边梳起，结成发髻。知情人一眼望去，便知谁是已婚少妇，谁是未婚姑娘。广西柳城县古砦一带的壮族少女剪发平肩，用绸缎或布将头发扎于头上，形如两只角；未婚姑娘留长发，梳两根长辫，辫尾用红绸缎扎两个蝴蝶结，形如两朵鲜花，前额有刘海；已婚女子剪发至平肩，头发不编不结，打扮随便；中年妇女剪发至平耳边，再戴帽或包头巾；老年妇女留长发，结髻于脑后，用银针扎住，再戴帽或包头巾。梳妆打扮，老少分明。广西贺州南乡壮族，未婚女子过去喜蓄长发，留刘海，或扎长辫一条，或将左边头发梳到右边用发卡夹住。出嫁之日，新郎家派人送来一面镜子、一把梳子、一支髻簪及大小红丝绳两条；女方家则请几个子女双全的“命好”妇女来家庆贺。由姑嫂用灶灰擦新娘前额、眉毛、颈背等部位，用细纱线绞掉其颈上、脸上的汗毛，将眉毛修为弯月状，再解开新娘长发，从中间向四周分开，编成一股股小发辫，由后向前盘“凤头大髻”，以红丝绳扎好，罩以圆形纱线网罩，髻上插银簪或玉簪，俗称“开眉”，表示姑娘从此进入人生的新阶段。

广西那坡县壮族，其女子成年前发式可顺其自然，但成年后就要改变发式。一般要将头发梳理成绾髻，置于脑后。用白布巾沿发际将头发垫上，发髻上插班簪、头笼、头叉、头花等银饰。未婚姑娘和已婚但未落夫家者插6朵头花，已落夫家者则只插头叉。髻上盖一块黑布头巾，将班簪、头笼、头叉、头花等银饰露出外面，以示青春靓丽。[14]（图25）

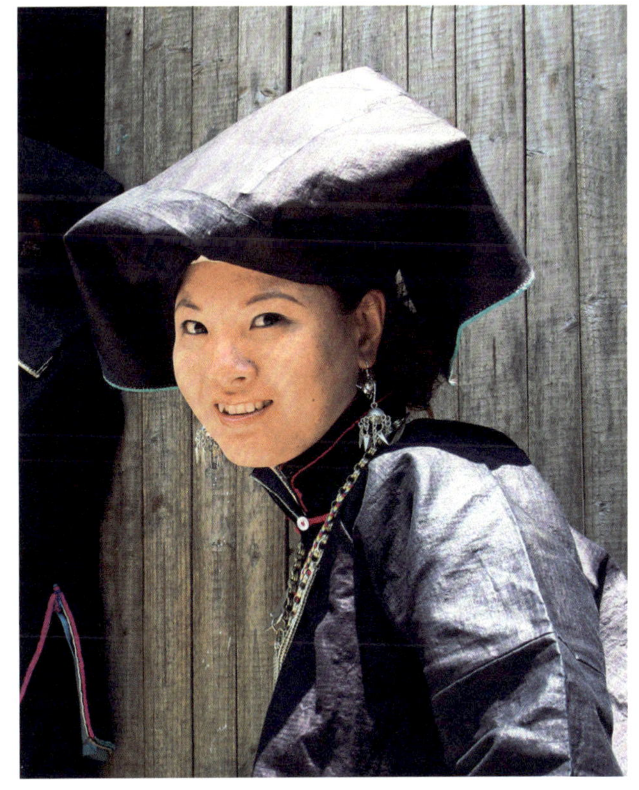

图 25　广西那坡壮族女子服饰

在广西贺州铺门，汉族女孩子六七岁即穿耳，十一二岁将发编成辫，辫梢扎红丝线；十五六岁额前留刘海，俗称“披层”；出嫁时将发结成髻，如盘蛇状，髻略向后倾，其上斜插银簪，髻下两边余发梳成翅形盖耳，俗称“凤髻”。两耳戴金耳环，手戴玉镯，有的戴银质龙镯，俗称

“蛇头镯”。不管是已婚还是未婚，铺门汉族妇女春秋两季都戴三指宽的绣花帽箍，冬天覆盖一块宽30余厘米、长40～50厘米的青布头帕，俗称“板巾”。姑娘的头帕多用丝线绣花，包头帕时在额上折出一个高约5厘米的三角状，俗称“头帕坳”。帕外用宽3厘米、长约1米的绸带捆扎。姑娘和已婚未生孩子的少妇用红绸带，年轻媳妇和中年妇女用浅蓝色绸带，老年妇女则用深蓝色绸带。三江六甲汉族，妇女平常在家时，其发式随意在脑后绾结成一小髻；走亲戚或赶圩时，将发编为辫，在辫上系一条红头绳，包好头帕后再把长辫整齐地盘在头帕外。生过孩子的妇女则把长辫在脑后结成环髻，有双环髻或单环髻之分。脚穿布鞋，女鞋的鞋口比男鞋浅，有彩绸绣花鞋和普通便鞋两种。老年妇女多穿尖头翘首花心绣花鞋。

广西龙胜龙脊镇金江村黄洛屯红瑶，妇女喜留长发，有“天下长发第一村”之美誉。当地红瑶女孩子13岁时便开始蓄发，一生之中只在16岁时剪一次头发，以象征长大成人，此后，终生不剪。待字闺中的姑娘从不把头发轻易示人，盘长发于头，形如螺蛳，然后用头巾将满头黑发包得严严实实，不让外人看见一缕青丝。当地习俗认为，只有新郎才有资格第一个见到新娘的秀发。结婚之后，就梳发盘髻于前额，再用一块头巾包住发髻，露棱角而不露发髻。生孩子当妈妈后才把头发直接盘在头顶上。（图26）她们认为头发是人的精血，尤其是妇女的头发，更是生命的象征，所以女子都留长发，一般妇女的头发都有1米以上，最长的有1.9米，创下“群体长发之最”的吉尼斯世界纪录。为了保护乌黑的长发，她们从不用都市里出售的洗发剂，而喜欢用洗米水洗头，然后再到村边的溪水中冲洗。青山绿水之间，一群姑娘争相戏水，长长的乌发如同瀑布倾泻，构成一幅幅优美动人的画卷。（图27）

在广西侗族地区，未婚姑娘常将长发梳为双髻，出嫁时，则要改双髻为单髻，盘于脑后。新娘出门的头天晚上，要举行隆重的改髻仪式，同村的姐妹，族内的嫂子、婶娘都来送行，共同吟唱《解髻歌》和《盘髻歌》。过去，当新娘的双髻被解开重新梳妆时，同村姐妹会陪伴新娘心酸地唱：

蝌蚪把大尾巴摔掉，
为的是能自由自在地跳；
金鸡把一身旧羽毛脱下，
为的是能穿一件新花袄；
女儿我把双髻解下，
怕捡得的是无限的烦恼。
……

20世纪50年代后，侗族村民生活逐渐富裕，男女婚姻民主自由，新娘改髻仪式一派喜气洋洋。众亲友纷纷登门祝贺，同村姐妹陪伴彻夜长谈，同族中漂亮、能干、儿女双全、家境富裕的一位婶娘或嫂子亲自为姑娘解双髻，将其盘为单髻结于脑后。额前的刘海也用少许茶油或水打湿抹光，插上银簪，佩戴耳环，再换上绣花衣裙。经过一番精心打扮，姑娘顿时显出女性特有的妩媚、端庄和秀美，一副含羞藏娇的美态。

图 26　广西龙胜红瑶未婚与已婚女子盛装

图 27　广西龙胜红瑶妇女梳洗长发

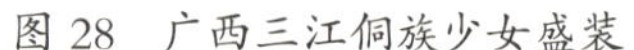

图 28　广西三江侗族少女盛装

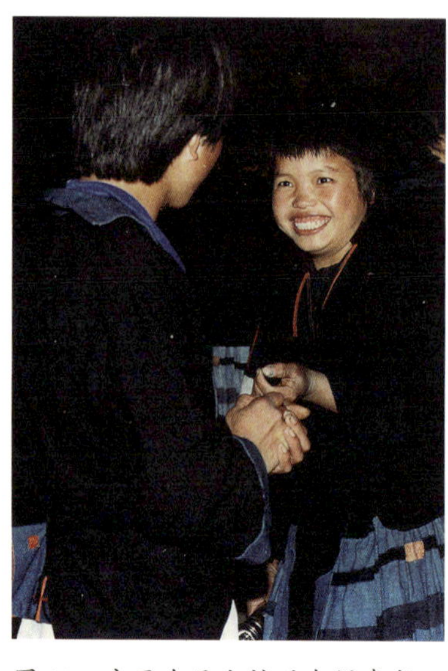

图 29　广西南丹白裤瑶未婚青年发式

图 30　广西金秀茶山瑶女子服饰

居住在广西三江侗族自治县林溪河一带的侗族姑娘，已婚者绾髻于后，插银梳；未婚者则留一小束发尾绕髻插入银梳内。苗江河一带，未婚者扎髻在额前，已婚者则在发髻上另加白布折叠围头。

广西南丹白裤瑶男女小时候都剪短发，十三四岁便开始留发，标志已为成人，从此便可参加成年人的社交活动。已婚男子将长发盘头，外缠布带；已婚女子则将长发束于头顶，结成从后往脑前伸的长形发髻，再包以蓝黑布头巾，以布带扎紧。

广西彝族女子的发饰也有讲究，女孩子十二三岁后便开始蓄发编辫子，缠绕于脑后，然后包上头巾，不让秀发外露；已婚妇女将前额上的部分头发剃去，并在脑后的发髻上戴簪子和链形银发饰。

广西隆林仡佬族不同年龄的男女发饰也不一样。婴儿出生15天就要将胎毛剃尽。剃头时要请师公举行仪式，男婴剃头时将笔、墨、纸张、书包放在面前，烧香祭神，意为今后读书聪明；女婴则放针线包在面前，意为今后心灵手巧。然后将胎毛全部剃光。男孩以后剃发时将发型剃为“锅铲头”。女孩今后新发长出来后，剪发时在两边耳朵上留两撮“桃子发”；6～12岁头发长长时，打两根辫子，俗称“羊角辫”；12～18岁在脑后梳一条长辫；18岁以后在头上盘一个大发髻或双发髻，外出赶圩或走亲戚于发髻上横簪或别簪，挂银链子。

头饰也是区分年龄的一个重要标志。广西都安、大化、巴马一带的壮族妇女，在赶圩、走亲戚或赶歌圩时，每人头上都包一条崭新的白底花边毛巾。已婚妇女用毛巾包头打结；未婚姑娘将毛巾折叠三四层，使之像手帕般大小，盖在头上，以示区别。广西凤山县长洲、砦牙一带的壮族妇女，头上喜包绚丽多彩的头巾。未出嫁的姑娘包纯白色头巾，两端各有3条约10厘米宽的彩色花纹，末端缀白色丝穗；已婚少妇头包白底蓝线花格巾，两端缀有黑白混杂的丝穗；老年人包纯蓝或纯黑头巾，两端无丝穗。年龄不同，不仅头巾不同，而且头巾的包法也不一样。姑娘包成羊角形，少妇包成盘碟形，老太太包成桶箍形。因此，从妇女头巾的图案纹样及其包法便可识别老少、婚否，在歌圩上找对象或对歌时，就不会错点“鸳鸯谱”了。

广西大瑶山一带的茶山瑶，女孩子童年时将3块刻有图案纹样、呈三角锅灶形的银板置于头上，以红色绣带系紧，俗称“锅灶头”。人生步入少年，头饰必须改装。将3块长约30厘米、宽约3厘米的直状银板用布带和绣带固定置于头顶，再以一白布帕覆盖为饰，俗称“曼头”。举行“还花”仪式后的成年女子改用3块长约40厘米、重约0.7公斤、两头翘起的银板置于头上，以绣带系紧，脑后披一长约50厘米的白布，微风吹来，上下飘动，甚为美观。（图30）

广西隆林偏苗头饰，未婚女子多用毛巾卷成角状戴在头上，现则多用围巾取代；已婚妇女则绾发髻，插木梳，包黑色头帕如帽状，再以白色或蓝色布带束紧。花苗少女留刘海，头包围巾；青年女子绾发髻；老年妇女扎头帕。青年女子的服饰花纹多而精细，色彩鲜艳热烈；老年妇女服饰纹样少，色彩清淡素净。这种因年龄不同而变化的服饰样式、色彩，既源自人的生理和心理变化，也和不同年龄阶段人们的审美心理合拍。（图31、图32）

隆林仡佬族，未婚女子梳长辫，包围巾；已婚少妇，盘髻于头，插银簪于发髻上，外面再包头帕，上身穿无领大襟长袖衣，领、袖、襟均镶彩色阑干，系黑布绣花裙，垂银链于胸前，穿黑布裤、绣花鞋；中年妇女尽去装饰，全身着装一色深蓝，长帕包头，垂帕穗于脑后，穿大襟衣，系围裙，着长裤，穿黑布鞋，显得稳重端庄。（图33）

图 31　广西隆林偏苗女子传统服饰

图 32　广西隆林偏苗妇女服饰

图 33　广西隆林仡佬族老年妇女服饰

五、民间信仰的展现

在当今世界上，每个民族都有自己的宗教信仰，并形成自己的宗教文化，它深深地渗透到民族文化和社会生活的各个方面。特别是在原始社会的早期阶段，由于生产力极端低下，人类还不能认识主观世界和客观世界，他们对周围的自然现象，如日月星辰的运转、风雨雷电的变化感到不可理解，对饥饿、寒冷、猛兽、疾病、死亡等威胁感到恐惧，于是对人类自身的生理现象和自然界做了歪曲的解释，认为在人类社会之上有一种无形的巨大力量在主宰自然界和人类，并将这种自然力加以人格化，变成超自然力的神灵，形成最初的宗教观念。这种多神崇拜的观念，对服饰的形成和发展都产生了深刻的影响，特别是在服饰形成的初期阶段，宗教和服饰艺术就像一对孪生姐妹，相互之间有着千丝万缕的联系，相互渗透，难以区分。

瑶族是个保留原始宗教信仰残余较多的民族。在瑶族的原始宗教信仰中，盘瓠图腾崇拜的影响最大。据瑶族民间传说和瑶族民间重要历史文献《过山榜》记载，瑶族的始祖盘瓠是评王的一只龙犬，它在评王与高王的战争中协助评王咬死高王而立了功，被评王赐予三公主成亲，生下6男6女，自相婚配，传下12姓瑶人。所以，他们相信盘瓠（龙犬）是氏族的保护神，把它作为氏族图腾来崇拜。《后汉书》《搜神记》《风俗演义》等历史文献也有类似的

图 34　广西天等壮族女巫头饰

记载。民间传说和文献记载很难为现代人所理解、认同及接受，给他们造成了极大的困惑。事实上，如果把它放到瑶族远古时期的经济生活中去思考，就很容易理解了。在远古时期，由于社会生产力水平及人们对客观世界的认知能力极端低下，人类理智分析能力十分弱。"一切超经验的事物和关系，不可避免地在一定程度上具有神秘的性质，成为一种超自然的关系。"[15]而对于处于母系氏族制度下的瑶族先民来说，此时人和人之间的一切关系，包括生产关系在内，都表现为血缘关系的形式。受"万物有灵"观念和现实生活中的这种血缘关系的影响，人们很容易联想到周围的事物上去，对于氏族集团所居住和狩猎的地区，以及在这个地区内生长的某种动植物，都以为同自己存在着某种血缘联系，从而形成最初的图腾崇拜。在远古时代，图腾观念和图腾崇拜在世界各原始民族中都是一个十分普遍的现象，在我国的华夏民族和少数民族的原始宗教中也都有反映。我国从三皇五帝开始，各个氏族部落都有自己的图腾和图腾崇拜。我国少数民族中人口最多的壮族历史上就有蛇图腾、鸟图腾、蛙图腾、犬图腾等。[16]云南少数民族的动物图腾有虎、牦牛、熊、狼、鹿、猴、水牛、绵羊、岩羊、獐子、鹰、白鸡、蟾蜍、绿斑鸠、鼠等。[17]据范文澜的《中国通史》所说，远古时期，南方的九黎为9个部落的联盟，每个部落又有9个兄弟氏族，共有81个兄弟氏族，蚩尤是九黎部落联盟的首领。传说他们全是兽身人首，耳上生毛硬如剑戟，头有角能触人，大概是以猛兽为图腾的氏族。[18]学术界认为，蚩尤部落是瑶族先民。[19]由此看来，瑶族先民蚩尤部落也是以猛兽为图腾的氏族。所以，其后裔中有动物图腾的习俗也是正常的事。从瑶族社会发展的历程来看，在远古时代，狩猎曾是瑶族先民的主要经济生活之一。有关的研究证明，狗是从狼驯化而来，所以，它保持了狼的凶猛，但经过人的驯化后，逐渐温驯，善解人意，并忠于主人。在狩猎过程中，狗曾发挥过重大作用，它不仅帮助人们发现野兽、捕获野兽，而且在人和野兽的搏斗中，狗为了帮助人战胜野兽殊死拼搏，有时甚至献出生命。从《后汉书》中关于盘瓠神话的记载来看，盘瓠应生活在氏族部落联盟时期，他在协助评王征服高王的战争中，可能带狗一同参与战斗。在他与高王殊死搏斗时，狗可能为救他而冲向高王，乘高王不备将其咬死，救了盘瓠。狗在狩猎和战争中为人殊死拼搏，甚至献出生命的做法，也使瑶族先民对其万分感激。于是，在当时"万物有灵"观念的影响下，瑶族先民便将犬视为保护神，加以供奉，并对其产生崇拜。久而久之，这种幻想表象进一步具象化、拟人化，甚至认为其与人有某种亲缘关系，从而形成图腾崇拜。即使是进入文明时代之后，瑶族也因长期世代居住在深山里，周围人烟稀少，野兽经常出没，不论是采集、狩猎、农耕，还是在家，都需要狗的保护。狗能保护他们的生命安全，在日常生活中，狗是他们的保护者；在生产劳动中，狗能帮助他们获取野兽与野生植物。这就使他们的犬图腾崇拜得以传承。瑶族对盘瓠的崇拜是多方面的，除节日祭祀外，在婚丧、饮食、生产和服饰等方面都有所表现。由于传说中的盘瓠也是一只"五彩斑斓"的龙犬，瑶族服饰无论男女都要在领边、袖口、襟缘、裤脚、胸襟两侧等处绣上图案纹样，有的还特意把上衣裁得前短后长，有的将头发梳成角头，再盖上花头帕，以象征犬图腾；有的故意将一节腰带垂于臀部之下，或于裤筒两侧绣

图 35　广西金秀坳瑶、花蓝瑶服饰

图 36　广西金秀坳瑶、茶山瑶女子服饰

上红色条纹，以示纪念盘瓠。（图35）庞新民《两广瑶山调查》说：“瑶人头饰，女人帽之尖角，像狗之两耳，其腰间所束之白布巾，必将两端作三角形，悬于两股上侧，系狗尾之形。又男子裹头巾将两端悬于两耳之后，长五六寸，亦像狗之两耳。男子腰巾结纽于腹下，如上述之垂以若干铜钱者，像狗之生殖器。……故男女装饰均取像狗之意。”刘介先生亦认为，瑶族服饰上的红线条与其图腾崇拜有关，他在《苗荒小记》中说：“据苗人所传，瑶之始祖父犬而母人。或曰：女为高辛氏公主，生子四，挈犬出猎，犬老惫不能工作，子怒，推诸河，死焉。及归，其母问犬，子以告，母大恸，以实语之，子亟赴河，负犬尸还。犬时口流鲜血，沿子胸部而下，子哀之。自后缝衣，必纫红线两条，交叉于胸，所以为念也。……瑶之衣服，今犹相沿不变。”过去，瑶族无论男女都缠头巾，扎绑腿，究其原因，据瑶族民间传说，盘瓠与三公主结婚后，白天在人前仍是龙犬，晚上却是个美男子，他身上的斑毛就是色彩斑斓的龙袍。一天，三公主对龙犬说：“你晚上可以变成人，索性变成人不更好？何必白天又变成狗？”龙犬对妻子说，只要把他放在蒸笼里蒸7天7夜，便可脱净身上的毛变成人。于是三公主照龙犬说的去办，当蒸到6天6夜时，三公主担心把龙犬蒸死，便揭开蒸笼盖看，见龙犬果然已变成人，但因蒸的时间不够，所以头上、腋下、脚胫上的毛仍未脱落。而再盖起来蒸已无作用了，于是只好把有毛的头、脚胫缠裹起来，据说这就是瑶族包头、扎绑腿的来历。时光如箭，往事如烟，这色彩缤纷的头巾、绑腿已成为瑶家子女对祖先创世的信仰展现。（图36）

苗族是个保留原始宗教信仰较多的民族，在远古时代，苗族先民由于对自然界不了解，认为一些动植物与自己有某种神秘的血缘关系，并把它们作为图腾来崇拜。据苗族创世古歌说，远古时期，一株参天枫树的树心变成了蝴蝶，蝴蝶与水泡结合生了12个蛋，这12个蛋后来孵化出人类的始祖姜央和雷公、龙、象、水牛、花、蛇、蜈蚣等12个兄弟，从此，人间便有了人和各种动物。为了纪念始祖“蝴蝶妈妈”，苗族妇女便把蝴蝶化为图案纹样绣在衣服和围裙上，在她们的心灵深处，“蝴蝶妈妈”是无时无刻不与她们同在的，崇拜祖先的观念就这样潜移默化地进入苗族民间刺绣中。在今天的苗族传统服饰上，我们还能常看到蝴蝶飞舞的美丽图案。（图37）这些栩栩如生的图案纹样，有的与自然界中的蝴蝶一模一样，有的则由民间艺人按照自己心目中的蝴蝶形象做了艺术加工，这些蝴蝶大多在腹下或两翅间长个人头，胖胖的脸，圆圆的眼睛，亲切慈祥，这便是苗族人心目中的“蝴蝶妈妈”。

在原始社会初期，人类曾主要依靠采集野生植物和猎取动物来充饥，以求生存。由于野生植物和动物是这一时期人类生存必不可少的东西，同时，由于受万物有灵思想观念的影响，人类便把这些与自己生存关系密切的动植物尊奉为神加以崇拜，这是原始宗教的一种普遍现象，特别是对龙、凤的崇拜尤为突出，这种崇拜在服饰上也有所反映。

广西的壮、瑶、苗、侗等民族普遍把龙、凤的形象反映到服饰的图案纹样中，特别是在壮族男女青年随身背挂的壮锦袋上，其龙、凤图案的造型更是栩栩如生。防城港市防城区保存的一件山子瑶道公服饰，其正面分别用黄、绿色绣两条长龙和鱼，背面分别绣两条龙、犬及数百个人物图像。这是因为广西古代少数民族多把龙作为神来看待，认为龙是掌管雨水的动物神，企盼通过对龙的祭祀和崇敬来获得龙的恩赐，以保风调雨顺，所以常在天旱和丰收之后举行对龙的祭祀。如融水苗族自治县的苗族，每年农历二月和八月，都在村前的平坝上进行“安龙”的集体祭祀活动，祈求龙神庇佑风调雨顺，普泽万民。服饰的龙纹饰，正是这一宗教信仰的反映。

图 37　广西融水苗族女子百鸟衣上的蝴蝶纹样

图 38　广西防城港瑶族师公服饰上的龙纹样

图 39　广西瑶族刺绣中的太阳纹样

古代原始初民，由于社会生产力和思维能力低下，对日月星辰的运转、风雨雷电的变化、春夏秋冬的更换等现象感到十分不可思议。于是，在“万物有灵”观念的影响下产生天体崇拜观念，太阳崇拜则是天体崇拜中最常见的一种信仰崇拜。据滇桂边界的壮族民间传说，从前天上的19个太阳，把地上万物都快晒死了。后被壮族英雄郎正用弓箭射下17个，最后剩下两个，一个是今天的太阳，一个是月亮，它们躲着不肯出来，人间没有了白天黑夜。人们只好向太阳请罪，求它出来照亮大地，并从此形成祭太阳的习俗。壮族先民对太阳的崇拜不仅表现在仪式上，而且表现在民族传统服饰上的太阳纹样上，从中可以看到人们对太阳神的崇拜。不仅壮族，广西其他民族也都崇拜太阳神。在广西少数民族服饰图案纹样中，太阳纹是最常见的图案纹样之一。广西盘瑶妇女的头帕和小孩的背带上都喜绣光芒四射的太阳纹，俗称“太阳花”。“太阳花”一般用红、黄两色丝线绣，以象征太阳的颜色。先用红线绣成圆点，再用红线配黄线绣四射的光芒。绣好后，太阳纹一般都要在头部正前方，以示神圣庄严。（图39）在瑶、苗、侗等民族的儿童帽子上，往往都钉缀有太阳纹的银饰。隆林彝族“麻公妈”在跳弓节中穿的蜡染衣上，也绘满太阳纹的图案。

壮族民间习俗认为，花王婆是主管生育的女神，壮族始祖妹洛甲就是从花朵中生出来的，而人则是从姝洛甲后花园中的花朵转世到人间来的。所以，壮族求生育的方式之一就是祭祀花神，在花王婆生日那天到野外采花来佩戴或插于床头。为表示对姝洛甲的崇敬，还将各种花的纹样恭敬地绣于儿童的帽子、背带和妇女上衣的胸襟，花的上部绣有鸟纹样和蝴蝶纹样，象征天；花的下面多绣锯齿形的草纹样，象征地；中心部为大花，象征繁衍人类的壮族始祖姝洛甲。

六、一方水土一种衣

图 40　广西南丹白裤瑶男子服饰

生态环境是人们赖以生存的物质基础，是人们进行物质文化和精神文化的活动场所。“一方水土一种衣”，一个民族长期居住、生活在一定的地方，受该地区生态环境的影响，人们所制作的服饰必须和这一生态环境相适应。广西京族长期生活在海边，主要从事渔业生产，终日奔波于沙滩和渔船上。为便于在沙滩上行走和船上劳动，京族常赤脚，所穿衣服比较宽松，裤筒肥大，既宽松凉爽，保护身体不受海风侵袭，又易于将衣袖和裤筒往上拉，以便下水工作，即使是落入水中，也容易脱下，尽快脱险。大多数人还喜戴斗笠，妇女还在斗笠外加一条布帕，以遮挡阳光和海风。而居住在山区的苗、瑶等民族，由于长期从事刀耕火种的山地游耕农业生产和采集、狩猎，山高路陡，草深林密，出门不是爬山就是下坡，走路时既要下肢大幅度地运动，又要防荆棘草丛割伤皮肤，所以男子的裤裆都较宽大，以利奔跑；为保护身体不受外界伤害，男女都包头巾，打脚绑。（图40）

广西地域辽阔，南北跨越纬度近7°，东西跨越经度近8°。境内山岭连绵，山区面积广大，占全广西总面积的74.8%，平原仅占全广西总面积的14.4%。因此，广西是一个山多平原少的自治区，素有“八山一水一分田”之称。由于境内山脉纵横，地形复杂，气候的地域差别十分明显，南北不同，东西有别；即使在同一地区，山顶和山脚也有明显的区别。南北气候的差异，主要表现在温度上，北部夏热冬冷，四季分明，属中亚热带；南部夏长冬短或全年无冬，属南亚热带；北部湾沿岸及附近岛屿，终年暖热，具有热带和亚热带季风气候特征。东西差异主要表现在降水上。东部年降水量在1500～2000毫米之间，年降水日数达170～190天，雨季长达半年，气候温润；西部年降水量多在1200～1500毫米之间，年降水日数为130～170天，降水集中在5～8月，雨季较短，气候比较干燥。同一地区的气候差别也主要表现在温度上，山顶气温往往要比山腰和山脚气温低几摄氏度，天气复杂多变。服饰作为一种物质文化，它的首要功能就是实用，是防寒保暖，所以服饰首先要适应当地的生态环境。广西世居民族所处的这种不同的生态环境，不仅造成不同民族的服饰互不相同，各自都有自己的民族特点，而且在同一民族内部，由于所处的地理环境不同，经济生活各异，服饰的式样和风格也各具特色，从而造成广西世居民族服饰文化具有地域性和多样性的特点。

壮族是广西的世居民族，历史文化悠久灿烂。20世纪50年代初，大多数男子上穿开胸对襟唐装，下着长裤。有钱人家的老人冬穿右衽大襟长袍，学生和干部多穿学生装和中山装，妇女多穿开胸对襟或偏襟上衣，腰系四周绣有彩色花边的围裙，下穿长裤或裙，劳动时披一块绣得精致结实的垫肩。但壮族人口众多、分布地区广，各地壮族所处的地理环境和经济生活情况都不尽相同；加上长期以来一直受自给自足小农经济的限制，处于一种互相隔离，互不来往或少于来往的封闭环境；再者，历史上土司制度的封建割据，使生态环境的作用更加突出。以上因素导致了文化发展的地域性和封闭性，在服饰上形成了浓厚的地方风格。

桂北龙胜一带，山清水秀，四季分明。夏天，壮族妇女多包印花或提花毛巾，上身穿深蓝色或带花短衫，外套不绣花、不镶边的对襟无领白布上衣，胸前只钉两组布纽扣，露出带花的内衣，内外衬托，显得淡雅秀丽。下穿青黑色宽脚长裤，离裤脚数厘米处或膝盖处镶有一宽一窄、颜色或红或蓝的两道彩色阑干，十分艳丽。其冬装又略有不同，男女均包黑头巾。老年妇女穿黑色无领开胸对襟衣；女青年穿绣有红、绿、蓝、白、黑5种色彩镶边的上衣，下穿宽筒裤，裤筒膝盖处镶有蓝、红、绿等色的丝质或棉质花边。

生活在靖西一带的壮族，常处于青山绿水之中，受环境的熏陶，其妇女服饰尚青，无论是赶圩还是下田，妇女们都穿一身青布衣裤，就连老太太头上的帽子、头帕，也都是青蓝色的。

桂西天等县一带的壮族，女子上身穿右偏襟圆领窄袖紧身短衣，长至裤头，矮领露颈，颈口到右腋下的衣襟和两袖口均饰丝绒大花边，下穿宽筒裤。男子身穿对襟圆领阔袖宽身衣，用布带系结，下穿宽筒叠裆裤。县境天南、爱乐一带的妇女则穿裙，其式样极为别致，解开是一块方布，围起来成为裙，裙子正面两腿心处各绣一条垂直对称的大花边，在臀部处打几个褶子，臀部下的裙脚卷起约3厘米，两边缝数针，使后裙脚弓形翘起，从前面看是桶裙，从后面看是百褶裙，很有特点。

生活在桂西边境那坡县的壮族，长期生活在大石山区中，服饰古风至今未改。其妇女穿自家染织的蓝黑色布衣裙，从头到脚都是黑色或蓝黑色。头包黑布巾，上衣仅至肚脐，刚好接住裙头，纽路从领口往右腋下开，下摆左右两侧开衩，两角上收呈弧形，裙缘用彩线锁扣一道细边，裙口、衣襟均绲一道浅色布边。下身穿宽脚长裤，外套长至膝盖的黑色百褶裙，

图 41　广西龙胜壮族服饰

图 42　广西天等壮族女子服饰

图 43　广西天等壮族男子服饰

图 44　广西那坡壮族女子服饰

用浅色布作为裙头，裙脚绲3条边，穿时由前往后系，走路时将裙摆掖在腰带里。

桂西隆林沙梨壮族，女子穿的短衣、短裙、长裤分别为黑、白、蓝三色，其衣短齐腰，裙摆过膝，裤长过脚踝，如楼层层叠起，错落有致，俗称“三层楼”。（图45）

桂西凌云县壮族，男子穿无领长襟衣，裤与汉族同。妇女穿长衣长裤，上衣长过膝盖，袖宽18～20厘米，胸部有3条红布和一块黑布从前面绕到后面，十分醒目。平时穿裤，裤筒宽约40厘米，结婚、走亲戚、赶圩时多穿裙，用大块白布作为裙头，裙身宽大，绲红、白、黄三色布，绲星格边，穿时由左往右围。

桂西北都安、巴马、东兰、大化一带的壮族姑娘，头包白布或提花包巾，秋冬之后所穿的几件衣服，总是最里面的那件最长，从里到外依次缩短，如楼梯状，历历可数，而且每件衣服的颜色都不相同，很有特色。

图 45　广西隆林沙梨壮族妇女服饰

贺州市八步区南乡镇壮族，男子上身穿蓝黑色直领对襟衣，衣长过膝，衣襟、衣缘均镶一条浅蓝色布的阑干，袖口分别镶两条一蓝一黄的布阑干，系红色腰带。下身穿蓝黑色宽筒裤，左右的裤筒上分别垂直镶一条黄色布条，裤脚镶一条浅蓝色布条，脚穿布鞋。女子盘发于头，用竹壳做成高耸的圆锥状头饰，外面先包一层白布带，再包黑布巾，巾外再用一条红布带或浅蓝色布带将其扎紧。上穿长到膝盖的蓝黑色右衽无领大襟布扣衫，襟缘镶一红、一蓝、一红3条阑干，袖口镶一红、一蓝、一红、一浅红色4条阑干，系红色或蓝色腰带。下穿蓝黑色宽筒裤，裤脚镶一红、一蓝、一黄、一红4条阑干，俗称“牛头裤”，脚穿布鞋，着装古朴素雅。

广西汉族服饰各地都不太一样。居住在城镇的汉族大多穿唐装、学生装、中山装、列宁装等。居住在农村的汉族多穿唐装、右衽大襟衣或小襟衣。武鸣陆斡一带的汉族姑娘，过去无论冬夏都喜盘发于头，再用两端有垂缨的头巾将头包成尖状，两端的垂缨分别从两耳上垂下，行走时垂缨随人体飘动，分外妖娆。冬天包黑布巾，夏天包白布巾。衣服从内到外一件比一件短，衣袖的制作也是这样。衣边、袖口的颜色也不相同，既有层次感，显示姑娘的青春活力，又能展示姑娘衣着的多少，表示家庭的富有程度。贺州铺门汉族妇女春秋二季头戴三指宽的绣花帽箍，冬天则覆盖一块约40厘米宽的青色头帕，俗称“板巾”，帕外用长约1米、宽约10厘米的绸带扎紧。身着青色或蓝色的大襟衫，冷天布质为厚家机布，衫身宽大，长过膝，领口、袖口、襟边用其他色的布条镶两条边，俗称“大小绲条”。裤为老式阔脚裤，裤口亦有大小绲条。脚穿青布绣花鞋，鞋头尖上翘似龙船，俗称“小头鞋”。绣花鞋有鞋面全绣花的；有三面镶花的，称“三镶鞋”；也有的在鞋头两边镶花，呈三

图46　广西隆林汉族学生

角状的，俗称“三角鞋”；绣花面不翘头的鞋俗称“圆头鞋”。三江六甲一带的汉族女子蓄发绾髻于脑后，再包黑白相间的方格头帕，上穿深蓝色或黑色无领上衣，衣脚和领沿饰彩色阑干，冬天在衣外围绣花围裙，下穿蓝黑色宽筒裤，着布鞋。南宁市西乡塘一带说平话的汉族，妇女盘发于头，再用毛巾作为头帕包头，喜穿黑色大襟便衣便裤，穿布鞋。田林平塘一带的汉族，其服饰受当地壮族影响较大，从12岁的女孩到中年妇女都着青蓝色的大襟衣衫，着黑色大脚裤。胸前围镶边围裙，用精制的绣花布带将围裙束在腰上，再用银制的链条和银制的蝴蝶形扣子挂在脖子上。13岁以上的姑娘一律把头发盘在头顶，用一根长约12厘米的银钗固定发髻。隆林各族自治县者保、天生桥等地的汉族妇女，蓄发绾髻，插银簪，穿长过膝盖的大襟衣，系青布腰带，然后再围围裙，围裙的两根带子用红、黄、白、蓝丝线绣成，围围裙时将两根带子系于身后，行走时带子会随风飘舞。穿宽筒裤，着翘尖鞋。

瑶族服饰的地方特色更为突出。千百年来，由于历代封建统治阶级的民族压迫和民族歧视，以及刀耕火种游耕生活的影响，瑶族在长期的历史发展过程中，随着政治、经济、文化生活的不断变化，逐渐发展成为一个支系繁多的民族，分布广而零散。大多数瑶族主要散居在五岭南北的高山密林中，海拔多在1000米左右，故有“五岭无山不有瑶”和“高山瑶，矮山苗，汉族住平地，壮侗住山槽”等地方民谚。由于瑶族多居住在高山峻岭，主要以刀耕火种的游耕和狩猎为经济生活，山上的草木、花朵、蝴蝶，森林草丛中的麻雀、斑鸠、画眉、锦鸡等，都对他们服饰文化的形成和发展有重大影响，所以，瑶族服饰自古以来便五彩斑斓，绚丽多姿。同时，瑶族居住比较分散，在广西的所有县市中，约85%的县市有瑶族居住，从而形成“大分散，小聚居”的分布特点。瑶族村落一般是由几户到几十户人家聚族而居，周围毗邻汉、壮、侗、苗等民族的村落。山高壑深，交通不便，各支系之间很少来往。由于地理环境的差异，对外交往不一样，受毗邻民族的影响也不同，加上地理环境所造成的封闭性，在服饰上便形成了众多的款式和地域风格。20世纪50年代后，各地瑶族服饰光式样就有六七十种，每个地方的瑶族服饰都有自己的鲜明特色。

一般说来，瑶族男子上穿对襟或右衽铜扣衣或交领衣，下穿宽筒长裤，腰和小腿绑扎布带。妇女穿圆领花边对襟或右衽长衣，下穿挑花长裤或百褶裙，扎绣花腰带、围裙、绑腿。但细分起来，各地瑶族服饰的艺术风格和款式又各有不同。

广西田林县盘瑶妇女喜用蓝靛染成的黑土布制作服饰，纱粗布厚，穿着暖和。用一条2米长、3厘米宽的黑布巾缠头，两端绣有红、绿、黄、白相间的彩色纹饰。包头时，先将头巾折成6厘米宽，层层缠绕，在额前交叉为“人”字形，让两端的彩色纹样全露于前额。再往前额的头巾上插一朵红花，让人感到一种纯朴的美。上衣分为内、外衣，外衣为无领无扣对襟长衫，衣长过膝，几乎与裤脚平，腰部以上的两边衣襟绣有8 ~ 12种不同的图案纹样，图案纹样两侧挂一串朱红色绒球；袖口用红、黄、蓝、白、黑五色布镶边，后颈部领缘用三角形红、白布镶边，后背挂几十根饰有玻璃珠串的红色丝穗，或挂一块中间黑、四周蓝的方

图 47　广西田林盘瑶妇女服饰

布披肩，蓝、黑布相接处及方布边缘均镶红、白布条，用一条约2米长的黑布腰带将衣服系紧，腰带两端有挑花图案纹样和长穗。内衣较简单，用一块方布挖洞穿头挡在胸前，挂在胸前的半幅为红布底，边缘镶白、黄、红布条，十分醒目。挂黑底青布边围裙，镶花白线边，和青色或黑色的宽筒长裤相配，显得雍容大方。

广西田林县木柄瑶服饰又有不同。男子习惯以巾包头，头巾中间镶绣白色纹饰，包头时，巾两端于额前两侧斜上伸出，形如一对玲珑小角。上身穿右衽短衣，用5厘米宽的白布带束腰，束带两端绣花缀缨，垂于两侧腰下约50厘米。下身穿长裤，裤外系下摆镶白边的百褶短裙，小腿扎绑带。女子服饰大致与男子同，但衣袖略短，且镶边，下穿平膝或过膝的百褶裙。该县的蓝靛瑶男子则用1米多长的黑布巾包头，上身穿开襟短衣，左襟用红布镶边，钉铜扣，两腋下和后脊梁对直下的衣缘均开5厘米长的衩，下穿长裤。其女子头上盖一块头巾，中间绣黑色图案纹样，两端为15厘米长的白细纱。用一个圆形银簇将头巾套在发上，银簇由30多片形如鱼鳞的银饰组成。上身穿长过膝盖的无领对襟衣，穿时把前后衣襟都翻上，然后用彩色织锦带系在腰间。两侧从腰部处一直开衩到衣脚，开衩处及衣襟均用红布镶边。由袖口往衣袖分别镶约10厘米宽的红布、10厘米宽的浅黑布及1厘米宽的红布，下身穿长裤。

广西十万大山山子瑶妇女喜用银质梅花发罩罩发髻，发罩顶部是一个八角星的圆形银片，四周上下两行排列插上32块小圆银片。先用红丝线缠头部七八圈，再将发罩箍紧于头上，最后用一块绣有纹饰的方形头巾盖住头部。位于左右两耳上的头巾角，用彩珠和红绒线联结成穗，垂于两耳旁。因头部装饰美丽如花，当地群众称之为“花头瑶”。上身穿后襟长过膝关节、前襟在膝上的无扣交领衣，领口绣花纹，前襟镶约6厘米宽的红布边。挂一块绣有花纹的胸围，胸前两边各缀彩穗，袖口各镶8厘米宽的红、蓝布花边。束红、黄、白、蓝色丝线织成的腰带，两端缀红绒线彩穗。下身穿仅50厘米长的短裤，裤脚用红或蓝丝线镶边。小腿着脚套，用彩色丝带系紧。行走时，将上衣后的一幅衣角撩起扎在腰

图 48 广西田林木柄瑶男子服饰

图 49 广西田林木柄瑶女孩敲竹筒琴

带上，既凉爽，方便行走与劳动，又能显示青春的健美。（图50）

十万大山的顶板瑶妇女则在头发上绑一块红布包的顶板，顶板用2米红布、3米其他颜色的布叠成5厘米宽、10厘米长的布条，依次共叠28层扎紧而成。戴时先将头发编成一条辫子卷于头顶，用绳扎住，再用黄蜡封好，然后再将板固定在头顶的蜡发上。最后，用一条两端绣有纹饰的2米长的白布或白花布盖住顶板和耳朵，扎紧于脖子上。因其头饰之大小而又有“大板瑶”“细板瑶”之称。上身穿无领对襟衣，胸前、领口周围均镶有花边和瑶锦，衣的两边下摆各开一个13厘米长的衩，束两端绣花的白布腰带。下穿长裤，裤脚处用红、黄、黑三色绒线绣10厘米长的花边。一身穿着花衣花裤，五彩斑斓。（图51）

广西融水苗族自治县的瑶族男子用红头巾包头，巾上覆盖瑶锦，锦上缀20余条彩色珠串。上衣以红为底，四周镶蓝布边，腰以上的衣襟边缘均饰瑶锦。对襟、无领、无扣、无袖，内衬黑布长袖衣，穿时以白布腰带束之。下穿黑布长裤。妇女以黑布包头，上顶人字塔形彩色桂冠，彩线交织，色珠串串。身穿黑布衣，肩、背、胸披倒鹅蛋形的彩色披带，颈挂两圈银项链，胸前缀满大中小型方、圆形服饰。一身装饰分外华丽。姑娘用蓝黑布头巾包头后，再在头巾外加以装饰，整个头饰像个绒帽。戴耳环，挂项圈。穿无扣交领衣，坎肩、胸襟镶上瑶锦，衣袖镶红、绿彩色布条和瑶锦，系蓝黑色腰带，胸前系菱形围裙。下穿平膝或过膝百褶裙，裙

图 50　广西十万大山花头瑶女子服饰

图 51　广西十万大山花头瑶、顶板瑶妇女服饰

图 52　广西融水瑶族妇女服饰

图 53　广西融水花瑶妇女服饰

上嵌上深红色的长布帕，打脚绑，穿绣花鞋。该自治县的花瑶服饰又略有不同。男子包黑布头巾，呈圆筒状。秋冬季节，男子着数件上衣，内衣开胸对襟，外衣为右衽黑布衣，从里到外依次缩短，最外面一件最短。每件衣服的颜色各不相同，一眼望去，所穿衣服一览无余。下身穿黑色窄口裤，十分精美。女子卷发于头上。上身穿无扣交领衣，衣袖镶满彩色布条，扎蓝黑色布腰带，腰带下系菱形围裙。下穿百褶裙，裙下摆绣数条彩色阑干，打脚绑。因其服饰从上到下都绣满彩色斑斓的纹饰，因而被人们称为“花瑶”。

广西龙胜各族自治县的盘瑶喜穿青蓝色服饰，男子上衣为低领对襟，系布扣，长至肚脐略下。下穿长到膝盖下的窄口裤，绑青色三角脚绑。妇女头戴瑶锦帽，四周挂满串珠彩穗。身穿开胸对襟衣，上披一个工艺极为精致的厚实垫肩，衣襟绣花边，结实多彩的腰带扎住一条图案古朴的围裙。下穿长至膝下的窄筒裤，裤脚绲花边，小腿缠绑带。该自治县红瑶服饰又有不同，其女子头包黑头巾，头巾的中心及四角各有一个菱形图案。姑娘和已婚但未生育的妇女包头时将发髻包在头巾里，露菱形图案的角而不露发髻，当妈妈后就不再包发髻了，上身穿红色绣花衣服，或是全用红绒线织成，或是在黑布衣上全部挑绣各种纹样盖满衣服。下身穿百褶绣裙，扎绑腿。（图54）

广西三江侗族自治县的瑶族男子服饰较简单，头包黑布长巾，身穿紫黑色素服，上衣无领对襟，下穿窄筒裤。节日、走亲戚时穿几重衣，里长外短，以示富有。妇女蓄发盘髻，穿无领花短衣，围花肚兜，束花腰带；下穿紫青色长裙，缠素色绑腿。行走时裙幅飞舞，有如张网之状，十分引人注目。

广西金秀瑶族自治县共居住着盘瑶、茶山瑶、坳瑶、花蓝瑶和山子瑶等5个支系的瑶族。茶山瑶主要居住在金秀河沿岸，花蓝瑶多居住在山脚，坳瑶、盘瑶、山子瑶多住在山顶和山坳。由于各支系所处的地理环境不同，在服饰上便各有特点。（图55）男子服饰，除部分花蓝瑶和茶山瑶还保留民族特色外，其他各支系男子服饰均与当地汉族服饰无多大区别。女子服饰则很复杂，不仅保留了古老的民族特点，而且各支系的服饰都不太一致。盘瑶多用蓝黑色或黑色布作为服饰布料。妇女多以白纱线或红纱线缠头，然后再用瑶锦带缠绕在纱线之外。在左右

图 54　广西龙胜红瑶女子服饰

图 55　广西金秀山子瑶、盘瑶、茶山瑶、花蓝瑶、坳瑶男女服饰

两耳上方的锦带上，分别垂下九束彩穗，头顶覆盖瑶锦。但另一部分盘瑶则在头顶上罩圆锥形的竹笋壳，位于脑后部位的笋壳上有可以通风的洞孔，用边缘绣有花纹的黑布盖住笋壳，布外用饰有铜钉、铜铃的瑶锦带将布绑紧，做成尖塔状帽子，俗称“小尖头”。上衣长约60厘米，无领无扣，老年妇女过去多穿此衣。中青年妇女则穿胸衣遮胸，胸前缝两块红底或黑底的布，左右各一块，俗称“衣襟”，用红、白、绿、黄等色丝线在衣襟上绣10余厘米宽的各种图案纹样，从领口一直绣到肚脐处。袖口用红花布镶边。腹部挂一块方形绣花围裙，扎宽幅白布腰带，用一条约5厘米宽的红、黄、绿、白、黑等色绣成的条纹带将腰带扎紧。条纹带两端有30厘米长的彩穗，垂于腰两侧，行走时，彩色穗须飘舞，异常美丽。（图56）

茶山瑶男子用绣有彩色纹样的长头巾缠头，穿无领对襟布扣黑布衣，束白布腰带，下穿黑布宽筒长裤。女子用三条不同色调的布带包头，扣紧头顶，再用三块长约40厘米、宽约7厘米、重约0.5公斤、两头翘起似飞檐的银板戴在头上，雪白的布巾披在脑后。上身穿左衽无扣花边衣，衣缘、襟边、袖口均绣上以红为主的纹样，腰扎两端绣花、穿缀银珠和彩絮的腰带，下身穿长过膝盖的短裤，小腿着制作精美的脚套。也有部分妇女下身穿长裤。（图57）

坳瑶男子头扎白布巾，身穿无领对襟黑布衣，束白色绣花腰带，下穿黑色长裤。女子用竹壳做成梯形的竹帽戴在头上，外边裹扎头巾作为装饰。上身穿黑布交领花衫，无扣，穿时先用白布带扎住，再以瑶锦带束紧。下身穿黑布短裤，小腿套脚套，以彩带束紧。（图58）

花蓝瑶妇女将长发梳为半边头，平眉线处将其倒绾于头顶，用银夹夹上，然后用黑布缠绕，形成前额开阔，下部宽大的网帽，将耳、眉毛都遮住。上身穿黑布无扣交领衣，长至臀部之下，束白布挑绣腰带，或以红、黄、青、橙、绿、黑、白色细纱编织腰带束身，胸襟对称镶5厘米宽绣花带，花纹细腻，纹样小巧清新，衣袖和衣脚分别刺绣30厘米和8厘米宽的图案纹样。下穿长到膝盖的短裤，小腿扎瑶锦绑带，外用彩色瑶锦带将绑带系紧，锦带两端的

图 56　广西金秀盘瑶女子服饰

图 57　广西金秀茶山瑶女子服饰

图 58　广西金秀坳瑶服饰

彩穗垂于小腿两侧，脚穿木屐。（图59）

山子瑶女子常在发髻上罩围箍，箍外包以瑶锦头帕，重叠四五层。穿黑色无扣右衽衣，衣领、襟缘以红、黄丝线织绣图案纹样，腰系彩色锦带，下穿黑色长裤。（图60）

广西贺州市平桂区土瑶的服饰也很有特色，男子平时以七八条毛巾裹头，参加婚礼时，有的用10余条毛巾裹头。毛巾外面用2.5公斤丝线和珠串扎住，整个头饰重约4公斤。上身穿浅蓝色对襟短衣，长仅40厘米，左、右两胸前各安一个衣袋。隆冬季节或参加婚宴时，穿近10件上衣，一件一种颜色，相互衬托着显露于外，色彩鲜明，层次清晰。下穿宽筒长裤，裤头镶白布边，裤裆和裤头都很大，穿时用布带扎紧。（图61）女子多戴用油桐树树皮制作的圆形帽，根据各人头颅的大小，用树皮圈箍固定成型，在外圈垂直地涂上黄、绿相间的颜色，再涂以桐油，色泽油亮鲜艳。在圆筒似的帽顶上盖数条毛巾，毛巾上撒披红、黄、绿相间的彩色丝线串珠，串珠越多，就说明其人越勤劳、富裕，也越显得美。节日或参加婚礼时，帽顶上面盖的毛巾多达20余条，丝线重一两公斤，垂一二十串珠子，整个帽子重达三四公斤。上身穿青色或浅蓝色长袍，一直盖到脚面，类似旗袍，两侧开衩较高，两腿全露于外，无扣，以花布带束身。便装里面多不穿内衣与长裤，只穿短裤，天冷时就多穿几件长袍，脚胫缠绑带。盛装时在长袍外套短衣，袍内穿长裤。在长袍后幅的腰部饰一宽数十厘米的瑶锦，锦下缀8～10串红色丝穗，将身后从腰部以下的长袍全遮住，远看分外艳丽。（图62）

广西桂平市瑶族男女都用长条彩带包头，层层叠叠地扎住头部，或圆或扁，或高或低，再配上多色花巾、彩带或丝穗，显得风度翩翩。一般说来，男子多包圆盘形，头顶用布盖住头发，然后用长条彩带盘头，在左耳上方的圆盘上伸出一节数厘米的彩带，末端缀穗，垂于

图 59　广西金秀花蓝瑶男女服饰

图 60　广西金秀山子瑶秋收归来

图 61　广西贺州市平桂区土瑶男子服饰

图 62　广西贺州市平桂区土瑶女子服饰

图 63　广西巴马布努瑶男子服饰

肩上。穿对襟衣，系布纽扣，背上披两块重叠的方形黑色绣花披肩。20世纪70年代后，披肩边缘改用红、黄、蓝三色布镶边，中间为织有瑶锦的黑布。腰扎三五条锦带，系黑色绣花围裙，裙带末端的丝穗垂于臀部左右两侧。穿长裤，缠绑腿。女子将头包为圆盘形或扇形，再在头上盖一块织绣得十分艳丽的瑶锦。除前额外，其余部位的瑶锦边缘全缀有红色彩穗，垂于左右两侧和脑后。也有的用布叠成板状帽顶，盖于圆盘上，上面再盖两条花毛巾，让毛巾的丝穗分别垂于左右两侧的耳旁。上身穿长到膝盖的无扣交领衣，襟边绣花，前胸缀上、中、下三排用红丝线和红、白、黑、蓝等色珠子串结而成的丝穗，身后也挂一串红丝穗，覆盖于披肩上，腰束7条锦带，腰前系绣花围裙，腰后系一条用数百条红丝线联成的腰裙。下穿宽筒裤，裤脚镶绣花布条。

广西都安、大化、巴马等地的布努瑶，男子头缠黑布带，两端绣瑶锦、缀彩穗。缠头时，让两端的彩穗分别垂于脑后左右两侧。上身穿无领对襟阔袖短衣，穿时左襟略盖过右襟约4厘米，下穿宽筒长裤。盛装时在衣、裤的边缘镶、绣图案纹样。（图63）女子将发盘于头上，在发上插银钗、银簪等首饰，头顶竖一块银牌，再缠上绣花头帕，帕上挂银链，额前垂串珠。满头的串珠、银饰，像一朵盛开的菊花；上身穿长至肚脐的右衽衣，肚脐下系一条长约30厘米的百褶裙，下穿宽筒长裤，袖口、衣襟、裤脚均镶、绣花边。（图64）

苗族服饰在各地都有其特点，其中又以女装式样最多。这些差异的形成，除了历史的因素、各民族的影响不同、支系有别，地理环境的不同也是造成差别的一个重要的原因。桂北一带的苗族，一般住在山麓、河边或田坝旁，三五十户到上百户为一寨；桂中融水带，多住在河边、田坝或山腰的梯田一侧，一般为几十户甚至百余户一村；桂西一带，多居住在高山上，每寨10余户甚至数十户人家。由于各地苗族所处的地理环境不同，气候的冷暖不一样，经济生活也有差别。所以，各地苗族服饰在保持共同民族特征的基础上，又形成了地域差异，这种差异主要表现在衣、裙的长短，色彩的浓淡，图案纹样的风格和装饰部位的不同，银饰的多少和发髻的多样等方面。

在广西融水苗族自治县，男子头缠青布长巾，上穿直领对襟短衣，下着长裤。女子头包青布花边头巾，耳戴玉石或银制耳环，戴手镯。上穿无领无扣对襟短衣，衣襟、领边、袖口都镶苗锦或刺绣花边，束腰带，衣内挂一块上宽下尖的菱形胸围，下穿平膝短裤，外套百褶裙，小腿着青布脚套，以绿绸带系紧。该自治县内杆洞、滚贝、白云、拱洞、四荣、安陲等地，男子穿闪闪发亮的紫红色对襟短衣，衣上缝4个口袋，钉9~11颗布扣；下穿蓝黑色大裆宽脚长裤，裤头交叉插入绑带内。女子服饰用自己制作的亮布缝制，短衣长裙，衣的各部位都配饰花边和飘带。上衣对襟无扣，衣襟可交叉系紧，也可放开不系。挂一块菱形胸围，腹部围一块肚兜，用一条约5厘米宽的绸带系紧，剩余的绸带垂于裙子底部，俗称“燕子嘴”。下穿深蓝色百褶裙，裙长约50厘米，后幅比前幅长5厘米，小腿套两端镶有花边的脚套，用一条约4厘米宽的绸带绑紧上端，绸带的两端垂于脚内侧，分外美丽。（图65）

广西隆林各族自治县境内居住着白苗、偏苗、红苗、花苗、青水苗、素苗等不同支系的

图 64　广西巴马布努瑶女子盛装

图 65　广西融水苗族女孩盛装

图 66　广西隆林白苗妇女服饰

苗族，由于各支系居住区地理环境的不同，在服饰上也有差异，这种差异主要表现为妇女服饰的不同。白苗妇女的头巾一般是白布为底，上面绣红、蓝、黑等纹饰。穿蓝色短上衣，用长巾束腰系于腰后，将长巾的两端吊至裙脚；下穿长到膝盖的白麻布绣花裙。腰系长围裙，打脚绑。（图66）偏苗妇女包花头巾或黑头巾，上衣长齐腰，无领，右侧开襟。长裙到脚跟，裙中间处有一条6厘米宽的蜡染纹饰圈，花纹上饰有几条阑干，裙头蜡染或刺绣两条大花圈，十分漂亮。裙外系一条与长裙同样长的围裙。（图67）红苗妇女过去多包红头巾，现在多包蓝、白色头巾，巾长1～2米，有纯素色或绣花两种。上衣与白苗衣略同，颜色为白或蓝，但衣领稍大，后幅绣花纹，圆领侧开襟。裙子与白苗的一样长，分三节缝成，上层长约10厘米，为粗布，中层长约30厘米，涂蜡染花，下层长约10厘米，刺绣花纹，腰系长过膝下的围裙，小腿缠白布绑带。（图68）花苗妇女将头发扎如蘑菇状，穿对襟长袖衣，胸前、背后、领口和两袖均绣各种彩色图案纹样。这些图案纹样，过去多用自己染制的各色蚕丝线刺绣，如今改用各色绒线或丝线绣。下穿浅蓝色麻布蜡染百褶裙，外系长围裙，扎绣花绑腿，从上到下，花团锦簇。（图69）青水苗妇女包黑头巾，上衣为天蓝色，侧开襟，前胸侧开扣处绣有3条彩色纹带，衣袖绣有8条不同颜色的花纹，直绕到胳膊上。裙子分为上、下两部分，上部长约16厘米，下部长约30厘米，绣横格子花边，腰间用黑布巾扎好。素苗妇女装束大致同偏苗，但裙长拽地，盘髻于头顶，高起8～10厘米，如木椿状，故又名“栽椿苗”。其上衣领翻向两肩，两边绲五六厘米的白布。从头套下，内外两层，外层背后绣小方块图案，扎腰带，节日和结婚时多穿这类服饰。平时穿黑衣和蜡染素裙，系黑围腰。男服由内、外两件套在一起，内长外短，系围腰。

广西三江侗族自治县境内的苗族因居住地域不同穿戴也不同。女子一般从六七岁起开始蓄发，经常浣发，绾髻于头顶，插一把木梳。上衣右衽无领，下穿百褶裙。三省坡一带的苗

图 67　广西隆林偏苗老人服饰

图 68　广西隆林红苗女子服饰

图 69　广西隆林花苗女子服饰

图 70　广西三江苗族女子服饰

图 71　广西三江侗族女子盛装

族女子，穿左衽大襟衣，铜扣，衣宽大，长过膝，系腰带；下身穿裙或长裤，脚系绲花边绑带。草苗女子绾髻于后脑，包青色绲边头帕，帕角垂至两肩，上穿长到膝盖的紫红色或黑色左开襟衣，钉银扣或铜扣，袖口、衣襟镶花边，扎苗锦宽腰带，下穿百褶裙或长裤。

侗族服饰因受自然环境的影响，也存在地域差别。侗族多居住在山水秀丽的山区，村寨依山而建，人们聚族而居。在浓荫、清泉、禾苗的田园风光熏陶下，人们衣着素雅端庄，大方实用，给人一种干净明快的感受。广西侗族地区大多处于北纬25°~30° 之间，山岭连绵，河流众多，有的处于盆地与河谷地区，有的处于山地和丘陵地带，不同的自然环境形成了服饰文化上的不同风格。以男子为例，侗族地区的大多数男子一般穿对襟短衣，但侗族地区南部山区的男子则穿右衽无领短衣。在广西侗族聚居区三江侗族自治县内，服饰文化的差别又主要表现为妇女服饰的不同。该自治县的侗族男子一般是包头帕，穿近似唐装的对襟短衣，下着宽筒便裤。妇女的服饰则表现出地域差别。良口乡和里村一带的妇女，春冬季节多包对角白头巾，上穿无领无扣右衽青色衣，腹前系数厘米宽的布带，下穿便裤；夏秋季节将发绾为扁髻或盘髻，髻上插一把木梳和数支银簪，额头扎白布带，上穿无领无扣对襟青色衣，衬肚兜，下穿百褶裙，扎绑腿，穿绣花船形踏跟勾鞋。苗江、榕江一带的妇女，春冬包三角蜂窝白头巾，戴耳环，颈挂数个颈圈，圈上缀银链，穿长到膝盖的右衽衣；夏秋穿花边对襟衣，围花肚兜，下穿百褶裙，扎花边绑腿，穿绣花船形踏跟勾鞋。

图 72　广西隆林彝族服饰

广西彝族主要分布在隆林各族自治县和那坡县。由于受到不同自然环境的影响，两地的彝族服饰也各有特色。隆林各族自治县德峨地区的彝族男子用一条3米多长、0.5米宽的黑头巾将头包成圆圈状，身穿黑色对襟短衣，下穿宽大的黑色唐装裤。妇女在头上围一块黑头巾，有的于头巾一端绣细花边，另一端缀丝线，平时穿宽大而长的唐装衣裤，多为黑色，也有蓝色、淡蓝色、绿色。节日的盛装为黑底绲蓝边或黑底绲绿边，并于袖口处绲3道边，中间一道长约6厘米，其余两道长约5厘米。老年人的衣服只绲前领和右手衣边，背后的领圈不绲；青年妇女和小孩则将衣领前后都绲成圆形边。那坡县者祥等地的彝族服饰均为白上衣，黑裤子。男子用方格或黑色头巾将头包成圆圈形，穿右开襟低领上衣，袖较长，衣之左下角缝一个小袋子，胸正中缀有一块称为“档花”的民族标志，图案为光芒四射的太阳。腰系白布带，穿黑色唐装裤，打三角黑布绑腿。外套一件有12或16个口袋的无袖白布短衣，作为本支系的服饰标志。逢年过节、婚嫁喜庆，男子们都要穿这种无袖白布衣。（图73）妇女包裹黑布头巾，也有的在黑布头巾内包一条浅色方格巾。双耳挂银钏，颈挂数个银项圈和一条银链。上衣长仅至肚脐，平领无扣对襟，内有一张绣花胸裙，遮住胸部与腹部。衣襟两侧系一用锡铸制的小花粒装饰的红底方格布，格中绣有纹饰。袖长，近袖口处缀有用小颗锡花装饰的图案。袖缘、领口绲黑边，胸襟上方靠近脖子处有4条用红、白、黑、蓝等色绣成的长彩带。双手分别戴数个银手镯。腰围一条8～10厘米宽的榆树皮做的椭圆形腰环，腰环表面用两条约2厘米宽的彩带装饰。未满18岁的少女和60岁以上的老年妇女的腰环略窄。除了夜间睡觉，平时腰环都不离身。逢年过节，妇女们还将精心织绣的锦带包扎在腰环外，显得英姿飒爽。下穿平膝宽筒短裤，扎三角形黑布绑带。

图 73　广西那坡彝族男子盛装

七、雍容华丽的盛装

节日也是一种文化现象。节日文化是民族文化的一个重要组成部分，它既包括各种约定俗成的节日聚会，也包括人们在节日期间的衣食住行，以及宗教祭祀、文娱活动、纪念活动、社交活动等，是一个有机的综合文化体系，是展现一个民族的性格、心理特征、风俗习惯、伦理道德、文学艺术的文化之窗，内容丰富多彩。

节日，特别是民族传统节日，在广西各民族的生活中占有重要的地位，重视节日可以说是广西各民族历代的风俗。这不仅是因为民族传统节日和民族的经济生活、宗教信仰、社交活动、历史传统、文化娱乐等有着密切的联系，而且节日还有调节文化与生活的功能。节日对于漫长的一年来说虽然只是短暂的一瞬，但它对人们的生活却是不可缺少和极为重要的，节日期间短暂的休息和娱乐，可以消除长时间的紧张与疲劳，打破旧的平衡，使平淡无奇的生活出现令人兴奋的波澜，使枯燥漫长的岁月增添诱人的生活情趣。假如生活中没有节日，人们会觉得生活平淡无味、死气沉沉。特别是广西地处边疆，历史上交通闭塞，经济落后，文化生活贫乏，为满足精神生活的需求，人们在紧张的劳动之余，都要安排一定的时间娱乐休息，以求得到短暂的轻松和愉快，久而久之，这些娱乐活动与风俗便成为节日。在节日中，各民族群众在按自己的民族习惯举行各种传统文化活动时，都十分注意自己的服饰，特别是妇女和青年人，都会脱下平日劳动时穿着的便装，换上新装和盛装，有的新装和盛装还是专门为节日而制作的。人们对节日的喜乐情趣，洋溢在这些新装和盛装上，人与服饰全融入了节日的喜庆气氛之中。这雍容华丽的盛装与平日生产劳动的服装有着明显的区别。清人赵翼在镇安府（今那坡县、德保县）做官时，就曾对壮族歌圩与服饰做过生动的描述：

阳春三月圩场好，
蛮女红装趁圩嬲；
长裙阔袖结束新，
不睹弓鞋三寸小。
谁家年少来唱歌，
不必与侬是中表；
但看郎面似桃花，
郎唱侬酬歌不了。[20]

数十年来，随着广西民族地区经济文化的发展，尽管不少青壮年人平时的服饰已日趋时装化和现代化，但在节日期间，特别是在民族传统的节日和集会上，大多都穿本民族的传统服饰。

服饰和节日的关系是十分密切的，一些民族甚至连节日之穿着都有一定的规定。在广西隆林各族自治县农村，壮族服饰不仅比较完整地保留了传统的式样，而且什么场合穿什么服饰都很有讲究。妇女的头巾有蓝、白、黑三种，黑头巾长约2米，一端织有网状的格子，末

图 74　广西三江侗族女孩服饰

图 75　广西隆林壮族男女服饰

端有长约8厘米的垂线，缠头时从左向右绕两三层后转回左耳之上；蓝头巾长约0.6米，两端均用黄、红色花线绲边，无垂线；白头巾长约0.6米，两端织有宽约3厘米的黑色纹饰或方格图案，末端有垂线。白头巾和蓝头巾的缠法相同，将头巾盖在头上，把左边的一端向头上翻起，再把右边的一端翻上去盖住就行了，极为简便。男子的头巾只有黑、白两种，式样、长短和妇女头巾相同，其缠头方法也大致一样，但缠头后留一端的尾线垂于左耳处，走路时垂线前后摆动，分外美观。男子上衣过去为右衽无领大襟衣，民国后改穿唐装。妇女穿短衣、短裙，上衣短而窄，长齐腰，仅能盖住裙头或裤头，右衽无扣，在右腋下襟边缝上黑、蓝、白三色布带代替纽扣系结。上衣分为白、蓝、黑三色，白衣和蓝衣的后颈处绣有一道约3厘米宽的花边，一直绕到胸前，外襟也镶一道约3厘米宽的白布或蓝布，如用白布镶，还要在布旁绣一道长约20厘米、宽约3厘米的花边。白衣和蓝衣的区别在于蓝衣的袖口、里襟、襟底都有一道约3厘米宽的红色或深蓝色或黄色的镶边布，而白衣没有。黑衣的制作更为讲究，镶边用黄绸缎为底，再用各色丝线在黄绸缎上绣出精美的图案纹样；袖口、衣襟底、衣缘、领口等处均镶黄、红、黑边。下身穿长至脚踝的宽筒长裤，长裤外套一条长至膝盖的百褶裙。其裙铺开如扇，穿上为裙，裙头用宽约10厘米的白布皱褶，白布边上镶一道宽约10厘米的红布或蓝布，在离裙脚约3厘米处织蓝色或黑色方形图案。裙头两侧各缝有两根长短不一的绣带作为系裙用，带的末端有彩穗。系裙时，两根短带垂于身后，两根长带从腹前绕过身后，再回到前面系紧，垂于两腿前，颇为美观。其裙亦分黑、蓝、白三种，黑裙的裙头用红、黄色布镶边，裙脚无方格图案纹样；而蓝裙、白裙的裙头没有红、黄两道皱褶镶边布，裙脚则绣方格图案纹样。习俗以黑为贵，视黑衣、黑裙、黑头巾为节日礼服，只有参加婚礼、做客、串亲戚、节日集会和冬天才穿，所以做工比较精致。白衣、白裙、白头巾为平时劳动穿着。蓝衣、蓝裙、蓝头巾则为在家和赶圩时穿。

图 76　广西龙胜红瑶长鼓舞

图 77　广西三江苗族女子盛装

广西龙胜各族自治县红瑶的盛装极有特点，“红瑶”这一称谓，就是因其妇女穿一身红色上衣而得名。其衣为无扣交领红花短衫，以锦带束身，衣脚左、右开衩。下身穿到膝盖的黑土布百褶裙，用白布带将黑色绑腿系紧。红瑶妇女每制作一件红花衣服，要一年以上的时间，因此，这件衣服是妇女最珍贵的服装。逢节日和走亲访友时，穿上色彩斑斓的红衣，戴上银项圈、菱形龙头银手镯、戒指、耳环、银牌，显得绚丽多姿，楚楚动人。（图76）

广西三江侗族自治县的苗族妇女平时多穿紫蓝色对襟便服，衣、裙、围裙、绑带都不绣花。冬天穿开襟无领短衣，襟边与领口略镶绿绸衬饰，比较素净。节日盛装，上衣开胸对襟，左、右襟的衣角及两侧、领口等处绣满花、鸟、鱼、虫等纹样，围兜上部中间绣一朵葵花，周围密绣各种山花纹样，再加苗锦及绸缎搭配制作而成的方形图案，整个构图异常美丽。下身穿蜡染百褶裙，扎苗锦绑腿，头插银花簪，颈挂银颈圈，身佩银链、银铃、银牙签，手戴戒指、手镯，脚穿绣花鞋，周身银光闪闪，配上花衣绣裙，衣饰相映，上下争辉。每逢节日喜庆，成群结队的姑娘穿上节日盛装，相互媲美争艳。（图77）

三江侗族自治县的侗族男子，平时多穿对襟短衣，下穿宽筒便裤，装束朴素简洁。但节日盛装却十分奇异，男子参加芦笙踩堂舞时穿的盛装，头围银片，上插鸡尾，上身穿侗锦、鸡毛吊球花裙。三江程阳花炮会上的侗族男子着武士装，身穿青衣白裤，裹绑腿，头围白头巾，绑腰带，颈佩银颈圈，手戴银镯、戒指，腰悬火葫芦，肩扛乌统（火药枪），显得格外英武。（图78）

隆林青水苗女子，上穿湖蓝色右衽衣，领缘与袖口均挑绣彩色图案纹样，扎蜡染腰带和挑花围裙，下穿青布花裙，裙分为上下两节，上节为纯白布，下节为彩色蜡染纹样，色彩层次分明。绾髻于头顶，插银钗于发髻上，缠黑布头帕。年轻女子在头帕外再扎一条挑花布带。节日喜庆盛装，则要缠八九条头巾，扎白布绑腿，穿绣花鞋，衣襟、袖口均装饰多条绣

图 78 广西侗族男女盛装

花纹样。老人还要在衣袖上再套上两个绣花衣袖，以示隆重。

毛南族喜欢用蓝靛染的蓝色和青色面料制作服饰，很少用黄色和白色，只有孝服才用白色，故民间有忌穿白色服饰串门的习俗。男子平时穿右开襟上衣，钉5颗铜扣，衣服口袋缝在右衣襟里，不外露。下穿宽筒长裤，劳动时扎三角脚绑。节日喜庆时穿盛装，包长约2米的黑头巾，头巾一端有布须，包时露出头顶。走路时，布须随人体有节奏地抖动，形如小羊角，故称“羊角巾”。束2米多长的黑布腰带，两端用红、绿、黄、蓝、白绒线镶成锯齿形的布须，束腰时让两头的布须外露。脚穿白底黑面布鞋。赴宴做客的长者要穿长衫，外面套黑布铜扣的“马镫衣”，衣背下面开长约10厘米的口子，衣袖为马蹄形。妇女穿镶有三道黑色花边的右开襟上衣，绲边裤子。黑色花边有大小之分，大条花边费工少，缝制容易，用在平时在家和劳动时穿的便装。小条花边小如筷条，有的甚至只有火柴梗一样大，缝制手工精细。妇女服饰穿起来显得精致美观，是赶圩、走亲戚和节日时穿的盛装。着盛装时，妇女还要缠头巾，发髻插银簪或玉簪，衣襟挂银牌，手戴银镯或玉镯，脚穿绣花鞋，头戴精致的花竹帽，显得分外俊美。（图79）特别是未婚姑娘，节日期间更是盛装打扮会情郎，正如毛南族民歌所唱：

月亮清清，
照妹系围裙，
妹系新裙给郎看，
细布蓝茵茵，
丝绣五彩艳，
绲边簇簇新，
芙蓉配鸳鸯，
穿上妹身郎欢心。

隆林彝族服饰尚黑，男子平时头扎黑布帕，穿黑布对襟衣，黑布宽筒裤。节日庆典时，男子头扎布髻高耸的“英雄结”[21]，左耳戴银耳围，披“察耳瓦”[22]，十分彪悍英武。已婚少妇平时围细花头帕，穿单色大襟衣。节日时头顶绣花帕，再将长辫盘于头帕上。穿浅色大襟窄袖衣，外罩一件绣花衣。戴银耳坠、银项链、银领花、银手镯，分外妖娆。老年妇女头缠黑布大布帕，平时穿蓝、黑、绿等单色立领大襟衣，系黑布围裙。节日时则穿镶边大襟衣，显得十分庄重。

京族现在平时所穿服饰已与当地汉族大致相同，但在节庆期间，仍有不少人穿本民族传统服饰。男子上衣窄袖袒胸平膝，束腰带，下穿长而宽的裤子。女子穿窄袖紧身无领对

图 79　广西环江毛南族女子编花竹帽

襟衣，内挂一块菱形遮胸布，下穿长而宽的黑色或褐色宽筒裤。外出做客时，还加穿窄袖白色长外衣裙，形如旗袍，呈现出浓浓的海边水乡特色。海边那温暖的、略带潮湿和盐味的风吹拂着她们那轻薄的长衣裙和宽松肥大的裤筒，裙缘和裤脚上的水珠轻轻地滴落在行走在沙滩的一双双脚上，风的潇洒、水的滋润，不仅使她们的服饰增添了浓郁的乡情水意，而且呈现出清凉、湿漉的海域风采，让人们领略了海洋民族服饰的独特风韵。（图80）

图 80　广西东兴京族女子服饰

注释：

① 陈日华等主编：《莲花山仙踪》，南宁：广西民族出版社，1998，239 页。

② 玉时阶：《白裤瑶社会》，桂林：广西师范大学出版社，1989，109 页。

③ 周锡保：《中国古代服饰史》，北京：中国戏剧出版社，1984，450 页。

④（清）谢启昆：《广西通志》卷 279，嘉庆六年（1801 年）刻本。

⑤ 广西壮族自治区编辑组：《广西壮族社会历史调查》第 4 册，南宁：广西民族出版社，1987，9 页。

⑥（汉）班固等：《白虎通》卷上，北京：中华书局，1985，240 页。

⑦（宋）周去非著，杨武泉校注：《岭外代答》卷 3《外国门》，北京：中华书局，1999，118 页。

⑧ 广西壮族自治区编辑组：《广西壮族社会历史调查》第 4 册，南宁：广西民族出版社，1987，172 页。

⑨ 广西壮族自治区编辑组：《广西壮族社会历史调查》第 4 册，南宁：广西民族出版社，1987，143 页。

⑩ 广西壮族自治区编辑组：《广西壮族社会历史调查》第 4 册，南宁：广西民族出版社，1987，28 页、44 页。

⑪（清）顾炎武：《天下郡国利病书》卷 105《广西》，四部丛刊本。

⑫ 陈毓山：《贺县乡土情》，南宁：广西人民出版社，1992，61 页。

⑬ 刘保元、莫义明：《茶山瑶文化》，南宁：广西人民出版社，2002，208 ~ 211 页。

⑭ 何毛堂等：《黑衣壮的人类学考察》，南宁：广西民族出版社，1999，105 页。

⑮ 吕大吉：《宗教学通论新编》，北京：中国社会科学出版社，1998，482 页。

⑯ 张声震主编：《壮族通史》（上），北京：民族出版社，1997，231 ~ 237 页。

⑰ 杨学政：《原始宗教论》，昆明：云南人民出版社，1991，151 页。

⑱ 范文澜：《中国通史》第 1 册，北京：人民出版社，1978，16 页。

⑲ 奉恒高主编：《瑶族通史》上卷，北京：民族出版社，2007，86 页。

⑳（清）羊复礼：《镇安府志》卷 8《风俗》，台北：台湾成文出版社，1967。

㉑ 英雄结：将细竹棍裹在包头的长布条中，扎成细长的锥形，斜插于头帕外。

㉒ 察耳瓦：用羊毛或布披毯制作的披风，白天披可以御风寒和装饰，晚上可以做被盖身。

广西隆林花苗妇女描绘蜡染图案纹样

第四章 散发乡土气息的服饰工艺

广西世居民族妇女对服饰进行装饰的工艺方法和手段是变化无穷的，有时单以蜡染或挑花对服饰进行装饰；有时则是把挑花、刺绣、织锦、布贴等几种不同的工艺混合运用，使服饰变得更为丰富艳丽。

长期以来，广西各民族共同生活、劳动、繁衍在这块土地上，各民族服饰的原料、制作方法和工艺技术都会有一定的共同性，各民族之间的经济文化交流，也会使各民族服饰的艺术风格表现出一定的相通或相似之处。但总的说来，由于生态环境的差异和社会历史发展的不平衡性，以及经济生活、风俗习惯、审美观念等各不相同，各民族的民间工艺又表现出自己独特的风格和诱人的艺术魅力，形成各自不同的审美情趣，从而使广西世居民族服饰工艺更为丰富多彩。

历史上，广西世居民族大多以农耕为主，在自给自足的小农经济下，各民族的传统服饰均采用自种棉花，自己纺纱、织布、染色、刺绣、织锦、缝制而成。这些精湛的民间工艺，把服饰装饰得多姿多彩。近现代以来，广西社会经济的发展，现代文化的传播，特别是20世纪末的经济全球化，对广西世居民族服饰工艺的传承造成了重大的冲击，使其传统服饰工艺的传承濒临失传。

图1　广西金秀花蓝瑶妇女织锦

一、染料的变迁

人类对色彩的认识，和周围环境各种色彩斑斓的物质及自然现象有十分密切的关系。古代岭南，气候湿热，雨量充沛，满山遍野都是五颜六色的花草。广西世居民族先民在外出进行采集、狩猎和农耕活动时，整天在山上和花草丛中，一些花、草、果、茎、叶、枝的液汁无意中被涂抹到人体或衣服上，出现各种斑斓的色彩，时间长了，人们就知道什么花草、枝叶、果汁可染出什么颜色了。于是，当人们需要什么颜色时，便到山上去寻找相应颜色的花、果、叶等植物，采用揉汁入染、榨汁入染、煮汁入染等方法，将植物的色汁抹于织物上，达到染色的目的。

关于广西原始社会的服饰面料染色情况，古代文献记载和出土实物都极少。从现在的考古资料来看，广西世居民族很早就有用颜色增加制造物美感的知识。在桂林市甑皮岩新石器时代遗址中，有相当部分人的骨殖表面都有赤铁矿红色粉末，在桂南的横县西津遗址、南宁豹子头等贝丘遗址中都有类似现象。大约到了西周时期，广西世居民族先民就已知道使用刀或针等锐器在人体上刻画花纹符号，然后涂上颜色，使之永久保留。这种文身的习俗，既是图腾崇拜的反映，也反映了广西世居民族先民对染料的认识。

据有关专家的研究，人类最早使用的染料是矿物颜料，后来，又选用了天然的植物染料。于是，原野上那些红、黄、紫、蓝的野花，以及它们那绿色的叶片，都成了人类选用的对象。起初，人们只是把这些花、叶揉搓成浆状，用来描绘。后来，人们逐渐知道用温水浸渍的办法来提取植物染料，选用的对象也扩大到植物的枝条、皮、根茎等。经过长期的反复探索和实践，人们又发现蓝草可染蓝色，茜草可染红色，紫草可染紫色等，并成功培植一些野生植物，开辟了人工种植染料的道路，从而增强了服饰的色彩感，美化了人类生活，使人类的视觉世界变得五光十色，鲜艳夺目。

据调查，广西各民族常用作染料的植物大致如下：茜草、薯良、椿树皮等可染红色，槐花、栀子等可染黄色，蓝草可染蓝色，五倍子、皂矾、野山柳、野杜鹃、板栗壳等可染黑色，稻秆、油麻秆、烟叶秆等可染灰色，紫草可染紫色，绿条刺可染绿色。

从民族学调查资料来看，广西各民族传统服饰制作的染料大多以原生态的植物为主，民间染色工艺大致可分为树汁染、靛染、蜡染、扎染、糯米染等。

树汁染是广西世居民族传统印染方法之一，主要流行于广西大苗山的苗族和南丹县一带的白裤瑶中。树汁染和蜡染有许多相似之处，但又有其独特的风格，从整个工艺过程来看，树汁染似乎比蜡染更为原始古朴。

每年入秋之后，大苗山境内的苗族便用刀将枫树皮砍破，待树汁流尽后，将树皮剥下，连同树汁与杀牛时留下的牛油一同煮沸，使牛油和树汁混合成为浓液，然后将浓液中的渣滓去掉，让其冷却形成灰褐色的胶状。浆染时，将枫树牛油浆放入一小锅或碗中，加热熔化为液，削竹片为针，用竹针蘸枫树牛油液在白布上绘制图案纹样，然后将布放入蓝靛液中浸染

图 2　野生蓝靛

数次，直到染成苗族所喜爱的发紫红色光泽的布料为止。除浆后，就是一件蓝、白分明的树汁染制品。

南丹县白裤瑶的树汁染也主要用树浆作为染料。当地生长一种俗称“粘膏树”的树木，白裤瑶群众用刀将树皮砍破，让树汁流入碗中。（图3）将树汁拿回家，和蜂蜡及牛油一同煮沸，使其混合成为浓液。使用时，用自制的铁质染刀蘸煮制过的浓液在白布上描绘图案纹样，然后将布放入蓝靛水中浸染，由于树汁、牛油、蜂蜡的保护，绘有图案纹样的地方未被蓝靛染色。用稻秆烧灰煮水，滤去草灰，将布投入灰水中，树汁、牛油、蜂蜡遇热熔化，浮于水面，用勺舀出留下次用。将布从灰水中取出，便成为蓝黑、白分明的树汁染制品，用作服饰面料。

靛染，又称“蓝靛浆染”，是广西世居民族传统染色方法之一。靛染的主要染料是蓝靛膏，以蓝草叶发酵而成。蓝草，又称“蓼蓝”“蓼草”，属蓼科，一年生草本。原为野生，后被人们种植。迄今为止，居住在山区的壮、瑶、苗、侗等民族，仍有一些人家种有蓝草。每年8月，待蓝草长到一定高度时，便将蓝草的枝、叶割回，放入专制的坑或木桶内加水浸泡，让其充分发酵。十余天后，待枝、叶全部腐烂，坑中或桶中的水变成深蓝色，发出蓝靛香味时，便将残渣捞起，将蓝靛水过滤干净。用稻草灰滤取适量的碱水，配适量的石灰粉一同放入坑中或桶中，用木棍不断地搅动，直到水面浮起大量的绿色泡沫时，就用芭蕉叶等物密封坑面或桶面。数日后，待石灰、稻灰碱水与蓝靛充分化合沉淀时，便可揭开坑面或

图 3　广西南丹白裤瑶妇女采粘膏汁

桶面的覆盖物，将坑中或桶中的水全部舀出倒掉，将凝固于坑底或桶底的蓝靛膏捞起，装入竹篓或竹箕中，留待浆染时作为染料。明清时期，广西世居民族大量种植蓝靛，用以染织服饰。据清代陆焞《昭平县志》载："蓝靛，又名蓝青，本邑备预两区出产最多。草本植物。谷雨前施种于山冈或平地，凡五十日，枝叶发青完满，刈浸靛池，约一月许，滤出渣滓，和以上等石灰细末，即成蓝靛。普遍每靛草六百斤，造成一百斤之靛为佳，不及此数，渐分差次。"[①]清人冯德材、全文炳《郁林州志》说："蓝有二种：山蓝似草决明，田蓝如鸡爪。蓝，一年五六刈；畏暑日霜雪，夏冬须草盖覆；割苗浸池中，加石灰沤，去渣即成青靛。州西北为盛。"[②]清人王巡泰《兴业县志》亦载："惟青蓝则地之所宜，举邑皆种，而其利普焉。"[③]19世纪末，用化学合成法制造靛蓝成功后，合成靛蓝在城镇染织业中逐步代替植物蓝靛染料。但在广大农村，一般人家仍自种蓝靛，用以染布供家人制作服饰用。

广西世居民族服饰的布料大多经蓝靛染制。先将蓝靛膏和清水按一定的比例放入桶中，再放入数百克自酿的糯米酒，便为染料。每天要用木棍在水中搅动一次，数日后，待桶中的水呈现黄色时，便将布料放入桶中染制。（图4）每日浸泡两三个小时，然后拿出来晾至半干，又再次浸泡染制。每次浸泡前，都要用木棍在桶中搅动，不让蓝靛膏沉淀于桶底。如此反复浸染多次，直到染制出所需要的颜色为止。（图5）

苗、侗等民族靛染"亮布"的过程更为复杂而有民族特点。苗、侗等民族靛染"亮布"时，将布染色后，即把布料卷好，放入饭甑中蒸一两个小时，然后取出来晾干，再放入蓝靛缸中浸染，再取出来晾干，如此多次反复浸染后，再染上薯良或牛血，待其变成紫红色时，取出放到平滑的石板上轻轻捶打数次，然后用鸡毛蘸取适量的鸡蛋清涂在布上，一边捶打，一边加鸡蛋清。捶打越多，亮度越高，最后捶打成泛发紫色光泽的"亮布"。这种"亮布"不仅耐脏，而且不易起皱，整个布面色泽均匀，紫光闪闪，鲜艳夺目，是制作民族传统服饰的上佳布料。

蜡染也是广西世居民族传统印染方法之一。蜡染，古代称"蜡缬"，即用蜡液防染的一种印染方法。它与"绞缬"（扎染）、"夹缬"（印花蓝布）一起被称为中国古代的三大防染工艺。其基本特点是利用蜡液作为防染原料，使织物纤维不被染液浸入，蜡去花现。蜡染虽然一般只有蓝、白两种颜色，但由于巧妙地运用了点与线和疏与密的结合，使整个构图色调饱满，层次丰富，生动朴实，突出表现了蜡染艺术简洁明快的特点，具有浓郁的民族风格。（图6）

早在秦汉时期，我国人民就开始用蜂蜡、树脂做防染剂，印染纺织品。隋唐时期，蜡染盛行全国。广西世居民族何时开始使用蜡染？由于史料缺乏，我们很难做出确切的回答。但到宋代时，广西壮族的"青斑布"、瑶族的"瑶斑布"、苗族的"点蜡幔"等蜡染纺织品在全国都已很有名气，其中又以"瑶斑布"最负盛名。宋人周去非《岭外代答》说："瑶人以蓝染布为斑，其纹极细。其法以木板二片，镂成细花，用以夹布，而镕蜡灌于镂中，而后乃释板取布，投诸蓝中。布既受蓝，则煮布以去其蜡，故能受成极细斑花，炳然可观。故夫染

图 4　广西那坡壮族妇女将白布浸泡入蓝靛水中

图5　广西那坡壮族妇女晾晒浸染过的靛染布

图 6　广西隆林红苗女子描绘蜡染图案纹样

斑之法，莫瑶人若也。”[④]宋人朱辅《溪蛮丛笑》亦说：“溪峒……以蜡刻板印布，入靛缸渍染，名点蜡幔。”[⑤]由此看来，早在宋代，广西世居民族就已知道蜡染。这种印染工艺有它的独到之处，是其他印染工艺所不能代替的，因而深受广西各民族所喜爱。唐宋之后曾盛行一时的蜡染工艺在全国其他地区日渐衰落，相继失传，但在广西少数民族地区，蜡染一直在流行，并成为服饰的印染工艺之一。

现在，广西少数民族的民间蜡染方法为：先用稻草灰煮水，将自织的土布放入灰水中浸洗，然后将芋煮熟，搅烂为泥状，涂于布上。晒干后用牛角将布磨得光亮、平滑。将白布平铺于桌上、案上或木板上，置蜂蜡于小锅，加温熔解为液体，用竹片（或木片）与铁片制成的蜡刀蘸蜡液，直接在布上描绘各种图案纹样。整个绘制过程，虽不用直尺，也不用圆规，但所描绘的线条、方、圆等，工整对称，花鸟鱼虫，惟妙惟肖。将蓝靛和白酒配制成染料，放入缸中，再把绘有图案纹样的布料投入染缸，待布浸透蓝靛后，便将其取出，放到阳光下晾晒干后，再放入清水中煮沸，待布上的蜡全部熔化，从布上脱落后，取出来放入清水中清洗，拿出去晾干就行了。在蜡染过程中，凡用蜡液描绘过的地方，由于蜡液的保护，没有被蓝靛染上颜色；未上蜡液的地方，则被染上蓝靛色，形成蓝、白分明的图案纹样。同时，蜡液在布上流动形成自然龟裂现象，经煮沸后，在布上留下一种人工无法描绘的冰花，使蜡染产生一种特殊的艺术效果，令人赞叹不已。即使所描绘的图案纹样相同，出自同一绘画人之手，但由于蜡染过程中自然龟裂时所形成的冰花不同，画面也会显得千变万化。整个构图风格独特，色调素雅，具有鲜明的田园风味和民族特色。（图7）

如果想在同一图案纹样上获得深浅两种不同颜色的效果，可先描绘好纹样，浸染成浅蓝，待干后在保留浅蓝的部位涂上蜡，然后再放入染缸浸染成深蓝，煮去蜡质，即呈现深浅两种颜色。如果需要制作彩色蜡染，可先在布的彩色部位染上杨梅叶汁（红色）或白蜡皮树叶汁和黄橘子（黄色），再涂上蜡，然后放入染缸，依次浸染，便可得到色彩斑斓的蜡染。这种蜡染色彩对比鲜明，如锦似绣，十分艳丽。抖开每一块蜡染布，我们似乎能听到水的喧响，歌的吟唱，情与爱的交融。

在广西世居民族中，苗、瑶族的蜡染都十分著名，尤其是苗族蜡染，精工细作，瑰丽神奇，清新质朴，是蜡染中不可多得的精品。关于蜡染的起源，苗族民间有一个美丽的传说。据说在很久以前，有位美丽的苗族姑娘由于家境贫穷，无钱缝制花衣、花裙。每逢节日，有钱人家的姑娘都穿上漂亮的衣裙，到芦笙场上同小伙子们唱歌、跳舞，她只能在家闭门纺纱、织布，暗自伤心。一天，楼上的蜂窝突然掉下来，落在她织好的白布上，蜂蜡从蜂房中渗出，凝固在白布上。她仍同往常一样，将布放入蓝靛缸中浸染。由于沾蜡处不能染色，她便将蜂蜡刮掉，谁知布上竟现出白色花纹，姑娘喜出望外，就用蜂蜡在白布上描绘图案纹样，浸入蓝靛缸中染煮，成为漂亮的蜡染花布。姑娘将它缝成衣、裙，穿去参加节日活动，引来了小伙子们赞美的目光，纷纷邀请她唱歌、跳舞，也引起了姑娘们的羡慕，她们纷纷向她请教，于是蜡染就盛行起来了。[⑥]

图7 广西隆林红苗妇女的蜡染布

图 8　广西隆林苗族蜡染与扎染布

扎染，又称“扎缬”“撮缬”“绞缬”，是广西世居民族传统服饰印染方法之一。扎染是在布上用针线有意识地进行扎、缝、缀、串、捆等多种技法，使染织物按设计的纹样重叠、合并、串联起来，结扎成团，使之纵横有序地起绺，投放入蓝靛缸中，待布浸透蓝靛后，拿出来解开结扎的线，用水漂洗晾干。因用线结扎的部位比其他部位紧实，染液不能正常浸透，二者之间产生色彩差异，形成深浅不一、对比强烈的色彩。结扎部位大多形成圆形、方形、螺旋形等抽象纹样，其纹样四周经缝、扎而自然形成由深而浅的浓淡效果，色调柔和，层次丰富，特别是自然天成的无层次色晕，更给扎染增添姿彩，具有极好的艺术效果和感染力。扎染多用于头巾、衣、裤等。（图8）

糯米染是广西龙州县壮族特有的服饰印染方法之一。“为了加强颜色的亲和能力，丰富色谱，人们在生产实践中逐步认识到黏合剂及媒染剂的作用，并利用它们来染色。早在周代，人们已开始使用含有黏性的高粱、谷米等黏合剂来加强纤维的亲和能力。”⑦广西世居民族什么时候知道这一染色工艺，我们尚未知道。但用糯米作为黏合剂以增强纤维亲和能力的做法在广西民间却较为普遍，龙州、靖西、德保、天峨、南丹、宜州、忻城等地都流行此做法。先把糯米舂成细粉末，煮成糊状。将白布放在木板上，用竹篾蘸糯米糊在布上描绘图案纹样，然后将绘好图案纹样的布料放入蓝靛缸中浸染，待布浸透蓝靛后取出晾晒干。再用稻草烧灰煮水，用灰水将布上的糯米糊洗掉，绘制的纹样便显露出来。在印染过程中，凡用糯米糊描绘过的地方，因糯米糊的防染作用而未染上蓝靛色，形成白色的纹样。未用糯米糊涂过的地方，则被染上蓝靛色。糯米染工艺和蜡染工艺很相似，但其图案纹样的色调比蜡染显得柔和。糯米染主要用于衣服和挂包。

清末民初，化学染料占领了广西的城镇市场后，又逐渐进入广西少数民族地区。广西世居民族传统服饰染色工艺的用料过去多是取自野生或自种的植物，染色过程极为复杂，工序繁多，耗时费力，且有脱色现象。于是，当这些化学染料进入广西少数民族地区后，一些村民逐渐放弃植物染料，选用化学染料进行染色。20世纪80年代后，随着现代工业生产的发展，价格便宜、染色方便、不易脱色的化学染料不断流入广西少数民族地区，逐渐受到少数民族妇女的青睐，不少人逐渐放弃对蓝靛的种植与制作，选用化学染料染制服饰面料。（图9）居住在广西大瑶山的茶山瑶、花蓝瑶和坳瑶过去都种植蓝草，制作蓝靛，用以染制服饰。19世纪60年代后，生活较为富裕的茶山瑶开始不再自己种棉、织布、染衣料。20世纪50年代后，只有花蓝瑶和坳瑶还种一些蓝草，制作蓝靛作为染料。20世纪初，种植蓝草的人家还比较多，每家每年还可以收割蓝草叶一二百公斤。以后逐渐减少，每家每年一般只能收割三四十公斤，最多的人家也就是50公斤。[⑧]1958年人民公社化后，土地收归集体，就不再种棉花、蓝草，也不再染布，靛染的技艺基本失传。

对几个仍制作民族传统服饰的少数民族村寨的调查结果显示，选择化学染料染制服饰的人亦有少数。在龙胜各族自治县龙脊镇金江村黄洛屯，57名红瑶群众中采用野生植物染料染制服饰的为3人，自种植物染料染制服饰的为47人，买化学染料染制服饰的为4人，其余3人已不会使用染料染制服饰。在三江侗族自治县梅林乡新民村中寨屯，37名侗族群众中采用野生植物染料染制服饰的为1人，自种植物染料染制服饰的为26人，买化学染料染制服饰的为4人，其余6人已不会使用染料染制服饰。在南丹县里湖乡怀里村怀里屯，28名白裤瑶中采用野生植物染料染制服饰的为10人，自种植物染料染制服饰的为10人，其余8人已不会使用染料染制服饰。在融水苗族自治县杆洞乡杆洞村杆洞屯，30名苗族群众中采用野生植物染料染制服饰的为2人，自种植物染料染制服饰的为13人，买化学染料染制服饰

图9　用化纤面料制作的新式壮族服装

的为8人，其余7人已不会使用染料染制服饰。在靖西新靖旧州村旧州屯，20名壮族中采用野生植物染料染制服饰的为2人，买化学染料染制服饰的为1人，其余17人已不会使用染料染制服饰。如果越来越多的人选择化学染料染制服饰，就不仅使少数民族传统服饰的印染技艺失传，也使文化的发展失去了多样性。

二、刺绣与挑花

刺绣，古称“黹”“针黹”，民间俗称“绣花”“扎花”“洒花”，是指以绣针穿引彩色丝、绒或线，按设计的花样，在织物上刺缀运针，以绣迹构成纹样或文字，后因刺绣多为妇女所作，故亦称“女红”。（图10）

广西世居民族刺绣相传起源于秦汉时期。《后汉书》卷86载，瑶族先民“好五色衣

图 10　广西南丹白裤瑶妇女在刺绣

图 11　广西贺州瑶族妇女交流刺绣技艺

服……衣裳斑斓”。宋代，广西世居民族刺绣工艺得到进一步发展。宋人范成大《桂海虞衡志》载：宋代壮侗诸族，“椎髻跣足”“衣青花斑布”。[9]宋人周去非《岭外代答》卷6《服用门》载：“钦州村落土人新妇之饰，以碎杂彩合成细球，文如大方帕，各衫左右两个，缝成袖口，披著以为上服。”同书卷63《外国门下》载：“瑶人椎髻临额，跣足带械，或袒裸，或鹑结，或斑布袍袴，或白布巾。其酋则青巾紫袍。妇人上衫下裙，斑斓勃窣。惟其上衣斑纹极细，俗所尚也。”或“椎髻跣足，衣斑斓布褐”[10]。宋人祝穆《方舆胜览》卷26则载：“峒瑶斑斓其衣。”明代，随着社会经济的发展，广西世居民族刺绣水平得到了进一步的提高。明人王士性《桂海志续》载，明代壮族，“男女服尚青……但领、袖五色绒线绣花于上”[11]。清代，广西刺绣达到鼎盛，刺绣成为广西世居民族服饰的主要装饰工艺。据清人王锡祺《小方壶斋舆地丛钞》载：“土僚服色尚青、蓝。妇女衣花绣短褐，系桶裙。”[12]广西壮族女子，“衣不掩膝，长裙细褶……缀五色绒于襟袂裙幅间”[13]。永福县，“妇人椎髻差圆，珞珠为饰，裙拖十幅，刺花纹”[14]。清人傅恒《皇清职贡图》卷4亦说：兴安县壮族妇女，“椎髻银簪，悬以花胜抹额，悉缀以珠，衣裳俱缘以锦绣”。贺县（今贺州市）“男花巾缠头，项饰银圈，青衣绣缘”。这种风俗一直延续到20世纪50年代末。（图11）

刺绣是用绣针牵引彩线在布料上绣扎出各种图案纹样的工艺。广西世居民族刺绣针法有平绣、辫绣、凸绣、包绣、缠绣、绉绣、堆花绣等，名目繁多，但大致上可分为针绣（又称“平绣”）和剪纸贴绣（又称“凸绣”）。针绣是先在色布上描绘好要绣的纹样，然后用彩色丝线或彩色纱线刺绣各种图案纹样；剪纸贴绣是把要绣的纹样先用纸剪出纸样，然后贴在色布或绸缎上，用平针、齐针、扎针、绲针等针法依样绣成。相对来说，剪纸贴绣比平绣在民间更为流行。特别是苗族刺绣，技法有平绣、挑花、堆绣、锁绣、贴布绣、打籽绣、破线绣、钉线绣、绉绣、辫绣、缠绣、马尾绣、锡绣、蚕丝绣。苗族姑娘出嫁前，都要利用三年至五年的时间，起早贪黑，亲手绣一套嫁妆。每一件绣品的一针一线，无不渗透着姑娘的心血。她们费尽心思将自然与生活作为审美对象，充分发挥艺术想象力，用夸张、抽象等手法创作出一幅幅神奇多彩、独具民族风格和生活气息的刺绣图案纹样，心灵手巧的苗族姑娘也才能博得人们的赞许、爱慕和追求。

苗绣的历史悠久，艺术风格、装饰纹样夸张变化多端，针法丰富多变，色调古朴艳丽。在刺绣过程中，姑娘们通过绣、插、捆、洒、点、挑、串七种针法巧妙施针。一幅绣品，通常综合运用几种针法，遇到大面积的刺绣时，使用施针平绣；遇到要凸显深浅色调的时候则用插针，将深浅不同的彩色丝线施针插进去，形成不同色彩的联结平面；需要显出立体感的地方，则施捆针，让纹样在绣面上突出来；对绣面上需要显出立体感的细小部分，则用点针、洒针、挑针；绣料正反两面都需要显出一致效果的时候，则用串针，最终形成一幅古朴而绚丽多彩的刺绣品。

广西世居民族刺绣图案造型简练，生动活泼。少数民族妇女根据自己的意趣与审美观念，将各种自然物进行大胆的夸张、变形，巧妙地将各种动与静的形体有机地组合在一起，让具体的自然形与抽象的几何形结合，平绣与布贴结合，蜡染和刺绣结合，从而使整个画面生动自然，形体优美，构图丰满。

民族不同，刺绣图案造型也各异。一般说来，壮族的刺绣图案多偏于自然形，瑶族刺绣主要倾向于抽象的几何形，而苗族刺绣则多喜在自然形中加几何形。（图13）

图案的组织形式多为单独式纹样，也有少量的二方连续纹样。单独纹样有适合纹样，也有自由式纹样。在制作方法上，喜用添加法与求全法。添加法是在纹样上附加装饰；求全法则一般表现为荷花下长莲藕，桃树枝上既开花，又结桃，使纹样更理想、丰富，从而使构图达到饱满、对称、均衡等美的要求。

构图的对称均衡是刺绣的基本表现形式之一。在整幅构图中，主体纹样均放在中心画面最突出的部位，其余的边花、角花等多放在主体纹样周围，在画面上起对称均衡或呼应烘托的作用，以美化主体纹样。主体纹样一般是一个单独式纹样，也有由多个单独式纹样复合组成，均比其他边花、角花的纹样要大，色调也相对明快。苗族刺绣最讲究对称美、充实美和艳丽美。所谓对称美，就是上下左右不论图形、色彩、空间，都完全要求对称；所谓充实美，就是整个绣品不留空白；所谓艳丽美，就是用色大胆，大红大绿，鲜亮夺目。

从色彩上看，广西世居民族刺绣可分为暗地亮花和亮地暗花两种类型，在色彩的配置上，喜用对比强烈的颜色，然后配上黑、白、金、银等调和色，使整个图案的色彩趋于协调。

图 12　广西那坡壮族女子在刺绣

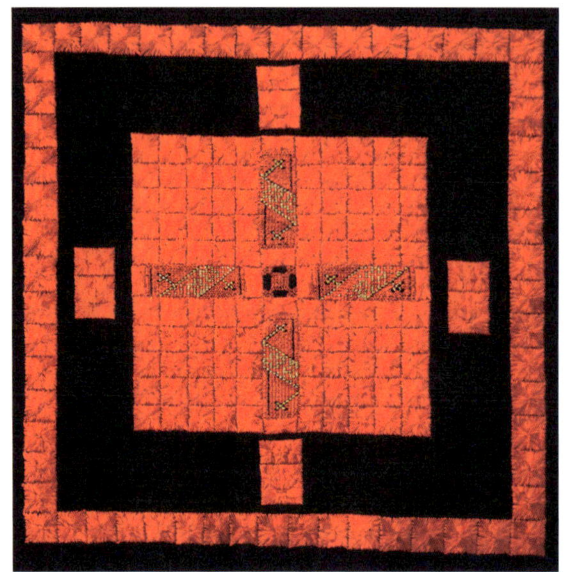

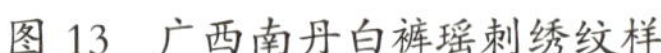

图 13　广西南丹白裤瑶刺绣纹样

图 14　广西天峨壮族妇女在刺绣

广西世居民族，特别是少数民族的刺绣一般都是在一块块小几何形的色布上刺绣纹样，然后再镶拼制成一幅图案。妇女们外出劳动或出门访友都可以将刺绣物携带于身，随时随地都可以抽空拿出来绣。刺绣这种不受场地限制、制作方便的特点，也是它能在民间广泛流传、久盛不衰的一个重要原因。（图14）

广西世居民族刺绣工艺的使用范围十分广泛，从服饰的头巾、帽、衣、裙、裤、鞋、腰带、背包、烟袋、香囊等，到背带、被面、门帘、枕套，都有刺绣工艺。它是妇女对丈夫、儿女奉献的针线活，是一份责任与爱，也是一件艺术品。每次走进广西的民族村寨与老阿婆聊天，兴趣上来时，老人就会把一些压在箱底的绣花衣、百褶裙、绣花围腰、绣花鞋、绣带等翻出来，其中大部分是其当年的定情物或陪嫁物。看到这些保存完好的衣物和老人满足的神态，你可以感受到她们的平和与幸福。在火塘边，常常可以看到母亲倾注深情，在一针一线地为儿女绣肚兜和花鞋、帽，“那深情，那艺术，真是母亲的艺术……其中有许多女性情感的东西在里面”[15]。在众多的刺绣服饰用品中，壮族的刺绣不仅十分精美，而且蕴含丰富的文化内涵。绣球是壮族民间的传统吉祥物，多以红、黄、绿三色做底，有6、8、12瓣之分，每瓣上都绣有飞龙、舞凤、春燕或梅、兰、菊、竹，以及“幸福吉祥”“五谷丰登”等字。绣球的上端系有一条便于投掷的彩带，下端系一束丝穗。（图15）掷球于空中，绣球带着彩带、彩穗凌空飞舞，宛如一道彩色流星划破星空。绣球原为壮族男女青年的定情信物。在歌圩中，男女青年除了对唱山歌，倚歌择偶，还以抛绣球表达爱意。抛绣球，壮族民间亦称“飞紽”，早在唐代就在壮族歌圩上流行。在壮族地区，男女青年经对歌生情后，姑娘就会将精心绣制的绣球抛向心爱的小伙子，小伙子接到绣球后，如亦有意，就会在绣球上系上赠物，再抛给姑娘。赠物越多，表示小伙子的心情越迫切。正如壮族民歌所唱：

五彩绣球鲜又鲜，
千针万线妹手连；
哥接绣球胸前挂，
条条线把妹心牵。

三江侗族自治县同乐乡女子精于刺绣，绣品精致华美，享有“花都”之称。当地女子的剪纸花样精巧纤细，生动传神，极具民族特色。以此为底样的花绣品更是工整细腻，玲珑秀雅，远近闻名。即使对于一个简单的鞋垫，也要精心地在菱形排列的四方连续骨架内挑绣各种花卉，形成主体纹样，再在菱形的交叉点和边线配以花蕾似的装饰，使整个构图主次得体，错落有致。

广西大瑶山花蓝瑶服饰刺绣不仅图案精美、绚丽多彩，而且具有很高的装饰价值。花蓝瑶刺绣文化可分为手工挑绣和织绣[16]两种。手工挑绣是指利用布料的经纬线，以十字绣法和平挑法用彩色丝线、棉线等在衣料上挑出花纹，主要应用于衣服和花袋的制作。织绣则是利用各种花线在织布过程中织出图案，棉线为经，花线为纬，在布匹的正面和背面形成对称纹样，通常用于头巾、腰带、脚绑带等的制作。[17] 而在未使用纺织机织绣以前，所有的花纹图案都是手工挑绣而成。

挑花属于刺绣的一种方法，又称“挑织”“挑绣”“十字绣花”“十字挑花”。广西世居民族的挑花具有悠久的历史，其中又以瑶、苗等民族的挑花最为精美别致。

广西各民族的挑花多是利用布料的经纬线，采取十字法挑出纹样。瑶、苗等族妇女挑花别具一格，不用事先在布上描绘图案纹样，全凭挑绣者的聪明才智和想象力，根据本民族的风俗习惯、审美观念和实用需要，心灵手巧地在自织土布的经纬线交织处，用彩色丝线一

图 15　广西壮族绣球

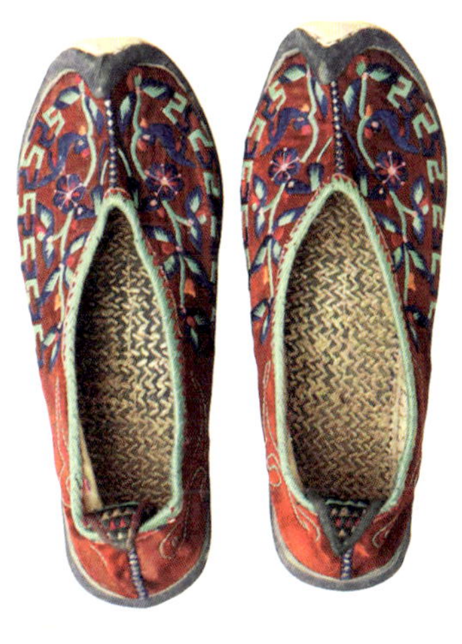

图 16　广西壮族花布鞋

图 17　广西富川瑶族在刺绣

针一线地从中心向四方挑绣出各种十分工整对称、色彩和谐、寓意纯朴、形象逼真的图案纹样。瑶、苗族在挑花时，不仅能在正面起花，还精于在布的反面挑花，用各种彩色丝线在布的背面随手起针，挑绣各种图案纹样。挑好后，布的正面不仅能同样显示出一幅绚丽多彩的美丽图案，而且纹样十分洁净。（图17）

挑花的方法很多，其中最常见的是十字挑花。一般说来，挑花图案的纹样都受到十字针脚的限制，必须严格按照布的经纬线交织点施针，因此造型必须概括、简练，使形体“几何化”。其针法排列不同，可以产生不同的装饰效果。有的在密集的十字针脚中适当空针，即可显示实地空花图案；有的用近似网绣的方法，取得精致细密的效果，甚至取得正反两面都是完整而美丽的图案。总之，十字挑花施针如笔，或方或圆，或线或面，或疏或密，都可运用自如。

挑花图案题材十分广泛，花卉、鸟兽、蝴蝶、鱼虫、文字等，无所不包。构图形式多种多样，随意而变，十分灵活。一般是在织物中间挑绣大型团花，在四角、边缘挑绣精致的角花、边花，中心图案多为八角形、菱形、十字形、四方形的叠套变化，边花图案多为二方连续组合，细密紧凑，变化多端。

挑花最突出的实用特点在于结实、耐磨、经洗，所以一般都装饰在服饰最易磨损的围腰、领口、袖沿、衣脚、腰带、脚绑、头巾等处，既可增强服饰易磨损处的牢度，又能给人以美的享受。

三、织锦

织锦是世居少数民族最有代表性的工艺品，也是广西世居民族在服饰上的装饰工艺之一。广西世居民族织锦一般用棉线染上各种色彩，或用买回的彩色丝线为纬，以原色棉线为经，交织而成。（图18）

据《后汉书·南蛮西南夷列传》记载，汉代瑶、苗诸族先民已会织五彩斑斓的“斑布”。中华人民共和国成立后，我国考古工作者在贵县罗泊湾汉墓的七号殉葬墓坑内出土了黑地橘红色回纹锦残片数片。经考证，这些黑地橘红色回纹锦残片是用麻线与丝线织成的广西本地锦。[18]由此看来，汉代广西已有织锦生产应是确凿无疑的。宋代是广西少数民族织锦生产发展的一个重要时期，据宋人范成大《桂海虞衡志·志器》载，当时广西左、右江一带“州峒”所生产的“緂布”，“如中国线罗，上有遍地小方胜纹”。宋人周去飞《岭外代答》卷6也说：“邕州左、右江峒蛮，有织白緂，白质方纹，广幅大缕，似中都之线罗，而佳丽厚重，诚南方之上服也。”此外，左、右江州峒的少数民族还能用苎布织一种有花纹的“花练”。这些“花练”和“緂布”看来也是比较原始的织锦，后来的织锦就是在此基础上发展起来的。到了明中叶，农业和手工业的生产水平都得到了进一步的提高，织锦在广西民间越来越普遍流行，工艺越来越精巧，并以其色彩绚丽、图案别致、结实耐用而驰名全国。明代万历年间（1573—1619年），织有龙凤纹样的壮锦成为全国有名的织锦之一，被列为贡品。清代，广西各民族生产和使用织锦已经很普遍。乾隆《柳州府志》说：“壮锦各州县

图 18　广西那坡壮族妇女在织锦

出。壮人爱彩，凡衣、裙、巾、被之属，莫不取五色绒线杂以织，如花鸟状，远观颇工巧炫丽，近视则觉粗粝。壮人贵之。”[19]乾隆《庆远府志》卷3载：“土锦各处皆有，永定、忻城精致。”同治《象州志》载：“瑶妇善织瑶锦，色美丽而耐久用。”[20]随着民间织锦生产的发展，织锦的质量也有了很大的提高，特别是壮锦，尤为著名。清人沈日霖《粤西琐记》说：“壮妇手艺颇工，染丝织锦，五彩斓然，与缂丝无异……”清人张祥河《粤西笔述》说：“壮人爱彩，凡衣、裙、巾、被之属，莫不取五色绒以织布……”光绪《归顺直隶州志》也说：“土锦以丝杂锦织之，五彩斑斓，葳蕤陆离，真杜诗海图波涛，天吴紫凤也。”[21]其工艺之精致美观，由此可见一斑。（图19）

广西各民族社会历史发展进程不一，生产力发展水平、风俗习惯、宗教信仰、审美观念都有差异，各民族的织锦工艺也都有自己的特色和风格。特别是壮锦，因其用料独特而具有浓郁的民族特色，与纯丝线织成的宋锦（苏州）、蜀锦（四川）、云锦（南京）一起，被誉为中国四大名锦。（图20）

壮锦用丝绒和棉线交织而成，以棉线作经、丝绒作纬，经线为原色，纬线用五彩色线织入起花，在织物的正面和背面形成对称纹样，并将地纹完全覆盖，增加厚度。壮锦图案结构严谨，式样多变，但就其构图来说，主要有三种形式：一是几何形骨格内织自然形纹样的四方连续结构；二是地纹上织自由花的二方连续结构；三是平纹（布纹）上织地纹。几何形骨格内织自然形纹样的四方连续结构常由小“卍”形纹、回纹、水波纹等几何纹样组成四方连续骨格，在骨格的斜行、菱形空格内反复连续地织绣各种梅花、菊花、蝴蝶、花篮等适合纹样，自然纹样与几何纹样紧密结合，既严谨和谐，又生动自然，呈现出丰富多彩而优美的层次感。地纹上织自由花的二方连续结构多以“卍”形纹、回纹、水波纹等几何纹样为地纹，上面用二方连续的排列形式织绣各种动植物纹样。从整幅图案的构图来看，这种二方连续结构的排列形式常由一个中心纹样和几个左右对称或均衡的纹样配合组成一个有机的整体，并形成多层次的纹带，主次分明，布局得当，在几何形地纹的衬托下，通过暗地亮花或亮地暗花的陪衬，使自由花更为鲜明突出。平纹上织地纹是壮锦图案结构和织法中最简易的一种形式，它主要是用“卍”形纹、回纹、水波纹等几何纹样作为基本纹样，上下左右紧密地连续组合，其图案结构紧密，形象简练，给人一种雅静朴素的感觉。长期以来，壮锦一直以其做工精致、色彩绚丽、图案别致、结实耐用而驰名。它不仅是壮族传统服饰用品，而且寄托了壮族人民对美好生活的憧憬和追求。（图21）

壮锦是怎样产生和形成的，由于缺乏文献史料，我们今天已经很难弄清楚了，但在各地壮族中，都有许多关于壮锦起源的美好动人的故事传说。

流传于忻城、柳江、宜州一带的《一幅壮锦》说：古时候有位勤劳的壮族织布妇女妲布，她用自己的血汗和泪水织成了一幅绚丽斑斓、华美无比的壮锦，后来不幸被大风刮走。妲布的第三个儿子不畏艰难险阻，跋山涉水，冲破道道难关，终于来到天上，取回壮锦。最后，壮锦上的美景变成了现实，附近村寨的人们从此得以过上幸福的生活。

图 19　广西壮族织锦的猪笼机

图 20　广西壮锦（一）

图 21　广西壮锦（二）

壮族民间传说则说：壮家姑娘达尼妹从小聪明伶俐，能织善绣。她从不肯照别人的老样子织，而是日夜琢磨，想方设法要把布织得更美，但始终没有找到一个令人满意的方法。一天早上，她到棉花地里去整枝，无意中看到棉枝上挂着一张蜘蛛网，上面凝聚着一颗颗晶莹的露珠，被初升的朝阳照耀得金光闪闪，五彩斑斓。达尼妹被这美景感动了，跑回家里，把所见之景和感悟之情全织在锦上，织啊，织啊，竟织成一幅瑰丽的壮锦。消息传开，附近村寨的妇女都赶来向达尼妹学习，从此壮锦就流行起来了。[22]

勤劳智慧的壮族妇女，始终把气象万千的大自然作为创作的源泉，她们将大自然的花鸟鱼虫、莽莽群山、潺潺流水，经过加工提炼，组成各种美丽大方的图案纹样，以表达她们对美好生活的憧憬和追求。其传统纹样多为回纹、水纹、云雷纹、“卍”形纹等，既有花、鸟、鱼、虫、兽等图案纹样，又有凤穿牡丹、双龙戏珠、狮子滚球、鱼跃龙门、孔雀闹梅等寓意深远的吉祥图案，充分反映了壮族妇女的聪明智慧。（图22）

瑶锦以棉作经，彩丝作纬，采用通经通纬的方法织锦。瑶族世代居住于崇山峻岭中，受自然环境的熏陶，图案纹样多以方形、菱形、三角形等几何纹样进行对称式、水波状、二方连续、四方连续排列，组成象征性图案，韵律感强。（图23）

苗锦用经线作底，纬线起花，采用通经断纬的方法织造。经线多用自纺的白色棉线，纬线则用适合于图案纹样的各色绒线或丝线起花，故所织之锦正面有花，背面无花。图案结构主要有二方连续和四方连续。二方连续，苗族民间俗称“大花锦”，用长、短直线和曲线以及点、线、面构成二方连续骨架，在骨架内织小型几何纹样，骨架外织上“人”字斜纹或齿状纹；骨架内是主花，骨架外是次花或角花，主次分明，构图活泼，具有强烈的层次感。四方连续，苗族民间俗称“小花锦”，用斜着排列的菱形或六角形几何纹样构成四方连续骨架，在骨架内织自然纹样，空隙处点缀些小角花，整个构图显得丰富、严谨、大方。

侗锦分为黑白锦和彩锦。黑白锦以黑色或蓝色棉纱为经，白色棉纱为纬，用土制织机将深浅二色棉纱互相垂直交织出两面互为阴阳效果的直线几何纹样。正面是以黑花或蓝花为主的深色调，反面是以白花为主的浅色调。这种两面互为阴阳效果的独特风格，是其他民族织锦所罕见的。黑白锦一般是用优美的线条、强烈的黑白对比与虚实对比的穿插来表现构图，使画面清晰整洁，层次丰富，具有强烈的空间感。整个画面非常清晰、淡雅，线条疏密有致，构图明快、清秀。黑白锦又有大花锦与小花锦之分，小花锦多以几何纹样组成四方连续结构，但图案纹样较为简单，变化不大，没有主次之分。大花锦是清末民初时在小花锦的基础上发展起来的，它保持了小花锦的四方连续结构，但图案纹样变化多端，主次异常分明。大花锦很少留大块底花，在图案纹样交接的空隙处，常用白棉纱织一行行的小白点，填满整个空隙，远看则变成锦面的灰色部分，形成黑白灰三个色调，使锦面色彩更为丰富协调。同时，由于纬线较粗，纹样浮出底面成半浮雕式，加上锦面又有小面积的深色凸出，从而使整幅锦显得清新厚重，这也是大花锦特有的工艺特色。侗族彩锦则用彩色丝线相互交织，以几何纹样构成二方连续结构，构图精细艳丽。（图24）

图 22　广西那坡壮族妇女在织锦

图 23　广西瑶锦

图 24　广西三江侗锦

四、布贴

广西世居民族布贴是用各种不同颜色的边角碎布剪拼成各种图案纹样，贴于服饰的底布上，再用扣针将边缘锁牢，针脚细密，扣锁呈连续状，形成一道美丽的轮廓线。除了在布贴的边缘扣锁外，在布贴上的纹样，如花蕊、花瓣、叶脉、枝叶、藤蔓或动物的头、眼、翅、脚等处，又常运用其他不同的刺绣针法进行细部加工，以增加装饰性和牢固性。常用于服饰的帽、胸襟、袖口、鞋面等显眼之处。

布贴图案常用浅色布为底，黑布做纹样；或以黑布做底，多色布做纹样。无论是采用哪一种方法，其图案结构都简练明快，深厚古朴，造型夸张生动，装饰味浓；色彩丰富鲜明，对比强烈。三江侗族自治县林溪乡一带的侗族喜用各色小三角布块在一块正方形的白色底布上镶拼各种菱形图案，一角吊起，其余三个角吊以鹅毛，以示吉祥，常用于芦笙衣、背包、口水兜等。

图 25　广西壮族布贴（一）

图 26　广西壮族布贴（二）

五、首饰

广西世居民族都有佩戴首饰的习俗。这些首饰，有佩戴于头上的，也有佩戴于臂上、指上、脚上，既有头簪、头钗、耳环、项圈，也有手镯、戒指、脚钏、胸牌等。从材料上看，这些首饰有的用动物的角、骨、牙、羽毛或贝壳等制作，有的用木、竹、花、草等，而绝大多数的首饰则用金、银、铜、铁、玉等制作，近年来，亦有部分用塑料、陶瓷等制作。总之，广西世居民族首饰丰富多彩。

最初的首饰多是一些花草植物和动物的羽毛、角、骨等。古代的岭南，到处是举目可见、随手可取的花草、果实、藤蔓、树木等植物，这些千姿百态、五彩缤纷的植物成了人类最廉价、最方便、最惹人喜爱的饰物。

阳春三月，桂西地区到处山花烂漫，一些爱美的壮族姑娘去赶歌圩时，喜采一些山花插于头上，聚集于鲜花盛开的山野对歌谈情，整个歌圩成为鲜花和山歌的海洋。岭南夏长冬短，酷暑难熬，壮家姑娘喜摘玉兰花插于衣襟或别于发际，既可美化人体，还可散发出一种淡雅的清香，沁人心肺。

古代广西世居民族常以羽毛、竹、木等为饰。在广西出土的贵县罗泊湾铜鼓和西林普驮铜鼓中，都有羽人舞蹈的图案纹样。图中人物以羽为冠，顶饰蓑毛，身着连衣舞裳，手舞足蹈。据侗族民间传说，古时候侗族祖先没有衣穿，人们捕获鸟后，看到它的羽毛很漂亮，就用羽毛来做衣服。侗族现在穿的百鸟衣，就是从古时候的羽毛衣演变来的。侗族民间流传的《芦笙祭词》也唱道：

讲到侗人的祖先，
红色衣袖，
黄色衣角，
男人雉羽插头，
女人花兜遮胸……

图 27　侗族姑娘用鲜花作为头饰

图 28　广西融水苗族姑娘穿百鸟衣表演赶坡会

清代的文献古籍中，也有广西世居民族以竹、木为饰的记载。清人傅恒《皇清职贡图》卷4载："灌阳县竹箭瑶人……散居灌阳之归化上、下二里，耕山种畲，有田输赋者甚少，性朴易驯……男女俱绾髻，簪竹簪三枝，有似于箭。男衣缘边短衣，女花领绣裙。"直到现在，贺州一带的瑶族妇女仍用油桐树皮制作帽子戴于头上；金秀一带的坳瑶妇女，仍以竹壳为帽；三江一带的侗族男子，仍有插野鸡尾毛的习俗；在壮、瑶等族中，也仍存在着给小孩佩戴兽角、兽骨、兽牙的习俗。据说这些动物的骨、牙、角等饰物每一片都来之不易，都是每一个饰物拥有者本人或家中的亲人猎获成果的纪念，有的饰物甚至记载着一个惊险动人的故事。苗族有鸟崇拜，不仅把鸟作为图案纹样刺绣在服饰上，而且把鸟的羽毛装饰在服饰上，俗称"百鸟衣"。（图28）过去，桂西北壮族村寨的少女喜爱上山采摘一种当地俗称"芦谷米"的野生薏苡，将其穿为一串，挂于颈上。这种野生的薏苡不仅颗粒均匀，而且表面泛起一层银灰色的光泽，佩之于身，展露出一种特有的山野情调，十分漂亮。部分山区瑶族妇女还把它同其他颜色的珠串、银币、彩色丝穗等饰物相配悬挂于身，红、黄、蓝、银，相映生辉，别有一番风韵。

随着社会生产力水平的提高，社会生产、生活方式的改变以及人们审美观念的进步，人们生产出来的东西越来越丰富，佩戴野兽骨、爪、牙和草木的习俗便逐渐被佩戴玉、铜、金、银等习俗所取代。

玉器是广西世居民族常佩戴的装饰品。早在西周时期，广西世居民族先民便已知道使用玉器来装饰人体。在武鸣马头元龙坡的300多座西周墓葬中，绝大部分墓葬都有玉饰品陪葬，主要有玉雕、玉扣、玉管、玉环、玉片、玉玦等。据有关专家考证，这些玉器都是人体的装饰品。从民族学调查资料看，广西世居民族现在佩戴的玉器多为玉镯、玉玦等。民间艺人们善于运用玉石的不同天然形状、纹理和色泽，因材施艺，磨制成精巧的手镯、玉玦、玉佩等，表现出很高的技艺水平。

金属的出现和使用，揭开了人类文化新时代的篇章，它不仅促进了社会生产力的发展，同时也促进了人们审美观念的变化。金属作为一种矿物质，原先是无声无息地藏于大地的怀抱中的。但当它被发掘出来，并被制作为饰物用于服饰之上时，不仅使服饰顿然生辉，而且像优美的音符始终伴随着它。当它和衣裳一起被穿戴于人体上时，随着人体的举止、晃动及光源角度、光线强弱的不同而发出动人的韵律，产生五光十色的美，使人得到一种美的享受。

从现有的资料看，广西世居民族先民在西周时就已开始使用金属作为人体装饰。在武鸣马头元龙坡西周墓葬中，考古工作者在244号墓中共出土了3件铜铃，由钩环连接在一起。上端为一椭圆形铜环，铜环下端连着1个三衩极铜钩，3个铜钩的衩枝上又各自连着1个与上端铜环一样大小的椭圆形铜环，3个铜环下面各自连着1个铜铃。3个铜铃大小相同，呈椭圆形，上有环钮，底部做成鱼尾状。铜铃的下面还有难以计数的微型玉片串连在一起，估计是铜铃的缀穗装饰。铜铃出土时位于尸骨的胸部，当是死者生前悬挂于胸前的装饰。此外，还在其他墓葬中发现单件铜铃，出土时位于尸骨的手部或足部，应是死者生前佩戴于手腕或脚踝上的饰物。除铜铃外，铜钱也常被用作饰物。清人傅恒的《皇清职贡图》和谢启昆的《广西通志》中都有广西壮、瑶、苗等民族以铜钱为饰物的记载。部分地区的瑶族至今仍有以铜钱为饰的习俗。在一些边远山区，少数民族中的巫师在驱鬼祭神时，仍在胸前悬挂环铃，手执单个铜铃。田林一带的盘瑶妇女外出时，常手持铜铃，走路时叮当作响，她们认为这样既有驱邪禳灾之功，又能引起人们的注意，给人以欢愉之感。

银饰是广西世居民族佩戴最多、最有民族特点的饰物。各民族佩戴的银饰种类繁多，各有特色，既精巧美观，又别有情趣，为各民族的服饰增色不少，同时也是各民族传统服饰的重要组成部分。广西各民族的银饰主要装饰在妇女身上，其中尤以壮、瑶、苗、侗等民族的

图 29　广西金秀茶山瑶妇女银饰

图 30　广西那坡壮族女子银饰

图 31　广西巴马瑶族女子银饰

银饰最为精美别致，富有民族特色。

壮族过去盛行佩戴银饰，妇女们常佩戴的银饰有银簪、银针、银钗、银圈、银帽、耳环、银链、项圈、银排、银锁、手镯、戒指等。过去，大新县一带的妇女两手戴10多个戒指，颈挂4个项圈；桂北一带妇女们戴的项链、项圈有时达9个之多。时至今日，仍有不少妇女佩戴银针、戒指等。这些银饰，有的打制成栩栩如生的动物，呼之欲出；有的打制成秀丽多姿的自然景象，令人爱不释手；有的打制成各种几何纹样，古色古香，引起人们的遐想；有的打制成吉祥如意的汉字，意在避凶呈祥；等等。纹饰既有浮雕式的，也有透雕式的或圆雕式的，造型立体感强，具有浓郁的民族风格和地方特色。

瑶族男女都喜佩戴银饰，而妇女佩戴银饰比男子更为普遍，种类也更多样化。男子常佩戴的银饰有手镯、手钏、戒指、烟盒、银链、吊牌等。女子常佩戴的银饰为银簪、银针、银帽、耳环、项圈、银钗、银牌、银链、手镯、银铃等。每逢节日，姑娘们头上、颈上、手上、胸前、背后全是银饰，整个打扮显得十分艳丽。其中又以手镯式样较为丰富：既有空心的、实心的，又有圆柱形的、六棱形的、泡花的；有的打成一指宽的薄片，上有花草、藤蔓；有的打成一根藤蔓，上有小枝缠绕；有的则打成数根藤蔓相缠。特别是泡花手镯，精雕细刻，造型美丽，花样新颖，实为工艺佳品。（图31）

苗族银饰以妇女佩戴为多，最精美的银饰主要集中在青年妇女，尤其是未婚姑娘的身上。姑娘盛装打扮时，全身佩戴几十种银饰，重达5～10公斤，周身银光闪闪。妇女常佩戴的银饰有银针、银花、戒指、手镯、针筒、银链、项圈、凤尾头钗、脚圈、银泡、银牙签、银蝴蝶等。纹饰主要有鸟兽、花卉、人物等，制作精巧，构图严谨，纹样古朴而富有民族特色，具有很高的艺术价值。其银饰大致可分为粗、细两大类：粗的如实心手镯、实心项圈、

图 32　广西南丹中堡苗族妇女银饰

图 33　广西三江侗族女子银饰

扣环项链、实心脚圈等，一般用银较多，不求精工细作；细的如银花、银泡、银锁、银索、泡花空心项圈、泡花空心手镯等，虽用银较少，但精雕细琢，工艺十分讲究。制作细的银饰费工大，有的要经过数十道程序的加工，如：制银索，要将银块打制成细如头发的银丝，然后将数十根银丝编织成“人”字形的六棱银索；制作龙凤头钗等，要在体积不大的银条上雕龙刻凤，工艺更为复杂精巧。（图32）

侗族佩戴银饰，以多为美，以重为贵。侗族民间习俗认为，无银不成衣，一个人服饰上银饰的多少，是其财富多少、地位高低的标志之一。在家庭财产的继承上，男子可以分田分地，而银子则分给女儿。侗族耶歌《耶见本》也唱道：

父母养育儿女一样爱，
都当手板手背来看待。
手板手心都是肉，
父母买得银饰让你来佩戴，
父母财产男女都有份，
男分得田女分得银钱，
……

年轻姑娘的盛装，除了脚之外，凡是能佩戴银饰的地方全都戴上。没有银饰的姑娘，不仅自己认为不美，甚至连父母亲也觉得低人一等。所以，家有未嫁女儿，父母亲再穷，省吃俭用也要买几件银饰来打扮姑娘。其银饰主要有项链、项圈、手镯、戒指、耳环、银花、银梳、银冠、银簪等。其中，最大最重的要算项圈和银冠。三江侗族自治县妇女挂的银项圈，大的重达四五公斤，从颈脖挂到腰部。而做工最精致的要数银花，在体积较小的银片上做出的各种造型栩栩如生，花朵争相吐艳，蝴蝶、小鸟展翅若飞，花纹凸出，还有富有立体感的浮雕装饰，这样的做工没有精湛的技艺是做不到的。（图33）

六、文身

古代广西世居民族，特别是壮侗语诸族的先民，曾盛行文身习俗。文身，就是用刀、针等锐器在人体上刺花纹、符号，涂上颜色，使之永久保存。这些色彩斑斓的花纹、符号，从装饰在人体的那一刻起，就成为覆盖在人体上的一件永远脱不下的绣花衣。

文身，是人类原始精神世界的一种突出现象，它起源于壮侗语诸族的远古原始风俗，但并未随着原始社会的解体而销声匿迹。秦汉时期，生活在广西的壮侗语诸族先民曾盛行“被发文身”、“文身断发”或“剪发文身”。壮族民间创世史诗《布伯》亦说，其先民为繁衍后代，亦曾有文面之俗。古代广西壮侗语诸族先民都有文身习俗。《庄子·逍遥游》曰：“越人断发文身。”《史记·赵世家》曰：“夫剪发文身，错臂左衽，瓯越之民。”《战国策·赵策》也说：“被发文身，错臂左衽，瓯越之民也。”《淮南子·原道训》则说：“九嶷之南，陆事寡而水事众，于是民人被发文身，以像鳞虫；短绻不绔，以便涉游；短袂攘卷，以便刺舟，因之也。”《汉书·地理志》也云：“今之苍梧、郁林、合浦、交趾、九真、南海、日南……文身断发，以避蛇龙之害。”柳宗元《登柳州城楼寄漳汀封连四州》诗曰“共来百粤文身地”，其《柳州峒氓》诗亦曰“欲投章甫作文身”。他这两首诗均反映了唐代广西壮族先民的文身习俗。据《太平寰宇记》载，宋代广西邕州左、右江一带的壮族，“其州百姓悉是雕题、凿齿、画面、文身”。明清时期，广西少数民族仍有文身之俗。明人邝露《赤雅》记壮族文身事说：“黥面绣额，为花草、蜻蜓、蛾蝶之状。”明人田汝成《炎徼纪闻》卷4亦载：“瑶人……五溪之南，穷极岭海，迤连巴蜀，皆有之。……妇人黥面为

图 34 瑶族欢度盘王节

花卉、蜻蜓、蝴蝶之状。”清人汪森《粤西丛载》卷24载，永福壮人，“女人横髻卉裳，刺手为纹”。直到现在，仍有个别地方的部分壮族保留文身习俗。

古人为什么要文身呢？由于年代久远，我们已经较难了解他们最初的想法了。文化人类学的专家认为，古人文身一是为了装饰美观，二是为了某些巫术的需要，三是作为氏族部落或社会等级的识别标志。它同人类那件可以脱下的服饰一样，用自己特有的方式、方法来表达许多不为人知的文化内涵，诉说着不同时代人们的生活信念。

注释：

①（清）陆焞：《昭平县志》卷3，乾隆二十五年（1760年）刻本。

②（清）冯德材、全文炳：《郁林州志》卷4《舆地略》，光绪二十年（1894年）刊本。

③（清）王巡泰：《兴业县志》卷3，乾隆四十六年（1781年）刻本。

④（宋）周去非著，杨武泉校注：《岭外代答》卷6《服用门》，北京：中华书局，1999，224页。

⑤（宋）朱辅著，（明）周履靖校：《溪蛮丛笑》，景明刻本。

⑥ 马正荣：《贵州蜡染》，贵阳：贵州民族出版社，2003，2～3页。

⑦ 高春明等：《中国服饰》，上海：上海外语教育出版社，2002，269页。

⑧ 广西壮族自治区编辑组:《广西瑶族社会历史调查》第一册，南宁:广西民族出版社，1984，79页。

⑨（宋）范成大著，胡起望、覃光广校注：《桂海虞衡志辑佚校注》，成都：四川民族出版社，1986，206页。

⑩（宋）范成大著，胡起望、覃光广校注：《桂海虞衡志辑佚校注》，成都：四川民族出版社，1986，184页。

⑪（清）谢启昆：《广西通志》卷278，嘉庆六年（1801年）刻本。

⑫（清）王锡祺辑：《小方壶斋舆地丛钞》影印本，再补编六，杭州：杭州古籍出版社，1985。

⑬（清）谢启昆：《广西通志》卷279，嘉庆六年（1801年）刻本。

⑭（清）谢启昆：《广西通志》卷278，嘉庆六年（1801年）刻本。

⑮ 潘鲁生、韩青：《离开锅灶端起碗——在民艺的门槛上聊天》，济南：山东画报出版社，2003，60页。

⑯ 在使用织布机织绣图案以前，花蓝瑶的服饰图案都是手工挑绣而成，清朝后才开始出现织绣图案，到目前为止仍然有全套手工挑绣的服饰。

⑰ 金秀大瑶山瑶族史编纂委员会：《金秀大瑶山瑶族史》，南宁：广西民族出版社，2002，210页。

⑱ 广西壮族自治区博物馆编：《广西贵县罗泊湾汉墓》，北京：文物出版社，1988，18页。

⑲（清）王锦：《柳州府志》卷11《风俗》，乾隆二十九年（1764年）刊本。

⑳（清）李世椿：《象州志》卷下，同治九年（1870年）刊本。

㉑（清）颜嗣徽：《归顺直隶州志》第3卷《风俗志》，光绪二十五年（1899年）刻本。

㉒ 莫杰主编：《广西风物志》，南宁：广西人民出版社，1984，658～659页。

广西南丹白裤瑶女子迎宾

第五章 服饰色彩的文化内涵

色彩是构成服饰美的一个重要因素，它是审美感觉中最普遍、最大众化的形式之一。色彩可以增加服饰艺术的感染力，使服饰更具有美感。

一、色彩是服饰的灵魂

色彩是美学领域中最重要的课题之一，是人类生活中的美神。马克思在《政治经济学批判》中说："色彩的感觉在一般美感中是最大众化的形式。"[①]色彩就是生命，一个没有色彩的世界，在人们的眼中就像死一般的沉寂。在人类的视觉中，世界万物都具有色彩，都在感染人们的情感，叩击人们的心灵。人生来就喜欢色彩，如同喜欢光明一样。正是色彩这位美神的魅力，才使世界变得更富有神韵和生机，使人们的生活变得更美好和丰富多彩。广西龙胜红瑶传说：其先民刚到龙胜定居时，到处是高山密林，他们所穿的黑土布衣裳虽然与经济生活较协调，禁脏，但太单调了。后来看到别的民族穿花衣裳，特别是每天看到冉冉上升的红太阳，他们感到十分舒服，觉得很美，就把自己的衣裳绣得红彤彤的，觉得很美丽，于是将它世代传承下来。（图1）

色彩、款式和质地是构成服饰的三要素。在这三者

图 1　广西龙胜红瑶女子服饰

图 2　广西隆林苗族服饰

之中，色彩是最活跃、最醒目、最敏感的，色彩是服饰给人的第一感觉和印象，是服饰的灵魂。人类对色彩具有敏锐的反应。让两个穿着款式、质地、色彩都相同，长相相似的人站在近处，人们仔细端详，仍可迅速地将他们区分开来。但若让他们站在远处，可能很难迅速地加以区分。然而，如果让他们穿上不同颜色的服饰，要将二人加以区分就变得轻而易举了。俗话说："远观颜色近观花。"当一个人的服饰在远处出现时，首先进入人们眼帘的是色彩，然后到款式，最后才是服饰的质地。由此可见，色彩在服饰中所占的地位是何等重要。色彩可以引起周围人的关注，可以吸引观者的视线，成为人们目光的第一捕捉点，给人以深刻的印象。

一般来说，人们对服饰的审美习惯是：只有在服饰色彩符合要求的前提下，才去考虑服饰的款式和质地。因为色彩有极强的装饰功能，可以把服饰点缀得更漂亮、更美观，可以使人赏心悦目，可以美化生活。正如苗族民歌所唱：

花花衣裤花头巾，
花帕花带花围裙，
花花鞋子花花伞，
花花场赶花花人。②（图2）

所以，苗族服饰很讲究色彩，特别是妇女的服饰，无一不用刺绣、织锦或蜡染进行装饰，使之五彩缤纷，灿烂夺目。走进苗寨，就是走进一个五彩斑斓的服饰世界。

侗族服饰也很讲究色彩，如果穿未经染、绣的白布衣裳外出，就会被人耻笑，说这个人真笨，没有本事，连布也不会染。所以，人们制作衣裳时，都要将白布精心染制成闪闪发光的亮布，只有穿亮布制作的服饰出门，才觉得有面子。未婚女子外出，更是花帽、花衣、花鞋，色彩缤纷。民间习俗认为，穿得越漂亮，就越受人欢迎。不讲究服饰色彩的人，是容易被人瞧不起的。（图3）

图 3　广西侗族盛装跳芦笙舞

广西世居民族服饰极为讲究色彩，哪怕是一件普通的便装也要有一点挑花或刺绣，用以增加服饰的美感。以壮族为例，虽然其便装多以蓝、黑色为底布，但其袖口、裤脚或衣缘等处大多都用彩色丝线挑绣图案纹样，给素色调增添一些活泼，增加色彩的层次感，避免过于冷清、单调，头上再包1块绣以美丽图案纹样的头帕，素净淡雅，不落俗套。盛装则大胆应用鲜艳夺目、层次丰富的色彩，以五彩斑斓的大红、大紫、大蓝、大绿等为主色调进行装饰，色调层次十分明显，色块间所形成的对比与反差较大，视觉冲击力十分强烈。又如瑶族妇女盛装，不仅衣领、衣袖、胸襟、衣缘、裤脚等处都绣以五颜六色的图案纹样，就连头巾、挎包、鞋子等也都挑绣花卉鱼虫，色彩鲜艳亮丽，故史籍上记载瑶族服饰“五彩斑斓”。又如三江侗族妇女的绣花胸兜，以3块绣片、1块侗锦镶成织锦，以粉、橙、玫红、紫、粉绿、橄榄绿相间织成几何纹样，绣片用五彩丝线绣成凤、鸟、蝴蝶、花草、树木等，在自染土布的衬托下，产生强烈的视觉效果，构成了侗族织绣品色彩多样、彩素结合、冷暖相宜的艺术特色。③

二、色彩与生态环境

色彩和人类经济生活的关系是十分密切的。人们长期居住在一个地方，这一地区的山川、河流、树林、土地等都成为人们利用的对象。人们在利用这些生态资源进行经济文化活动时，势必受到生态环境的熏陶和制约。

人在不同的环境中，心态和需求往往是不同的。平日在家独处，大多希求宁静，服饰往往简朴素净；节日赴宴群聚，则求热

图4　广西三江侗族女子服饰

耶唱戏社会

闹，服饰多为繁华艳丽。广西世居民族大多以农为本，多居农村，近山傍水，农作于田间山野，大自然的秀丽风光和经济生活对服饰的色彩影响很大。生活在山区的壮、瑶族，往往喜欢用蓝黑色或黑色布制作服饰。历史上，不少文献资料都记载，壮族服饰尚黑。那坡县壮族崇尚黑色，至今服饰从头到脚仍都用黑色或蓝黑色布缝制，从上到下全为黑或蓝黑色。居住在深山中的瑶族也多用蓝靛染制的蓝黑色土布制作服饰。这种尚黑的习俗，和他们的经济生活有着密切的关系。历史上，这些居住在山区的壮、瑶族，多从事刀耕火种的山地农业，在砍山烧荒的过程中，整个耕作区到处都是灰烬和烧过的黑土，在这种环境下，穿黑色和蓝黑色的服饰进行生产劳动，比穿其他颜色的服饰耐脏。此外，由于粗放经营的刀耕火种的经济生活还不能满足人们的生活需求，狩猎在经济生活中仍占有一定的比例，而黑色的服饰不鲜明显眼，可以作为狩猎过程中隐蔽自己的保护色。由于黑色的服饰比较适合他们的经济生活，当地的人们对黑色有一种实用的偏爱，从而产生特殊的感情，形成尚黑的习俗。（图5）而生活在平坝地区的壮、侗、仫佬、水等民族，情况又有不同。他们多以青色或蓝色布缝制服饰，这和他们长期生活在青山绿水之中，主要从事农田稻作的经济生活有关。这部分人的居住区大多是山清水秀之乡，清澈的溪水、嫩绿的禾苗、翠绿的群山、湛蓝的天空，都给人们的思想打下深深的烙印，使人们对青色、蓝色产生偏爱，形成崇尚青色、蓝色的习俗。以水族为例，水族在服饰上禁忌红色和黄色，从不用大红、大黄等暖色调，而喜欢蓝、青、绿、紫、黑等冷色调。青年男子多包青布头巾，穿青色或蓝色大襟衣，或穿青色、蓝色对襟便服，束腰带，下穿宽筒裤。老年人穿青色或蓝色无领布扣长衫。妇女包青布或白色头帕，穿浅蓝色大襟宽袖衣，胸部、袖口、坎肩均绲青布花边，穿靛青色长裤或裙，裙多褶纹，膝下绲花边，扎绑腿，系青色绣花围裙，脚穿翘尖鞋或绣花鞋。整个打扮清淡素雅，朴实大方，既与她们生活的绿色自然环境和谐一致，又给人一种干净明快的感受。（图6）仫佬族的传统服饰大都用自织自染的青色土布制作，故史籍上记载，仫佬人“服色尚青”。男子多穿对襟上衣，着长裤，老年男子则穿琵琶襟上衣；妇女多穿大襟上衣，穿长裤，老年妇女包头帕，腰系青色围裙，系带用黑白相间的棉线织成几何图

图 5　广西巴马瑶族男女青年服饰

图 6　广西南丹水族妇女服饰

图7　广西罗城仫佬族女子便装　　图8　广西隆林苗族女子盛装

案，裙边有抽纱拧线编成网状的花纹，色泽匀称，精致美观。（图7）

不仅不同民族对色彩的喜好不同，就是在同一民族内部，由于受到的地理环境和经济文化的影响不同，对色彩的喜好也不同。以苗族为例，明清时期，汉族文人就曾根据各地苗族服饰色彩的差别，将其分为“红苗”“花苗”“白苗”“黑苗”，这种分法对今人仍有一定的影响。这种以服饰色彩来划分民族支系的做法虽然不科学，但也从一个侧面反映了各地苗族对服饰色彩的大致喜好。一般说来，“红苗”多以红布为底，图案纹样装饰面大时则以同类色线组成，纹样边框辅以对比色线；图案纹样装饰面小时则以白、黄等对比色组成；或是以其他色布为底，以红线为主色调绣成图案纹样。“花苗”的底布色可随意，但使用多种色线构图，图案纹样鲜艳夺目，五彩缤纷。“白苗”以白布为底，用灰黑、蓝等冷色调的色线，配以朱红、粉红线组成构图，图案纹样淡雅素净。“青苗”以青布为底，用灰、黄、白等色线组成图案纹样。“黑苗”多用蓝黑色布为底，用少量白、黄等色线组成图案纹样。（图8）

三、色彩的审美情趣

自古以来，世界上各个民族由于民族文化的差异，在色彩的选择上，都有自己的喜好和禁忌，或艳丽或淡雅，各有千秋。

“色彩能够表现感情，这是一个无可争辩的事实。”④自然界是一个充满色彩的世界，自然界色彩的熏陶是人类形成色彩感情的基础。人类生活在大自然的怀抱中，大自然的一切现象都通过感官的传递，在人们心中激起感情的波澜。久雨乍晴，阳光灿烂，可以使人感到轻松愉快；细雨蒙蒙，白雪皑皑，使人感到压抑、孤寂；“春风又绿江南岸”，翠绿的大地使人感到生机勃勃，奋发向上；“满眼金秋稻谷香”，金灿灿的稻田使人感到丰收的喜悦和幸福……自然界的每一种色彩都会使人产生某种联想，都会引起人们心理情绪和感情的变化。如：红色，是由暖色调的光线形成的，容易使人联想到火焰、鲜血和生命，激起人们振奋精神，使人感到温暖；蓝色属于冷色调，容易使人联想到蔚蓝色的天空和蓝色的海洋，给人以冷静、深沉的感觉；绿色容易使人想到森林和原野，让人想到青春的活力与朝气。一般说来，人们对色彩的感知并不单纯是物理性的（或生理性的）。人是社会关系的总和，是文化历史的创造者，因此，人对色彩的反应首先是一种心理活动和心理反应，这种心理活动和心理反应受到风俗习惯、宗教信仰、历史传统、审美观念等文化心理素质的制约。色彩作为一种文化艺术，它和民族文化的关系是极为密切的，它积淀了特定的文化历史内涵。民族不同，文化传统不一样，色彩反应的民族性、时代性的差异是极大的。正如朱光潜先生说：“在图画、服装、器皿和自然景物之中，颜色都是很重要的成分。……概括地说，颜色的偏好一半起于生理作用，一半起于心理作用。”⑤如壮、瑶等民族一般以红色为吉祥，喜庆婚嫁，过年过节，都用红色，以图红火热闹，象征吉祥。新郎、新娘佩戴红花、系上红腰带，新娘的盖头巾用红布，家中神龛用红纸书写，婴孩满岁吃红蛋……总之，喜庆之事都离不开红色。（图9）而白色则多用于丧事和灾难，家中有人不幸遇难，丧家亲属必须披麻戴孝，穿白布孝服；前来吊唁的亲朋好友，系白布于手

图9　广西富川瑶族新郎、新娘服饰

臂或头上；死者装棺入殓，必须身穿一件白色寿衣。节日喜庆皆以白色为忌。而回族却崇尚白色，服饰均用白布制作。男子喜戴白帽，穿双襟白衬衣，下穿长裤。妇女头戴盖头或白帽，穿大襟衣，青年妇女喜在衣上镶色、绲边，有的还在胸襟处绣花，下穿裤。整个装束干净清新，文雅庄重。按广西彝族的习惯说法，依据服饰颜色不同，彝族可分为黑彝、白彝、红彝。那坡县白彝视白色为族群的标志，本族群男女的传统服饰，特别是上衣，必须用白布制作，然后再在上面挑花、刺绣。情人间互送信物，以白为佳，如白衣裳、白鞋、白银饰。农历三月赶“风流街”，后生家送白砂糖给姑娘，姑娘回赠白色糯米饭；乔迁之喜，姑妈送一幅白布庆贺，以示清白、吉祥。（图10）历史上，黑彝及其先民曾以黑虎为图腾，崇尚黑色，甚至自称为“黑骨头”，房屋落成后要熏黑才迁入居住，祭祖要用黑羊，祭祖的神台也要熏黑。广西隆林、西林等地的彝族一直仍以黑为贵，喜穿黑土布衣裤。年节期间，宾客临门，主人双手沾锅底烟灰抹于客人脸上，以示祝福；人们互抹黑脸，以表喜爱。（图11）又如图案纹样，广西世居民族图案纹样的色彩繁简不一，少者数色，色彩鲜明强烈；繁者十余色，色彩丰富而不乱，层次分明，给人以瑰丽之感。有的典雅清秀，有的鲜艳瑰丽，各有其旋律。壮、瑶等民族一般喜用红、黄、橙等对比强烈的暖色调，显得富贵艳丽，绚丽多姿；毛南、侗、水等民族爱用黑、蓝、白等淡雅明快的冷色调，显得高雅素净。再如服饰中的织锦，壮锦多用重彩，对比强烈，其主要色彩为红、黄、蓝、绿等，以红色为主色调，充满热烈、活跃的气氛；以绿色作为烘托，红、绿二色

图 10　广西那坡白彝女子

图 11　广西隆林彝族抹黑脸

的交融，给人以力量之感；再配以黄、蓝色调，使整个锦面显得丰富艳丽，典雅富贵，具有浓艳粗犷的风格。瑶锦多以大红、桃红、橙黄等暖色调做主色，间以绿、白、紫等色，色彩鲜艳，厚重而富丽。苗锦喜用黑色丝线作为图案纹样的骨架，配以桃红、粉绿、青紫、湖蓝等色的丝线相间交错而织，鲜艳多彩，绚烂夺目。用苗族民间艺人的话说："以黑色为骨架，图案清晰雅致，经久耐用，即使其他的颜色变了，黑色仍然清楚地保持着织锦的骨架线条。"这是苗锦在色彩运用上的独到之处，在实际运用中，还有一定的规矩和次序。一般是红配绿或蓝，青莲配绿或天蓝，黄、绿间用，同类色间隔用，这些明快的色彩给黑色骨架线一压，就显得艳而不跳，华而不俗，具有稳重敦厚之感。侗锦用色不求繁缛富丽，色彩多用黑、蓝、白等冷色调，青年人喜欢在白底上起花，老年人爱在蓝底上起花，色调素净古朴，色彩反映不强烈，即使是彩锦，也多用浅色调色线织绣，显得淡雅清秀。（图12）

大千世界虽然色彩纷呈，但就其色相来说，只有红、橙、黄、绿、蓝、紫6种，其中红、黄、蓝为原色，原色的不同组合，又可以衍生出数十种不同的颜色。人们对这些色彩的爱好和选择，除了受民族、社会、文化等因素的影响，还和人的年龄有关，不同年龄的人对色彩的喜好是不同的。根据我国心理学家的调查研究，发现人们对各种颜色的喜好程度的顺序是：青→红→绿→蓝→橙→黄。随着人年龄的增长，人对颜色的爱好有从暖色向冷色变化的倾向。广西少数民族妇女将不同色彩进行搭配，对不同年龄人的服饰使用不同的色彩，色

图 12　广西三江侗锦

彩的冷暖因人而异，既美观，又协调。她们对服饰色彩的运用，就如一个高级的美容师为人化妆，淡妆浓抹总相宜。

一般说来，在以前，居住在同一地区的世居民族，服饰布料的使用不存在悬殊的色彩区别，其民族内部制作服饰布料的色彩基本一致，不存在不同年龄的人选用不同色彩的布料制作服饰的情况。这可能是由于过去广西的染织水平比较低，大多数家庭都主要依靠蓝靛为染料来染制布匹。直到20世纪50年代后，机织布取代了土布，不同年龄的人才选用不同颜色的布制作服饰。但在服饰图案纹样的装饰上，不同年龄的人对色彩的追求就大不相同了。青年人爱用暖色调，多以红、黄、橙等暖色线构成纹样，用色艳丽，对比性强；老年人爱用冷色调，多以蓝、黑、紫等冷色线构成纹样，用色素净、温和；中年人则爱用冷暖相间的色彩。

瑶族服饰很讲究色彩美感，服饰图案纹样多用大红、橙红等暖色调。但不同年龄的人，色彩又有不同：青年女子的服饰多以大红、橙黄配以青、黄、白、蓝等色挑花、刺绣，图案纹样活泼艳丽，美观大方，表现出青年人朝气蓬勃、如花似锦的美姿；中年妇女多以白、深蓝、淡黄、粉等色配大红、橙黄挑花、刺绣，显得素雅端庄；老年妇女则以深蓝、黑、白、紫等色配大红、橙黄挑花、刺绣，显得庄重典雅、雍容华贵。服饰色彩依年龄的增长从鲜艳活泼的暖色调向淡雅素净的冷色调变化。（图13）

龙胜红瑶妇女随着年龄的增长，选用色彩也由红逐渐变黑。未婚姑娘的上衣全部用鲜红色的丝线刺绣，艳丽火红；中年妇女的上衣一半用红丝线，一半用黑丝线，相互搭配刺绣，黑中透红，秀美质朴；老年妇女穿黑布上衣，仅在袖口或衣缘略绣花边，沉着庄重。（图14）

大瑶山茶山瑶喜用丝带装饰服饰，既可用作点缀头巾、腰带，又可点缀绑腿、脚套等。青年人的丝带以红色为基本色调，配以绿、白、粉、黄、蓝等色，艳丽斑斓；中年人以蓝、白、粉三色为基本色，配以黄色刺绣，素净淡雅；老年人用蓝、白色为基本色调，配以紫、黑色，显得庄重典雅。丝带选用的色彩随年龄的增长由活泼的红、黄色向素净淡雅的蓝、黑色变化。（图15）

四、色彩的等级观念

色彩是构成服饰美的一个重要因素，与历史上各个时代的礼仪制度、等级观念有着密切的联系。因此，历代统治阶级对服饰的色彩都给予很高的重视，从而使服饰色彩的使用变得十分复杂。

色彩是服饰中最活跃、最醒目的因素，它能让人一目了然地把容易混淆的对象清楚地区分开来，所以，用色彩来标明人的身份，区别尊卑贵贱，便成为我国古代色彩文化的一个重要内容。战国《荀子》说："修冠弁衣裳，黼黻文章，雕琢刻镂，皆有等差，是所以藩饰之也。"可见，封建统治阶级对服饰修饰和美化的有关规定，都是为了区分等级的。在中国漫

图 13　广西贺州盘瑶妇女服饰

图 14　广西龙胜红瑶老年妇女便装

图 15　广西金秀瑶族少女服饰

长的封建社会中，没有哪个朝代不将服饰体制作为治国的一项重要措施。历史上，每逢改朝换代，新天子即位后，大多要颁布本朝的服饰制度，对各级官吏和庶民的服饰款式、质地、色彩等都做一定的规定，明令臣民严格遵守，凡有僭越，必按律治罪。故司马迁《史记·历书》说："王者易姓受命，必慎始初，改正朔，易服色。"

早在先秦时期，在阴阳五行说的影响下，我国的色彩等级观念便已形成。封建统治阶级通过对木、火、土、金、水的五行说进行改造，加上当时的天人感应和天道循环论的观点，建立了"阴阳五行学说"，认为国家的兴衰、王朝的更替，皆受这一学说的制约。受"阴阳五行学说"的影响，与五行相对应的青、赤、黄、白、黑等5种颜色便被视为"正色"，其余则被视为"间色"。《礼记·玉藻》云："衣正色，裳间色，非列采不入公门。"孔颖达《礼记注疏》曰："正谓青、赤、黄、白、黑，五方正色也，不正谓五方间色也，绿、红、碧、紫、黄是也。"古代的"间"与"闲"同义，故"间色"即闲杂之色。在词义上，间又与正相对，故间色又被意味为"不正"之色、淫邪之色。所以，古时以正色为尊贵，以间色为卑贱。⑥达官贵人的服饰多用正色，平民百姓多用间色。故《书·益稷》曰："以五彩明施于五色，作尊卑之服。"西汉初期，就曾明文规定，百姓一律不得穿杂彩（各种颜色）之衣，只能穿本色麻布。直到西汉末年，才允许平民百姓服青绿之衣。汉代之后，黄色逐渐成为五色的至尊，最后为皇帝所专用，也是与五行的对应关系所决定的。《淮南子·地形训》

图 16　广西隆林黑彝男子盛装

图 17　广西天等壮族男子服饰

云："色有五章，黄其主也。……位有五材，土其主也。"在古人的心目中，世界为天圆地方，地有五方，中国在"中央"。中国居天下之中，君主为一国之君，应居国之中央。而黄色正好与五方中的正中之位对应，所以，黄色也就成为皇帝的服饰之色，成为至尊之色。宋人王楙《野客丛书》说："自唐高祖武德初，用隋制，天子常用黄袍，遂禁士庶不得服，而服黄有禁自此始。"《明史·舆服志》也说，民间"不许用黄"。明王朝根据周、汉、唐、宋等几代王朝均崇尚赤色的做法，规定官员服色以赤色为尊，玄、黄、紫三色为皇家专用之色。[7]《大清律例》也明文规定，民间服饰禁用黄色，僭用黄色者治重罪。各级官吏，均以等级不同而用不同色彩的服饰。如唐代，"三品以上服紫，四品五品服绯，六品七品以绿，八品九品以青。妇女从夫之色"。庶民穿本色白布衣。《汉书·龚胜传》说："闻之白衣，戒君勿言也。"注曰："白衣，给官府趋走贱人。"王栐《燕翼贻谋录》曰："无官者白袍。"故古时又以"白衣"称庶民。宋代，三品以上服紫，五品以上服朱，七品以上服绿，九品以上服青。元丰元年（1078年）弃青不用，改为四品以上紫，六品以上绯，九品以上绿。[8]"士农工商诸行百户，衣装各有本色，不敢越外。"[9]自宋之后，曾是至尊之色的黑色地位逐渐下降，最后沦为与白色同级，均为庶民服饰之色。所以，宋代之后，庶民的服饰多为白色或黑色或蓝色。直到清代末年，在广西一些尚未改土归流的土州，土官仍规定其属下土民的服饰只能用蓝、黑二色，违者严惩。在全茗、茗盈、下雷、安平、太平等土州（均在今大新

图 18　广西隆林仡佬族舞蹈

县内）境内，土官明令土民只许穿蓝、黑二色服饰，不得穿白色和花色的服饰。（图17）清代末年，下雷土州那项屯土民傅工穿一件白色上衣到下雷赶圩，被土官官族子弟遇见，即命其脱下拿走。光绪二十七年（1901年），安平土官李德普出巡到堪圩乡地板屯时，见土民黄辉廷穿一双白袜子，即破口大骂："你居然敢穿白袜子，知道犯了罪吗？"并命人将黄辉廷拉去毒打一顿，罚款5贯钱，才放其回家。封建色彩等级制之森严，由此可见一斑。中华人民共和国成立后，中国政府废除了封建等级制，实行民主、平等的民族政策，结束了以色彩标明人的身份、区别尊卑贵贱的等级观念与等级制度。广西世居民族在制作服饰时，可随自己的爱好、兴趣与民族风俗在服饰上自由自在地染、织、绣各种色彩。

图 19　广西贺州市瑶族妇女服饰

注释：

① 中共中央马克思恩格斯列宁斯大林著作编译局编：《马克思恩格斯全集》第 13 卷，北京：人民出版社，1972，145 页。

② 燕达、高嵩：《苗族盛装》，4 页，贵阳，贵州民族出版社，2004。

③ 王彦：《侗族织锦》，昆明：云南大学出版社，2006，104 页。

④〔美〕鲁道夫·阿恩海姆著，滕守尧、朱疆源译：《艺术与视知觉》，北京：中国社会科学出版社，1983，460 页。

⑤ 朱光潜：《朱光潜美学文集》第 1 卷，上海：上海文艺出版社，1982，287 页。

⑥ 吕思勉：《先秦史》，上海：上海古籍出版社，1982，345 页。

⑦ 陈高华、徐吉军主编：《中国服饰通史》，宁波：宁波出版社，2002，430 页。

⑧（元）脱脱：《宋史·舆服志》。

⑨（宋）孟元老：《东京梦华录》卷 5《民俗》，《四库全书》史部 347《地理类》。

广西侗族鼓楼与芦笙舞

第六章 服饰图案纹样的文化内涵

图案纹样是服饰的一个重要装饰手段，它像一位高明的化妆师，为本来平淡无奇的服饰绘上彩虹，铺开云锦，裁出花草，泛起涟漪，把服饰装饰得富贵华丽，让服饰美的神韵充分地显示出来。即使是一个小小的图案纹样，不论被装饰在服饰的哪一个部位，广西世居民族妇女在制作的过程中都会倾注自己的聪明才智和审美情趣，以表达自己的情感，表现一定的民族文化内涵。每个图案纹样都有自己的主题、情调和风格，甚至还有一个古老的民间传说，正所谓“寸图之中，寓意无穷”。广西世居民族服饰中的每一个图案纹样都不是孤立存在的，它像历史文化长河中的千年之舟，负载和积淀着广西世居民族几千年所形成的灿烂文化，有的甚至可能是至今仍未被我们破解的充满原始神秘色彩的文化信息和符号。透过一个个图案纹样，我们可以逐渐洞察到广西世居民族历史上所创造的各种文化。所以，广西世居民族妇女在制作服饰时，都要精心设计图案纹样，以美化服饰和人以及人的生活，让人们在美的生活中潜移默化地陶冶自己的性情，净化自己的心灵。人们创造了图案纹样，图案纹样也美化了人。（图1）

广西世居民族服饰多以单色布料为底进行裁缝，再以彩色丝、绒线在布上织绣图案纹样为装饰。这些图案

图 1　广西阳朔盘瑶妇女服饰

纹样大多织绣于服饰上最引人注目的部位和最易磨损的部位，既增强了服饰的耐磨性，起到保护的作用，又增强了服饰的美观性，起到装饰的效果，从而达到实用性和装饰性的有机统一。

广西世居民族服饰图案纹样的题材内容十分丰富，花草树木、行云流水、鸟兽鱼虫，无所不包。这些图案纹样随着被装饰物的部位的不同和用不同的工艺手段（如挑花、刺绣、织锦等）制作而各具匠心，千变万化，极富感染力。

一、图案纹样的审美情趣

图案纹样可以美化服饰，把人打扮得更漂亮，从而烘托出女性的秀丽、男性的健美，使人在精神上获得美的享受；同时，图案纹样本身就是一种情感符号，它汇集了一个民族的传统文化和地域文化，蕴藏着一定约定俗成的含义，表达了一个民族特定的生活情操和审美观念。（图2）

人类的审美能力是从人类形成的最初时候就开始萌芽和积淀了。当巨猿超越了动物界而进化为人时，他们就具有了创造性，而这种创造性本身就包含着审美意识。恩格斯在《自然辩证法》中说："人类社会区别于猿群的特征又是什么呢？是劳动。……劳动是从制造工

图 2　广西侗族刺绣样品

具开始的。”[①]人类在创造第一件工具时，要考虑它的实用性，这就使最初的审美意识萌芽了。正如王朝闻先生所说：“第一件工具的创造，是人类一切精神的和物质的创造活动的胚胎，它孕育着人类由幼年到成年发展所有最初的因素、方面和关系……从史前艺术的特征出发并就其创造性的意义而言，人类最初那简陋的石器和后来较为精细的彩陶、玉器……同属于史前艺术，它们的具体形态虽然不同，却没有根本性质的区别，后来的一切创造物都是对第一件工具的继承和发展。”[②]所以，任何一件人工创造物都渗透着创造者的审美意识。当然，这种审美意识是从实用性中派生出来的。人类在创造第一件工具时，当然是以实用为目的的。这种目的支配了劳动工具的创造，同时也创造了另外的价值。当人在创造第一件工具时，哪怕是制作最简陋的石器，他都要考虑到用起来方便、省力，以使自己感到满意。这种满意引起了美感。从考古发掘资料看，旧石器时代晚期，广西壮、侗、水诸族的先民——来宾“麒麟山人”、桂林“甑皮岩人”和柳州“白莲洞人”都开始使用打制石器。据有关专家考证，这些打制石器所用的石料，“都是经过有意识的选择，并且是积累了丰富的经验。他们选用的石料不是随意性的，而是对岩石的硬度、肌理、加工劳动和劳动时间，以及加工成石器以后的手感是否顺心舒适等都有了比较明确的认识。”[③]。也就是说，早在旧石器时代晚期，生活在广西境内的少数民族先民的审美意识便已萌芽了。

从目前所见到的资料来看，广西世居民族服饰图案纹样大多是从现实生活与自然界中

图 3　广西富川平地瑶便装上的图案纹样

吸取素材。宇宙间的万物都蕴含着不同的图案形式，漂浮的云彩、起伏的山峦、茫茫的原野、潺潺的流水、艳丽的花朵、嫩绿的小草，以及飞禽走兽、日月星辰，无一不在展示着它们内在的生命力和外在的形式美。广西各民族妇女一年四季生活在这山清水秀、天高云淡、花红叶绿、稻香鱼肥、空气清新的自然环境中，大自然的蓬勃生机、绚丽多彩、神秘多变促使她们对自然界一切美好事物充满好奇；美丽的生态景色和田园风光培养了她们纯真、自然的情怀，使她们形成热爱自然、崇尚自然的审美心理，使她们对自然界中的一切美好事物充满着爱恋。各民族妇女通过对周围世界这些自然物长期细致的观察体验、提炼，然后加以丰富的想象和巧妙的构思，采用夸张、变化、奇妙组合等手法，有选择地将现实生活中丰富多彩的自然物按自己的思想情感和需要，简化为几何纹样、自然纹样和动植物纹样，装饰在服饰上。这些形式多样、制作精美、色彩瑰丽、具有民族风格和乡土气息的图案纹样，生动地体现了广西世居民族的生活情感和聪明才智，反映了广西世居民族对生活与大自然的热爱。（图3、图4）

广西世居民族服饰中的图案纹样是作为一种装饰方式而出现的，所以，它在题材内容、构图形式、色彩等诸方面都必须注意民族审美观念和民族趣味爱好，注重神韵的表现和意境的创造。诚然，作为自然物来说，它本身具有一种内在的生命力和外在的形式美，但各民族妇女在制作服饰的图案纹样时，往往不满足于对自然物的模仿。她们为了满足自己的精神需要，为了表达自己的理想愿望，为了追求更高的意境和美的享受，总是要对自然物进行创造性的艺术加工，选择自然物中最真实、简洁、精美、生动的部分，通过自己丰富的想象和巧妙的构思，按照美的形式规律，在写实的基础上，通过高度的艺术提炼、概括、夸张、变化、奇妙组合而成为具有民族风格的图案纹样。这些图案充满了天真烂漫的童雅之趣，比自然物更美、更典型、更理想，进而达到主、客观的高度完美统一。如：一根花枝开出多种花朵，结出不同的果实；花藤上不仅盛开着桃花、李花、菊花、石榴花等不同季节的花儿，还有星星、鱼虾等；太阳像一朵粉红色的大菊花，四周围满星星；月亮里长着高大的树，树上攀爬着一群孩子，孩子手中都捧着果实。这些经过高度凝练的纹样，物化了广西各民族群众的美好愿望和理想，融入了广西各民族群众的炽热感情和审美情趣，从而具有一种质朴的艺术魅力，给人以一种美的享受，引起人们心理上的共鸣。如广西世居民族服饰中常见的花、鸟、鱼等纹样，都是来自自然界中常见的动植物，但往往比现实生活中的动植物更自由，更美丽，更富于幻想，更具有强烈的艺术魅力。（图5）以龙、凤纹样为例，这是一种根据想象由各种动物综合而形成，象征某种神威和吉祥寓意的纹样，几千年来，一直深为各族人民所喜爱。唐宋时期，龙逐渐成为中原地区皇帝服饰上的特有装饰纹样，构图张牙舞爪，威武腾空，令人望而生畏。而地处边疆的广西世居民族，特别是少数民族，不仅敢犯“龙颜”，在服饰用品上织绣龙纹样，而且风格别致，姿态万千。有的头部像雄狮般的威武，有的如慈祥的老人；两条长须，既有龙的形象特征，又如两根蔓生的枝藤；卷曲的躯体竟用花草组成，造型既简洁、朴实，又活泼可爱，富有生活情趣。这和中原地区的封建统治者把“龙”

图4　广西南丹六寨龙马水族妇女传统服饰

图 5　广西南丹壮族刺绣花鸟纹样的围腰

图 6　绣有龙、鱼等纹样的广西百色瑶族师公服

图 7　广西天峨壮族背带上的麒麟送子图案，上有龙、凤、蜈蚣、蝴蝶纹样

作为权力和神圣的标志是截然不同的。在苗族服饰中，龙的纹样不仅稚拙天真，憨态可掬，而且形象变化万千，既有水牛龙、鱼龙、鱼尾龙、水龙，又有蚕龙、叶龙、盘龙等，和人与自然十分亲近，与张牙舞爪、威武腾空、象征皇权的“龙”大为不同。（图6）凤也是广西世居民族服饰用品上常见的纹样，它概括了孔雀、锦鸡、公鸡的部分特征，并选择了它们中最精美、生动的部分进行构思、变形，所以服饰纹样中的凤是完全理想化了的艺术形象，成为公鸡头、锦鸡身、孔雀尾。有的省略了双足，有的夸张地突出头部，有的强调动态；有的将双翅画于胸前，有的让它生于两侧，有的则把它绣于头上。整个构图活泼可爱，栩栩如生。山区的少数民族妇女常生活在鸟语花香的生态环境中，小鸟不仅是她们快乐生活的伴侣，而且小鸟自由快乐的生活也引起她们对美好生活的憧憬。她们通过对小鸟的观察、体验、提炼，并加入自己的丰富想象，通过夸张、变形等手法，创造出千姿百态的鸟纹样，有的比翼双飞，有的背靠背，有的窃窃私语，有的昂首啼鸣，形象极为生动，充满了天真烂漫的童稚之趣。这种真实与夸张的统一、现实和理想的统一，使整个图案纹样既有古朴稚拙之处，又有新鲜活泼之感，显得生机勃勃，充分体现了广西世居民族对美好生活的追求和向往。（图7）

二、图案纹样的文化寓意

图案纹样是工艺美术的语言之一，它反映了人的智慧和技巧，融入了人的情感和思念，表达了人的理想和愿望，体现了人的追求与向往，是人类对幸福的渴求与对生命的礼赞。它所折射出的时代背景、社会心态、民族心理和审美情趣，远远超出了图案纹样本身的价值和

意义，让人们从中感悟到丰厚的文化底蕴。

广西世居民族服饰图案纹样的创作者都是一些植根于现实生活的劳动者，她们热爱生活，热爱艺术，但又不把艺术作为谋生的手段。她们绘制图案纹样的目的，不仅仅是为了好看，而且是为了建立自己的理想世界，是在为生活创造美好的形象。虽然她们各自都有着不同的人生坎坷经历和生活的艰辛，但她们对人生和生活都寄予满腔的热情，都对未来充满希望。所以，广西世居民族特别是少数民族服饰图案，大多喜用美丽的、吉祥的、充满生机和诗情画意的题材，或象征对幸福美好生活的追求，或含趋吉避凶、纳福招财、求子祈寿之意，其情感内容所反映的多是人类健康的、积极向上的东西；热爱家乡、热爱生活、歌颂正义、歌颂功劳始终是其主题，很少出现伤痕和眼泪。这些图案纹样充分体现了广西各民族群众对生活乐观的坚定信念。（图8）这种乐观的坚定信念，是由他们那自给自足的小农经济所带来的物质生活与精神生活的平衡性决定的。和现代化工业经济相比，小农经济虽是一种落后的经济形态，但它毕竟是广西少数民族长期以来在与生态自然环境互动过程中形成的一种经济形态。在这种经济形态下，只要风调雨顺，每个家庭基本上都能自给自足，不需要经过太多的社会交换也能生活下去。在这种生产力发展水平的制约下，人们很容易满足于现状，能猎取一只动物就是极大的快乐，能饱吃一餐就是最大的幸福，“六畜兴旺”“五谷丰登”，则是一般人家的最终追求。虽然他们的生活艰苦，但他们心目中的这种幸福的理想并不是虚幻的，而是现实的、直观的、可望实现的。所以，即使是在艰难困苦的岁月里，他们从来也没有丧失过对美好生活的向往与追求，始终洋溢着乐观、开朗、希望，摒弃悲愤绝望和自暴自弃，以积极、乐观的态度对待未来。他们的生活处于一种理想化的氛围之中，虽然他们的生活很贫乏，很单调，但他们创造的这种精神生活却很丰富。他们托物寄情，借物寓意，将自己内心的意念和理想倾注于服饰图案纹样之中，使这种物化了人的美好愿望和理想

图 8　广西仫佬族凤朝阳纹样

图9 广西壮族布贴中绣的凤纹样

的吉祥纹样成为服饰图案纹样的主题，深受各族人民喜爱，成为民间普遍流行的题材。正所谓“有图必有意，有意必吉祥”。吉祥的寓意蕴含于图案纹样之中，化抽象为具体，将少数民族群众追求幸福、自由、爱情等抽象的含义，用人们熟悉和喜爱的具体题材表现出来，构思巧妙，流露出自然纯真质朴之美，具有独特的民族色彩与个性。（图9）这些图案纹样涉及面广，花卉、草、木、鱼、虫、鸟、鸡、蝙蝠、蝴蝶、石榴、狗、兔、鸟等，无所不包。内容极为广泛，寓意丰富深刻。有的象征自由、幸福、爱情；有的寓意长寿、多子、吉祥、平安。它们意趣横生，别有深意，表达了人们对美好生活的向往与追求，唤起了人们对美好生活的无限憧憬，使人获得一种美的享受。这种理想化、拟人化的吉祥图案纹样常用谐音、喻义等艺术手法表现其寓意。

谐音。以图案纹样的谐音来表达吉祥的含义。如“三阳开泰”，用三只羊仰望太阳构成图案，“羊”与“阳”谐音，“开泰”即交好运，寓意为幸运。“五福捧寿”，用五只蝙蝠围绕一个“寿”字构成图案，“蝠”与“福”谐音，寓意为富贵长寿。“连年有余”，用一个婴孩、一条鲤鱼、一朵莲花构成图案，“连”与“莲”谐音，“余”与“鱼”谐音，寓意为生活富裕。“喜上眉梢”，用喜鹊与梅花构成图案，“眉”与“梅”谐音，寓意为喜讯即将到来。（图10）类似的谐音吉祥图案还有“六合同春”“金玉满堂”等。有的则直接将汉语吉祥语作为纹饰绣在各种几何纹样内，如“五谷丰登”“六畜兴旺”“长命富贵”“福如东海”“寿比南山”等。

喻义。用图案纹样来暗喻美好的事物。如石榴、葫芦、鱼等喻义为多子，松树、桃、龟等喻义为长寿，鸳鸯、双飞燕、并蒂莲等喻义为夫妻恩爱。常见的有“四合如意”，用四个云卷状的如意头构成图案，四合象征四方，喻义为事事如意。“四季花香”，用梅花、牡

图 10　广西壮族“喜上眉梢”图案纹样

丹、月季、菊花构成图案，象征一年四季鲜花盛开，生活美满。“鸳鸯戏水”，用一对鸳鸯与一池清水构成图案，象征夫妻恩爱。“龙凤呈祥”，用龙、凤组成图案，龙表示男性，凤表示女性，寓意阴阳和谐，婚姻美好。“鱼崽多多”，用一条躯体肥硕的鱼，鱼腹内有许多小鱼或有鱼蛋似的繁密斑点，象征子孙像鱼崽一样多。在苗族的观念中，鱼的繁殖能力非常强，产子多，被视为生殖和生命力都非常强的象征物，象征人口繁荣昌盛。类似的象征吉祥的图案纹样还有“百花盛开”“花好月圆”“双雀报喜”“麒麟送子”“鱼跃龙门”“四季平安”等。（图11）

谐音和象征结合。这种图案纹样在表现手法上，谐音和象征兼而有之。如“万事如意”，用两只如意和“卍”形格底纹构成图案，“卍”形格寓意即万事，如意原来是菩萨手持的佛具，象征吉祥如意，表示万事称心如意。“多福多寿”，用佛手、石榴、寿桃构成图

图 11　广西壮族“花开富贵”刺绣纹样

图 12　广西壮锦图案纹样

案，“佛”与“福”谐音，石榴象征多子，寿桃象征长寿，表示多子、多福、多寿。类似的图案纹样还有“福寿双全”等。（图12）

三、图案纹样的种类

广西世居民族服饰中的图案纹样千姿百态，纷繁复杂，自然界中的花卉草木、飞禽走兽、行云流水，以及想象中的龙凤麒麟，几乎都有涉及。究竟有多少种纹样，很难做出精确的统计。按其表现题材来看，主要有几何纹样、植物纹样、动物纹样、自然形态纹样、人物纹样等，而应用最多的是几何纹样、植物纹样和动物纹样。这些纹样最初可能是对某种具体形象或事物的临摹，或是从一些植物、动物及自然物演变而来，或是某种图腾的标志。这些约定俗成的传统纹样，都蕴藏着一定的文化内涵，反映了一定的社会内容和审美情感。（图13）

广西各民族由于自然环境、生产方式、生活方式、风俗习惯、审美观念等方面文化含义的不同，在图案纹样上也表现出不同的风格。壮族服饰图案纹样喜用几何纹样和动植物纹样为构图主题，造型生动强健，栩栩如生，写实性强。瑶族服饰图案纹样多以山、树、草、花等自然物纹样、动植物纹样和几何纹样为构图主题，善于用简练生动的手法来表现自然现象，造型富于变化。苗、侗等民族服饰图案纹样喜用各种直线和曲线组成的几何纹样来模拟和构成他们所看到的事物，构图简洁明快。这是因为不同的自然环境、生产方式和生活方式，可以陶冶出不同的民族气质、性格和心理，从而形成民族文化的差异。图案纹样作为民族文化的一个组成部分，它的形成和发展从始至终都和本地区、本民族的发展有着密切的、细腻的联系，都必须和本地区、本民族的社会生产、宗教、道德、风俗习惯、审美观念等统一协调，融为一体，否则，它就不能在本民族中普遍流行。各民族自然环境、生产方式、生活方式等不同，最终造成了各民族文化风格的不同，从而使广西各民族服饰图案纹样千姿百态。（图14）

广西世居民族服饰图案纹样极为丰富，不仅各民族服饰图案纹样风格不同，就是在同一民族内部，因受自然环境和毗邻民族的影响不同，其服饰图案纹样风格也有差异。对同一民族而言，居住在平地和平坝地区，与汉族和其他先进民族交往较多，经济文化比较发达的支系，其服饰图案纹样往往比较丰富而抽象；居住在高山上，平时和汉族以及其他少数民族交往得较少，经济文化发展相对缓慢的支系，其服饰图案纹样则往往比较简洁、古朴而具象。

从图案结构形式看，广西世居民族服饰图案纹样大致可分为三种：有的让几何纹样充当主体，以绚丽多变的植物纹样作为陪衬，构图主次分明；有的以动植物纹样充当主体，以丰富多彩的几何纹样组成纹带，起到烘托、美化主体纹样的作用；有的则全是几何纹样，用各种不同的几何纹样穿插组合，使整个构图协调一致，给人以繁华瑰丽之感。（图15）

广西世居民族服饰图案纹样中的几何纹样形式变化多样，特点显著，造型丰富生动，是服饰图案纹样中运用最多、最有民族特色的纹样。几何纹样一般四面均齐或左右对称，力求整体效果的统一。点、线、面组成的图案纹样配合得当，主次分明，疏密有致，富有层次感和韵律感。服饰中的几何纹样古往今来为许多民族所共有，但其组合、搭配及装饰的部位如不相同，所表达的含义也就不一样。以瑶族为例，其服饰中的几何纹样在结构上有一定的规矩，这类纹样由于使用的历史悠久，具有较复杂的含义，以至于不能随意改变。南丹县白裤瑶妇女夏衣背面的几何纹样，在现代人的眼里只是一种美的装饰，并无具体的含义。但在那遥远的年代，这幅图案纹样却蕴藏着十分重要的内容与含义。它记述了白裤瑶先民的苦难历程，反映了白裤瑶人民对祖先的怀念，表达了他们追求自由、民主和幸福的愿望。由于这一纹样具有如此重要的含义，因而成为白裤瑶民众所共同崇拜、遵守、不得任意改变的神圣标志。（图16）

广西世居民族服饰图案中的几何纹样常见的主要有雷纹、云纹、水波纹、回形纹、万字纹、圆圈纹、羽状纹、锯齿纹等，其图案结构多是二方连续和四方连续。这些几何纹样都是以简单的点、线、面，以及正方形、三角形、圆形、菱形为基本要素构成的，通过点、线、面的移动构成各种不同的轨迹。

植物纹样多取自自然界中的花草树木，如梅花、桃花、李花、油菜花、茶花、石榴花、荷花、鸡冠花、野菊花、谷穗、桃、蕨叶、小草、葛、藤、杉树以及各种叫不出名称的野花、野草、树木。这些植物纹样大多用简洁而抽象的线条。（图17）

图 13　广西汉族刺绣纹样

图 14　广西融水苗绣图案纹样

图 15　广西天峨壮族刺绣图案纹样

图16　广西南丹白裤瑶女子夏衣纹样

图 17　广西仫佬族刺绣背带芯

图 18　广西龙州壮族刺绣纹样

图 19　广西“福禄寿喜”壮锦纹样

动物纹样主要有龙、猪、牛、马、鹿、狗、孔雀、锦鸡、雉鸡、喜鹊、鸳鸯、燕子、鹦鹉、白鹤、鹅、鸭、鲤鱼、蝴蝶、蜘蛛等。这些动物纹样大多是用几何折线构成抽象的动物形态。（图18）

自然纹样主要有日、月、星、云、虹、山、石、水、天、地等。这些自然纹样多以点、线、面构成各种抽象的图案。

吉祥汉字纹样主要是取蕴含吉祥美好意义的汉字，常用的有“福”“禄”“寿”“喜”等。这些纹样多与其他动植物纹样、自然纹样和几何纹样等一起组成寓意吉祥如意的图案纹样，或是将几个汉字连续使用，反映人们对幸福美好生活的追求，如“富贵吉祥”“长命富贵”“福星高照”“出入平安”等。（图19）

注释：

① 中共中央马克思恩格斯列宁斯大林著作编译局编：《马克思恩格斯选集》第 3 卷，北京：人民出版社，1972，512 页。

② 邓星福：《艺术前的艺术・序》，济南：山东文艺出版社，1980。

③ 郑超雄：《壮族审美探源》，南宁：广西人民出版社，1991，3 页。

广西隆林仡佬族服饰

第七章 服饰文化功能

服饰作为一种物质文化，它的功能是多方面的。人类最初创造服饰时，仅是为了适应大自然的变化，用来蔽风遮体，防暑御寒，保护身体免遭他物侵害，所以，最初的服饰主要具有保护人体的实用性功能。随着社会生产力发展水平的提高，以及人们审美观念和宗教信仰观念的产生、发展，人类对服饰的需求越来越复杂，服饰的功能也逐渐向多元化方向发展。随着经济的发展和人们审美能力的提高，服饰与人们的关系越来越密切，在人类生活中的地位越来越重要，服饰成为人类物质文化和精神文化的重要组成部分。

一、衣以护体

在人类的物质文化中，服饰是人类的物质需求之一，离开了服饰，人们将会寸步难行。自古以来，吃饭、穿衣一直是人们生活中必不可少的内容，而人们制作和购买服饰的目的，首先是将它作为实用物让人们在一定的时候和场合穿着，用以保护人体免遭他物侵害，防暑御寒。服饰如果失去了保护人体的实用性，它对人类生活的影响与作用势必大为削弱，从而大大地降低服饰文化的生命力。

图 1　广西隆林彝族女子、男子服饰

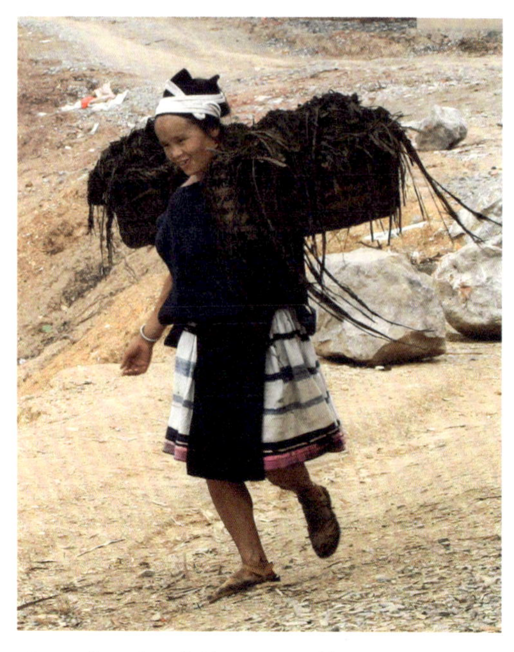

图 2　广西南丹白裤瑶女子服饰

衣以护体，不仅是服饰赖以生存的基础，而且是服饰制作的基本条件与前提。所以，服饰的制作必须符合人体结构，必须“量体裁衣”，要让人穿着舒适，便于活动。同时，服饰还要适应人们的经济生活与季节变化。常于水田间劳动的南方民族多跣足不履，而北方民族跣足则较为鲜见；寒冷的严冬不能穿单衣、短裤、超短裙，炎热的盛夏不适宜穿大衣、棉袄。这都是服饰的实用功能所决定的。失去了实用功能的服饰，无论它的款式多新颖，质地多好，工艺多精致，艺术价值多高，都不会被人们接受，更难流行于世。在世界上，巴黎时装历来被认为具有很高的艺术价值，但近年来，在意大利米兰时装的不断冲击下，它那高高在上的霸主地位已遭到动摇，究其原因，主要是米兰时装在方便、实用上优于巴黎时装。服饰不同于别的艺术品及艺术文化，它和人体是分不开的，它必须和具体的人相结合才能充分地展示自己的艺术生命力，正如马克思在《政治经济学批判・导言》中所说：“一件衣服由于穿的行为才现实地成为衣服。”[①]虽然服饰作为一种物质，它也可以独立存在，但失去了实用性的服饰是没有现实意义的，也是没有生命力的，它终将被人们所淘汰。

广西世居民族妇女以勤劳、爱美而著称。在家庭中，她们操劳家务、农活，里里外外都是一把好手，但无论是平日劳动的便装，还是节日的盛装，妇女们都喜欢在裙外或裤外系一条绣花围裙，既美观，又很实用。在那坡县城厢镇龙华村吞力屯，壮族妇女的围裙除了装饰外，还可作布袋用。上山劳动时，将围裙角底下翻上来，打个三角形系在腰间便可以当布袋，将地里的玉米、野菜、辣椒放进袋里，随身带回家；平时走亲戚、赶歌圩时，也可以往里面放些小东西。壮族妇女的头巾是一条自己纺织染制成的黑布巾，先将头巾在头上绕一圈，然后将头巾翻折摆成菱形状，罩于头上，将头巾的两端分别垂挂于两肩，其伸出的两个

图 3　广西那坡壮族妇女服饰

菱形角，既朴素美观，别有新意，又可当作帽子遮太阳。（图3）服饰的不同功能为她们的生活带来了极大的便利。大瑶山茶山瑶妇女的长围裙也很美观实用。妇女们平时穿围裙时多卷小扎在腰间，上山劳动时则将其放下，将下摆的裙角卷上，形如布袋，将采摘的野果放入袋中，带回家给小孩享用。瑶族是个以刀耕火种和狩猎为主的山地民族，其男子常在高山密林中狩猎和砍山烧荒，为了适应这种经济生产与生活，除了要有生产技术，还必须有善于翻山越岭的能力，所以，身体的轻捷实在是不可缺少的条件，于是，在服饰的制作上，男子过去多穿宽筒大裆便裤，以保证两腿有最大的活动半径，无论多么激烈的奔跑、跳跃或下蹲都不

图 4　广西金秀坳瑶服饰

图 5　广西龙胜壮族妇女服饰

会受到妨碍；为了减少在丛林中行走的阻力，或防止荆棘草丛的划伤，小腿还缠上腿绑。这种服饰既适应瑶族男子刀耕火种和狩猎的山地经济生活，又是山区瑶族征服自然的创造，具有极大的实用性。（图4）龙胜龙脊一带的壮族，夏天喜穿白上衣、黑裤子。据平安寨一位70岁壮族老人说，他们的祖先刚到龙脊时，人口很少，才有几户人家。而当地山高林密，草木茂盛，穿黑衣、黑裤上山劳动，别人很难看见，找人很困难。于是他们改穿白衣、黑裤，走到哪里都很引人注目，相沿成俗。（图5）如果抛弃这些实用功能而片面强调美的作用，以平原地区的汉族服饰或是都市里的流行时装去取代山地民族的传统服饰，势必很快就被自然淘汰。滇黔桂边界的隆林苗族多居住在高山上，为适应高寒山区的生态环境，人们喜用麻布制作衣裙，既美观，又结实厚重，三九严寒时候穿它出门，可以遮风御寒；上山劳动粘泥带土，也易于洗涤。2006年，笔者到隆林各族自治县猪场乡与德峨乡调查时，仍看到不少人家种麻、纺纱、织布，用于缝制衣裙。（图6）生活在山区的壮族姑娘，过去常在肩上垫块织绣得精致漂亮的垫肩挑东西以免衣服遭磨破。（图7）但近年来，随着交通状况的改变，各村寨之间大多修筑了机耕路，有的地方还修建了简便公路，车运马驮逐步取代了昔日的人力肩挑，垫肩的实用功能逐渐减弱，所以，农村中垫垫肩的人也越来越少。随着人们审美观念的变化，人们为了追求服饰的美感，会适当地放弃一些实用的要求，增加一些装饰性的东西，但从整个服饰的功能来看，装饰性并没有取代实用性，就连最讲装饰艺术的流行时装也仍然不能忽视服饰的实用功能。所以，从服饰的基本功能来看，实用无疑是第一位的，审美及其他功能则是在实用的基础上发展的。离开了实用性，服饰的生命力也就大为削弱。

图 6　广西隆林花苗织锦

图 7　清代广西桂北地区
汉族刺绣垫肩

二、衣冠悦目

服饰既是人们生活中的实用品，又是工艺美术品，其装饰功能是不言而喻的。西汉韩婴《韩诗外传》云："衣服容貌者，所以悦目也。"这个"悦目"，就是好看，它强调了服饰的审美意义。也就是说，服饰必须具有美感，让人穿上后获得一种美的享受。所以，作为服饰艺术来说，必须做到实用性与审美性的有机统一。

美是社会实践的产物，是随着整个人类社会实践的发展而不断发展的。马克思在《1844年经济学哲学手稿》中曾说："动物只生产自己本身，而人则再生产整个自然界……动物只是按照它所属的那个物种的尺度和需要来进行塑造，而人则懂得按照任何物种的尺度来进行生产，并且随时随地都能用内在固有的尺度来衡量对象；所以，人也按照美的规律来塑造物体。"俗话说："爱美之心，人皆有之。"爱美是人的本性。在现实生活中，不爱美的人是很少的。人们对美的追求只有程度上的差别，没有本质上的差别，所以，人一般都是爱美的，谈论美、赞赏美、向往美、追求美、创造美，是人们物质文化和精神文化的一个重要组成部分。服饰作为一个人的外表形象，是人们向往美、追求美、创造美的重要表现形式之一，是人体美的自我表现。俗话说："佛要金装，人要衣装。"这句话说明了人体美还要借助服饰来打扮的道理。服饰是美化人体的艺术，没有人体，也就无所谓服饰和服饰艺术；而人体和服饰也是分不开的，人总要穿衣服，就像人要吃饭、喝水一样。合体、舒适的服饰可以给人增光添彩，使女子显得更为婀娜多姿，使男子显得更为潇洒健美。人体美，既是先天的，也是后天的。先天的人体美即人的体型身材的匀称、健美，后天的人体美即借助服饰来对人体进行修饰打扮。所以，服饰作为美化人体的一门艺术，它须对人体进行装饰。如果某个人的体型本来就已健美、匀称，服饰就应该让他的体型美充分地展现出来；如果某个人的体型有缺陷或不足，服饰就应该掩饰这些不足和缺陷，使他在服饰的修饰打扮下变得体型完美，从而使人更具美感，使生活更为美好。在现实生活中，绝大多数的人都要靠服饰来修饰美化人体，或掩饰体型的不足。俗话说："三分人才，七分打扮"，说的就是这个道理。古人谈及美人，大多都要谈到服饰。唐诗《丽人行》云：

三月三日天气新，
长安水边多丽人。
态浓意远淑且真，
肌理细腻骨肉匀。
绣罗衣裳照暮春，
蹙金孔雀银麒麟。
头上何所有？
翠微盍叶垂鬓唇。
背后何所见？

图8　穿草鞋、打绑腿的广西隆林红苗妇女

图9　广西隆林壮族女子梳妆

珠压腰衱稳称身。[②]

古诗《陌上桑》亦云：

日出东南隅，
照我秦氏楼。
秦氏有好女，
自名为罗敷。
罗敷善桑蚕，
采桑城南隅。
青丝为笼系，
桂枝为笼钩。
头上倭堕髻，
耳中明月珠。
缃绮为下裙，
紫绮为上襦。
行者见罗敷，
下担捋髭须。
少年见罗敷，

脱帽著帩头。
耕者忘其犁，
锄者忘其锄。
来归相怨怒，
但坐观罗敷。[③]

在广西民间，美人也是和服饰分不开的，正如苗族民歌《我俩去成家》所唱：

身穿彩色绣花衣，
头上闪闪戴金银，
胸前项圈亮晶晶，
两边耳环响叮叮，
脚上花鞋套袜子，
走起路来脚步轻。
远远看去像丛花，
好像天上的彩云。

隆林苗族民歌亦唱：

摘下蓝草泡进缸，
变成蓝靛染衣裳；
拿起针线绣花朵，
跳坡节上好风光。
银环首饰亮堂堂，
唱歌就要比漂亮；
出门莫忘穿花鞋，
引来后面少年郎。

可见，美的形象是由人和服饰共同构成的，没有服饰的修饰美化，也就没有完整的美人形象。服饰对人体的这种装饰功能，早在原始社会时期就已存在，并一直延续下来，不断创新发展。随着社会的进步，人们的审美能力不断提高，装饰功能在服饰中的作用也就越突出。当代服饰发展的总趋势是日益装饰化和艺术化，即使是一些为了实用的工作服，也在朝装饰功能发展。究其原因，就在于服饰具有物质的感性形象，它能使物质的美这一特性充分地体现出来，而人类文化的高度发展，又总是以美为方向的，所以，从这个意义上说，服饰与美几乎可以画等号。正是服饰艺术的这种本质美，使得服饰文化最终得以走出单纯以使用为目的的狭隘功利主义的圈子，变成一种具有多功能作用的文化。假如服饰至今仍仅仅是为了遮风御寒，那又何必要精心设计、剪裁、织绣、缝制，把一块布直接围在人体上岂不更方便省事？所以，现代人的服饰绝不仅仅是以使用为目的的，它必须同时满足人们审美方面的需要。许多生活在边远山区的少数民族妇女，虽然生活比较贫困，但无论日子过得再怎样艰难，也要把织好的白布用蓝靛染色或蜡染或扎染，或用挑花、刺绣、织锦装饰，缝制成衣、裙、裤、头巾、腰带，再配上银饰，再穿戴于身。那服饰中的靛染、蜡染、扎染等散发出一股大自然泥土与青草的清香的天然韵味，体现了少数民族妇女清纯朴素的生活，给浮躁的都市生活吹来一股清新的凉风，而服饰中的那些挑花、刺绣、织锦等装饰，又让人看到了少数民族妇女向往美、追求美、创造美的生活理想，让人感到生活是如此美好。

图 10　广西金秀六巷花蓝瑶男女吹木叶传情

服饰是美化人体的艺术。人的美感是一种十分复杂的心理活动，由于美本身就是十分复杂而多重性的，与它相适应的美感也就十分复杂而具有多重性。从认识的内容上看，它既关系到感性活动，也关系到理性活动；而从认识的形式上看，它既与感官的感受有关，也与感情的体验有关。在此基础上形成的美感，能使人的整个身心非常欢畅，甚至心灵为之陶醉。服饰给人的美感是人在日常生活中必不可少的一种美的享受，这种美的享受不仅来源于服饰本身的形式美，而且与穿衣者的内在美是分不开的。服饰不同于一般的文学艺术作品和工艺品，这些艺术作品和工艺品在创作完成之后，离开人仍可独立地展现它的艺术魅力；而服

图 11　盛装的广西融水苗族女子

图 12　广西隆林花苗妇女梳妆

饰在制作完成之后，仍要依附于人体，要受到人的体态、修养等因素的制约，它既是人的外在美的一个重要组成部分，又是人的内在美的一种外在表现。从服饰的审美理想来说，一个人的服饰美，除了服饰本身的形式美，还与穿着服饰的人的美学内在表现分不开，它必须通过穿着者的体态、仪表、风度和文化修养等内容来表现它的全部美学价值。只有服饰的形式美和人的思想、气质、品德、情操等内在的美完全和谐统一了，才能充分地体现服饰的美学价值。二者相辅相成，互为表里，缺一不可。很难想象，一个衣着漂亮、打扮时髦，但言行粗俗野蛮的人，会给人以美的感受；同样，一个很有修养气质、身材匀称健美，但不修边幅、斜披衣、歪戴帽、趿拉鞋子的人，也不会让人感到美。这二者是一个有机的整体，既互相渗透，又互相制约。所以，人们往往按照美的规律和本质去制作与选择服饰。在人类的生活中，这些姿态万千、五彩斑斓的服饰充实、丰富、创造、美化了人的生活，从而构成了人类社会的绚丽风貌，让人们赏心悦目，给人以鼓舞和力量，让人们深深地感到生活是丰富多彩和无限美好的，从而更加热爱生活。

广西世居民族妇女在制作服饰的过程中，不仅注意追求服饰的实用性，而且刻意追求服饰的审美性。从广西世居民族传统服饰的制作来看，一件做工精细别致、富有民族特色的上衣或裙子，有时要用一年到数年的时间方能完成。如果只是为了实用，何必要花费那么多心思和时间呢？在她们的生活中，服饰的实用功能和艺术审美价值就像一对双胞胎，实用上可以遮体御寒，艺术上的美感则带来心灵上的满足，带来欢悦和希望。这些浸透着美好意识的服饰，不仅揭示了一种永恒美的情愫，而且具有一种跨越时空的艺术魅力和审美情趣，使人自觉或不自觉地产生创造美好生活的欲望。所以，她们在制作服饰时，虽不尚浮华，但也力求避免庸俗、粗劣。如壮族的补花垫肩和织锦挂包、瑶族的挑花肚兜、苗族的蜡染围裙、侗族的绣花布鞋，既朴实，又美丽，既有浓郁的乡土气息，又有纯朴的感情和生活情趣，反映出一种稚拙、生动的美感，几乎使人忘记这是一件实用品。即使在最简单的男子便服上，我们也能看到盘结得很美的扣绊和制作精细的纽扣。那种只讲“能穿”，不讲美感，或是以实用功能代替审美意识的思想，在广西世居民族服饰中是很少见到的。实用性和审美性的有机统一，一直是广西世居民族服饰制作的显著特点，特别是瑶、苗、侗等民族的妇女服饰，满襟绣花绲边，衣、裙、围腰等处的花卉、鸟、蝴蝶等纹样栩栩如生，呼之欲出，再配上银簪、耳环、项圈、银牌、手镯、戒指等银饰和绣花鞋，一身花团锦簇，银光闪闪，窈窕胜过天仙。每逢喜庆佳节，成群结队的姑娘穿上自织、自制、自绣的艳丽服饰，戴上心爱的耳环、手镯、项圈等银饰，竞相比美，炫耀自己的聪明能干，表达自己对美好生活的追求和向往。这些富有民族特色的服饰深深地根植于民族文化的沃土之中，不带任何矫饰、浮华之风，风格绚丽而朴实清新，表现出一种浓郁的乡土气息和质朴、纯真的美，唤起人们返璞归真的心理，引起人们的赞叹，使人得到一种较高的审美感受，激励人们去追求更美好的生活。正是服饰的这种装饰功能，构成了广西世居民族五彩斑斓的服饰文化，使广西世居民族的生活充满了美和魅力。

图 13　广西贺州八步瑶族女子

图 14　广西隆林仡佬族女子

图 15　广西天等壮族男子服饰

图 16 广西大化布努瑶女子打铜鼓

三、衣显富足

服饰作为物质文化来说，它又是财富的象征。“在社会上，财富使人自豪，使人获得权力和尊敬，自然，个人就要以某种方式来炫耀自己的财富。”[④]历史上，广西的社会经济发展比较缓慢，人们创造的物质财富还不太丰富，服饰往往成为个人财富的重要组成部分。人们制作和添置服饰，既能遮风御寒，又可增加物质积累，表示勤劳富足，服饰越多，制作越精美，就表示越勤劳、越富足。所以，不论是在歌圩、节日或圩集上，男女青年都要穿戴一新。在大化、巴马、东兰等地，壮族姑娘的盛装冬衣，往往是里面一件最长，越往外越短，层次分明，以示富足。贺州瑶族小伙子的盛装，上身着数件衣服，一件一种颜色，衣领敞开翻出，相互衬托地显露出来，以显示服饰之多和家中富足。

服饰中的首饰，其财富属性更是不言而喻。首饰是人们物质生产与艺术创作实践相结合的产物，它既是服饰工艺装饰品，又是社会物质财富。正如马克思所说：“金银不只是消极意义上的剩余的、即没有也可以过得去的东西，而且它们的美学属性使它们成为满足奢侈、装饰、华丽、炫耀等需要的天然材料。总之，成为剩余财富的积极形式。”所以，首饰是“贮藏货币的美学形式”。[⑤]普列汉诺夫也认为：“金属的加工给装饰史上的新时代奠定了基础。金属装饰品逐渐地排除了狩猎所获得的装饰品。男子和妇女开始以金属环套在自己的四肢和脖子上。那些从前插在嘴唇、鼻子或耳朵上的羽毛、小棍和草秆，现在则被金属制作的戒指和耳环代替了。”“金属装饰品所证明的，并不是技巧，而是财富。”“人们起初佩

图 17　广西贺州市平桂区瑶族男子服饰

图 18　可以作为货币的苗族银饰

戴这些装饰品——例如，在腿上和胳膊子上佩戴金属环——是为了若干实际的用处的；后来人们佩戴它们，就不是为了实际的用处，而且是为了夸耀自己的财富了，与此同时，人们的趣味也逐渐形成，以致装饰着金属环的四肢都显得好看了。”[6]“在原始人中间，他们通常带上贝壳和牙齿这类财富，这就是他们的货币。”[7]

在古代中国，首饰可以装饰人体，又可以代替货币应急，佩戴首饰，特别是金、银、玉等饰物也就成为一种储存财富的形式。（图18）历史上，苗族和瑶族都是以刀耕火种为主的山地游耕民族，由于历代封建统治阶级的压迫和剥削以及苗族、瑶族自身生产、生活方式的影响，他们一直过着迁徙不定的游耕生活，“吃了一山又一山”，没有固定的住所，白银成为他们最理想的财富储蓄方式和最方便携带的家产。为方便随身携带，人们便把白银打制成各种饰物，既可示美显富，又是最简单、安全的保存方法。广西少数民族民间习俗也认为，佩戴银饰不仅具有美的作用，而且是富有的标志。所以，他们都喜欢在身上佩戴许多银饰。一些瑶、苗族妇女喜欢在耳朵上戴十分沉重的耳环，每边耳朵上挂百余克重的银饰，有的甚至将耳垂挂崩后，又用小绳系环挂于耳褶之上，似乎丝毫不感到肉体的痛苦。侗族视银饰为家中的重要财富和装饰品，家有未嫁姑娘，生活再困难，父母亲省吃俭用也要买几件银饰来打扮女儿。（图19）历史上，瑶族因长期过着刀耕火种的山地游耕生活，“食尽一山，又过一山”，白银成为他们随身携带的家庭财富。为显示家庭的富足，瑶族有佩戴银饰的习俗。佩戴的银饰越多，就说明家庭越富有，所以，瑶族银饰种类极其丰富。特别是妇女，发上插银簪，耳上坠银环，脖子挂银项圈，胸前佩银牌或银扣，手戴银手镯。金秀瑶族自治县茶山瑶妇女喜佩戴银饰，以重和大为贵，头顶扎3块上翘的银板，每板重约250克，姑娘们喜戴这种银饰出现在人群中，以示勤劳、富有。田林县盘瑶妇女，不仅衣饰银牌、银泡，手腕戴数个银镯，双手手指均戴满戒指，越富有的家庭戴得越多。（图20）苗族是个崇尚银饰的民族，尤以妇女最为突出，佩戴的银饰最多。三江侗族自治县等地的苗族妇女常佩戴的银饰有手镯、项圈、戒指、银扇、银簪等十余种，每逢民族传统节日，姑娘们头上、手上、颈上、胸前、身后全都佩戴银饰，少则一两公斤，多则七八公斤，以佩戴银饰的多少来表示美和富有的程度。隆林各族自治县等地的彝族女孩从小就挂银项链，15岁以后，父母就要为她戴手圈。当地习俗认为，一个妇女所挂的项链越多，就表明她家越富有。一些居住在山区的瑶族，甚至将一些市面上用于流通交换的硬币，钉于衣上纽扣处，以显示家中殷富。

图 19　广西三江侗族女孩银饰

改革开放后，随着广西社会经济的发展，各民族群众的生活水平得到了较大的提高，家庭财富逐渐增多，虽然许多人家盖起了新房，买了电视机、摩托车、手机、洗衣机等，但在少数民族地区，服饰仍是少数民族群众家庭富有的标志之一。正如龙胜各族自治县龙脊镇金江村黄洛屯一位红瑶姑娘说："我现在参加村里的文艺表演，接待游客，每个月可得1500元左右，有时卖点民族绣品还能得点钱。外面有的东西我们都有了，平时挣的钱大多是拿去买衣服呀，玩呀，吃呀。哪个女人不想漂亮呀？穿得太差了，人家会看不起你的，好像你没本事一样。"该屯一名报导人在村里开有饭店，她家是村里较为富有的家庭。她说："我女儿也参加村里的文艺表演队，每个月的钱基本都是她一个人花。虽然现在生活比过去好多了，不愁吃，不愁穿了，但年轻人的穿着还是要讲究的，天天穿那件衣服，人家会认为你好穷，影响不好。特别是我们

图 20　广西田林盘瑶妇女 10 个手指全是戒指

这里搞旅游，让外人看见多不好呀，好像你特没本事。”看来，在她们的心目中，衣服仍然是财富的象征之一。

图 21 广西贺州盘瑶老年妇女佩戴的银饰

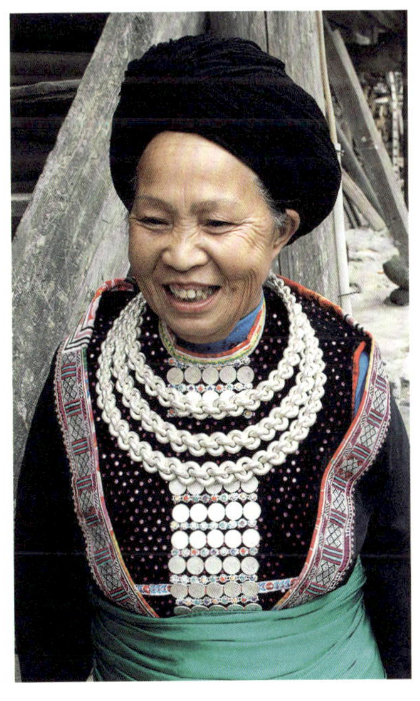
图 22 广西融水同练瑶族妇女胸前佩戴的银饰

四、衣作信物

服饰既是生活中的实用品，又是工艺美术品。一件做工精致、质地上乘、款式新颖的服装，其本身就是一件珍贵的工艺美术品和礼品。至于服饰中那各式各样的香荷包、挂包、首饰、花布鞋、帽、头巾、手帕等所表现出来的艺术生命力，更是让人一见钟情，不仅喜欢它，而且想要得到它。将服饰作为礼物赠送他人，至今仍是广西世居民族，特别是少数民族日常生活中常见而庄重的一种礼仪。

广西少数民族妇女在参加别人的婚礼和婴儿三朝、满月、对岁时，常以童帽、童衣、童裤、童袜、童鞋等作为礼物送人。大新一带的壮族妇女生育，当孩子满月时，娘家必须送衣服、抱被等给外孙。父母亲做寿，出嫁的女儿和侄女必须送寿衣、寿帽、寿鞋，以表示对父母和长辈的感恩及祝贺。龙胜一带，外家给满月的婴儿除送衣、裤，还要送银帽、银饰。田林一带，外婆和亲友要给满月的婴儿送衣、裤、帽、鞋、背带、银手环、银脚环、银颈链、银麒麟链牌。仫佬族女子出嫁后生第一个小孩时，女婿家要派人第一时间到外婆家报喜。外婆闻讯立即放下手中的活，连忙收拾早已准备好的东西，装进“走亲箩”（一头是背带、衣、帽、花布与活鸡，一头是鸡蛋、红糖和甜酒），亲自送到女婿家。其中绣花背带是必不可少的。在仫佬族地区，女儿出嫁后，外婆就要将一块靛青色的布剪成背带的样底，背带心则用红布为底，一针一线地在布上刺绣图案纹样。如蝴蝶、石榴、凤凰、花、草等动植物纹样和吉祥文字。蝴蝶、石榴象征多子多福；太阳、凤凰、百花盛开象征充满生命力与活力的世界。外婆把自己对女儿和外孙的浓浓深情和祝福都浓缩在这吉祥的图案纹样中，背带成为联系仫佬族外婆、母亲、外孙三代人的亲情纽带。在侗族地区，第一个孩子生下后第三天，外婆家要送项圈、银锁、手镯等；满周岁时，要送一顶银帽，以表示对外孙的宠爱。嫁出去的女儿回娘家给父母祝寿时，除了送鸡、鸭、肉、酒、糯米饭等物，寿衣、寿裤、寿袜、寿鞋、寿帽等也是必不可少的寿礼，否则被视为不孝。（图24）

将服饰用品作为爱情的信物，馈赠给自己的心上人，是广西少数民族服饰礼仪最典型的表现，特别是在未婚的青年男女中，服饰不仅是一般的实用品，而且是一个姑娘或一个小伙子向自己的情人表示心意的信物。农村中的壮族姑娘个个都是绣花纳鞋的能手，在三月三歌圩上，姑娘们都是用赠送布鞋来表示爱情的。正如上林壮族民歌所唱：

妹送一双鞋，
鞋样巧又乖，
乖巧如同师傅用心裁，

图 23　广西南丹中堡苗族妇女背婴儿

图 24　广西巴马瑶族出嫁的女儿回娘家

算你情妹好心怀，
心怀好过全世界，
鞋子穿坏了哥心更加爱。
布是圩上布，
绸布缝在面，
洋线把尾连，
底布千层垫，
中间绣花圈，
情意万万千。

如果说悦耳动听的山歌是求爱的最佳语言，那么，美观结实的布鞋就是定情的漂亮礼物了。男女青年经过若干次山歌对唱和圩日约会后，男方便可选择适当时机，要求女方做一对布鞋作为定情信物。这种要求女方一般都接受，大胆的姑娘还会主动送礼。女方做好鞋后，用鲜艳的新手帕将鞋包好，送给男方，男方亦回赠一些毛巾、花线之类的礼物。不过，姑娘所赠送的布鞋是否是定情信物，还要看布鞋上的结线或扣子才知道。如果一双新布鞋每只鞋子留下的线头都用死结连在一起，就意味着“生死相连，永不分离”，暗示同意对方的要求。小伙子得到鞋后，便可禀告父母派媒人到女家说亲。如果线头打活结，一拉就松，就表示自己已经有了心上人，或对男方某些方面不中意，暗示不能接受对方的爱情。这种暗示也可表示在鞋扣上。桂西壮族妇女做的布鞋，每只鞋都有一个扣子，如果新鞋不钉扣子或鞋里垫布的后跟头不缝完，有意留给男方去接线，意为“你愿连就连”，表示接受对方的要求；如钉齐扣子，跟头缝完，意为“路已尽头，到此为止”，表示不能接受对方的要求。广西靖西一带的壮族，男青年得到的鞋子如果鞋底纳得一针不漏，表示女方已有对象，彼此只能做朋友，不能成为终身伴侣；如果鞋底纳得端正，鞋后跟处留有一方寸空白处没纳上线，说明姑娘亦对男青年有意，小伙子便可再约姑娘，并将布鞋带去让她补纳；如联结那双布鞋后跟的粗麻线被剪断，就意味着姑娘不接受小伙子的爱情；如联结两只鞋后跟的麻线打成死结，则表示姑娘希望双方白头偕老，永不分离。小伙子看到鞋的式样后，便知道姑娘的心意，或停止交往，或禀告家人请人到女家说亲，共结秦晋之好。[8]这些约定俗成的风俗不仅向人们展示了广西少数民族的审美心理，而且让人们看到了比现代都市更为淳朴的古老风韵。（图25、图26）

居住在忻城、马山、都安一带的壮族，男女青年订婚之日，女方打扮得如花似玉，由女伴陪送到男方家拜见未来的公婆、叔伯、兄嫂等人。姑娘向每人送一双自己亲手做的布鞋，然后当着全家人的面，将一双精心制作、鞋底纳有颗心的布鞋赠给未婚夫，以示捧出炽热的心，永生不变。吃完“定亲饭”，小伙子送姑娘回家，拜见未来的岳父母全家人，并当面把手镯戴在未婚妻手上，表示定亲。近年来，随着农村经济发展，人们生活水平不断提高，大多数人用皮鞋、波鞋代替布鞋，用手表、手机来代替手镯，表示自己的心意。

图 25　广西壮族绣花鞋

图 26　广西壮族绣花布鞋

仫佬族男女青年在“走坡”活动中相互了解，建立感情，待双方定情后，女方要赠男方“同年鞋”。“同年鞋”是仫佬族男女青年最为珍贵的信物，又称“鸳鸯鞋”，意为成双成对，共结同心。仫佬族姑娘在“走坡”活动中看中某个小伙子后，就私下暗测小伙子脚的大小，按尺寸精心制作一双“同年鞋”。（图28）用黑布或蓝黑布做鞋面，将十几层白布贴起来，用长白棉线纳成鞋底，放于蒸笼里蒸十多分钟，再晾干。鞋底必须纳得横竖成行，棉线长表示日后夫妻恩情长，针口细密则表示生活美好甜蜜。所以，仫佬族的“同年鞋”不仅表现出仫佬族姑娘的智慧和工艺水平，而且凝聚着仫佬族姑娘浓烈的感情。正如仫佬族山歌所唱：

送哥一双黑棉鞋，
千针万线细思量；
哥若有心仔细看，
行行都像并蒂莲。

侗族地区男女青年的社交方式多种多样，通过共同耕种山地来谈情说爱就是其中一种。在三江独峒一带，每逢农历三月初三，男女青年在“行歌坐夜”的时候便讨论两个寨子青年共同种公地的事，参加人数多少不等，但如果一个村寨全是男青年参加，另一个寨子则全是女青年参加，且人数要相等。四月初八，是挖山播种的日子，男女青年盛装打扮，会集山上，边谈边唱，共同开荒。晚上男青年到女青年寨子行歌坐夜，加深认识。五月初五、六月初六、七月十四，大家又会集山上种耕施肥，休息时闲谈对歌，晚上行歌坐夜，直至午夜方散。八月十四，男青年身穿盛装，吹芦笙，抬肥猪，赶牛到女方寨子庆丰收。姑娘们在村中鼓楼坪设宴招待男青年。次日，大家上山收获，晚上共享丰收成果，对歌到深夜。八月十六，女方寨子举行宴会酬谢男青年，姑娘们则拿出日夜赶制出来的布鞋、绣花带和家织侗布，用竹竿高高吊起，供人们观赏，然后送给心上人。小伙子们吹响芦笙，高举姑娘赠送的

图 27　广西金秀瑶族接亲

图 28　广西仫佬族绣花布鞋

信物、礼品，得意扬扬地离村而去。[9]部分地区的侗族姑娘行歌坐夜后要赶制一双草鞋给自己心仪的小伙子。但它不同于平时编织的草鞋，它关系到心上人的面子和自己的声誉。小伙子拿草鞋回村后，老人们就会品头论足，凭物论人；同村的青年人见到草鞋也会说长道短。所以，姑娘绝不敢掉以轻心，总是极尽巧思，充分发挥自己的才智与技巧，力求把草鞋织成精巧的工艺品。她们下田精选出优质的糯米稻秆，再在草鞋头或跟部添上红绸或红布条，与金黄色的稻秆一起编织，有的还在鞋槛上捆上一层薄薄的花布，像一丛五颜六色的山花盛开在金色的田野上。

广西大瑶山六段一带的茶山瑶男女青年也以草鞋作定情信物。姑娘们编织草鞋时，不仅特别讲究用料，精心编织，而且连编织的日子也选在牛郎织女相会的七夕之日，以寄托姑娘的深情厚谊。选用加工过的嫩竹皮编作鞋“纲”，用优质青麻编织鞋头、鞋跟，中间部分用精心选制漂洗过的雪白色稻秆编织，鞋身则用五色丝线或五彩花布包卷。整个鞋底、鞋身细密平整，头尾葱绿，中间雪白，鞋耳五彩斑斓，在鞋面配上一个玫瑰红的绒球，就成了一件不可多得的花草鞋，俗称“六纲草鞋”。小伙子要想得到姑娘的“六纲草鞋”，要经过姑娘长时间的考验，要夜夜到姑娘的吊楼下唱情歌，爬吊楼与姑娘约会。姑娘中意后，选个明月当空的夜晚，在吊楼上互诉衷肠，然后才把“六纲草鞋”赠送给心上人。[10]（图30）

广西蒙山长坪瑶族乡三妹一带，瑶族姑娘赠送给小伙子的布鞋大有讲究。如布鞋未钉鞋扣，或后跟的里布未缝接口，寓意即恋爱关系尚未确定，还有待继续发展；若已钉鞋扣及缝好后跟的里布接口，表示该女子已有对象，双方只能作为朋友，不能结为夫妻；如一双鞋的两根线头打成死结，寓意为该女子愿意与男子结成夫妻，像“死结”那样永远难解难分；如鞋的两根线打成活结，则表示对方有某些不如意的缺点，不愿再发展恋爱关系。小伙子看到所赠送的布鞋，就会明白姑娘的心意。如双方恋爱成熟，订婚后，姑娘就做一双白布底的布

图 29　广西三江侗族青年男女走寨

鞋送给小伙子，双方婚姻就算确定了。[11]

瑶族的“定亲鞋”，含义更深。瑶族男女青年定亲时，姑娘必须亲手做若干双布鞋赠送给男方家庭成员。送给祖父母的鞋，鞋底纳一颗北斗星，意为祝老人寿如北斗；送给父母亲的鞋，鞋底纳一株苍劲的青松，意为祝父母亲像青松一样健壮；送给兄姐的鞋，鞋底纳一个剥皮玉米包，意为祝他们勤劳致富、五谷丰登；送给弟弟的鞋，鞋底纳一根竹笋，意为祝他们像竹笋一样快长快大，早日成材；送给妹妹的鞋，要在鞋面上绣一朵红花，表示赞美妹妹像花一样美丽；送给自己未婚夫的鞋，则在鞋底正中用红线绣一颗心，以表示自己将心掏给对方，至死不变。（图31）

广西民间有句山歌，是姑娘或妻子对情人或丈夫唱的，叫“鞋底破了鞋帮在，把妹手工带回来”。这句山歌绝不是为了规劝出远门的丈夫或情人爱惜鞋这一物品本身，而是托物寄情，希望丈夫或情人能爱护、珍惜这一爱情信物，不要忘了妻子或情人的一片深情。（图32）正如毛南族民歌所唱：

月亮晶晶，
做鞋到夜深，

金针银线密密连，
白布底千层，
外帮黑缎面，
铜扣双双钉，
颗颗晶晶亮，
我夫穿了不变心。

这种以物寓意、赠物寄情的习俗，外族人是很难明白的，其中更深的含义，不是当事人，也许根本无从得知。

大瑶山内的花蓝瑶姑娘送给小伙子的定情物又有不同，它是姑娘精心绣成的花背袋，俗称“囊斑”。囊斑为一个长约50厘米、宽约30厘米的布袋，底布为黑色，面上用红、黄、蓝、白四色丝线挑绣幸福相依的鸳鸯、洁白无瑕的茶花、迎着祥云飞翔的双燕等各种象征爱情的吉祥图案，四周绣满松叶花边，表示爱情之树长青。姑娘寻到意中人后，就把自己精心绣制的囊斑送给小伙子，小伙子也赠送给姑娘一对银手镯，双方以此为凭，表示爱情忠贞不渝。从此，姑娘常将手镯戴在手上；小伙子无论是上山劳动，还是走村串寨、赶圩，也总是背着心上人送的花背袋。[12]（图33）

龙胜红瑶男女青年恋爱时喜以歌传情，情深意浓时，姑娘会绣个荷包袋给情郎。早晚空闲或农闲时，姑娘们边绣荷包，边低声吟唱，满怀情愫都倾注在这绣花荷包中。正如红瑶情歌所唱：

喜鹊树上叫喳喳，
妹在山中摘细茶。
摘得细茶换细布，
布头布尾妹挑花。
左手挑出胡椒眼，

图30　广西金秀瑶族绣花鞋

图31　广西贺州瑶族绣花鞋

图32　广西三江侗族绣花鞋

右手挑出凤凰花。

给哥绣个荷包袋，

妹的心意哥收下。[13]

广西少数民族虽然地处偏僻之乡，平日生活难免单调枯燥，但男女青年互赠信物的过程却表现出激动人心的浪漫情调。

“走坡”是仫佬族男女青年进行社交活动的传统形式。男女青年在“走坡”中对唱山歌，互相认识后，小伙子就会开口问姑娘要定情信物，姑娘们一般会推诿，故意为难地唱：

真不该，

出门一样不带来；

镜子手帕忘记带，

只有脚底烂草鞋。

小伙子则穷追不舍，快口对答：

哥不论，

不论脚底烂草鞋；

妹若有心送给我，

日里穿鞋去砍柴。

姑娘此时毫无办法，只好羞答答地把早已准备好的信物拿出来递给小伙子，一段姻缘亦就此连上。[14]

瑶族男女青年经对唱山歌认识有好感后，小伙子就以歌为媒，向姑娘要信物，姑娘们则故意为难推诿地唱：

心想将银链送给哥，

又怕情哥不领情；

哥若不嫌就拿去，

银链无光不配哥身。

小伙子则对答：

光彩的银链，

配在哥身多神气；

拱手谢妹给情物，

图 33　广西金秀瑶族绣花挂包

图 34　广西仫佬族绣袋

图 35　广西凌云瑶族男女在歌圩上互赠信物

永不忘妹的深情厚意。

一段美好姻缘通过赠送信物就此缔结。[15]（图35）

巴马男女青年相识恋爱后，姑娘就邀请小伙子到家做客，借以观察小伙子各方面表现。小伙子一般会带一位会唱歌的好友做伴，同时还带烟叶、糖、饼等礼物，到女方家住两三天。白天，男女双方到姑娘家的地里劳动，晚上就唱萨旺歌（情歌）。小伙子离开时，姑娘邀一姐妹送小伙子及其同伴到山坳，将绣花背袋中的头巾、衣服、绣花鞋、鸡蛋、糯米粑取出递给小伙子，轻声唱道：

我家缺少辛勤的蜜蜂，
一年到头酿不出香甜的蜜糖。
我家缺少适棉的土壤，
更加缺乏手巧的姑娘。
自制的衣服不好看，
自缝的布鞋不好穿，
绣出的头巾不漂亮。
小伙子双手接过，放声谢道：
你家的蜜糖比别人的香甜，

图 36　广西田林蓝靛瑶男女赠送信物

图 37　广西田林壮族女子服饰

你家种的棉花朵朵像白云，
你绣的花包比别人的漂亮，
穿上你缝制的花衣服，
暖了周身更暖透我的心房，
穿上你的绣花鞋，
千人见了千人赞扬。

小伙子转身走过山坳，急忙开包翻看头巾，如果姑娘送的是一条两头绣有图案纹样，但没有镶饰丝绸带的头巾或两头都不绣花和不镶饰丝绸带的头巾，则说明小伙子考核不过关，大家只能维持朋友关系；如果姑娘送的是两头绣有各种图案纹样，并镶饰彩色丝绸带的头巾，就意味着小伙子已得到姑娘及其家人的认可，可以回家禀告父母，请人上门提亲。[16]

柳州柳江壮族男女青年经过反复对歌考验后，小伙子便开口向姑娘索要信物。互赠定情信物一般都是男子先问，女方往往借故推托，等到男子求得心焦急了，女方才假装无奈答应。在圩场上，在村寨旁，人们常看到一对对男女青年在对唱情歌，一般是小伙子试探性地先唱：

我们对歌这样久，
好比鸳鸯同塘游。
妹有信物妹就送，
抛个情意留给哥。

而姑娘往往故意推托，调皮地回应：

不管阿哥要什么，
妹我都难办得着。
出门一双空空手，
叫我怎样送给哥。

小伙子开弓没有回头箭，厚着脸皮又问：

妹若有鞋妹就送，
妹若有布妹就分。
哥我不白收妹礼，
卖牛也要还妹恩。

姑娘则“狡辩”道：

讲鞋脚上只一双，
讲衣妹只穿一件。
赶圩回家脱来洗，
出门上路妹又穿。

小伙子迫不及待，开门见山问道：

妹你脱下脚上鞋，
哥我脱下身上衣。
哥脚穿进妹鞋里，
哥衣送妹肩上披。

姑娘亦毫不客气地答道：

哥今开口问要鞋，
问你可曾带钱来？
哥今伸手问要衣，
不换手镯不给你。

小伙子则痛快地唱道：

出门哥带手镯跟，
妹若想要把手伸。
几多银钱哥都愿，
得妹衣鞋装哥身。

情歌唱到这份上，再调皮的姑娘也只好半推半就地将绣花鞋或头巾送给小伙子，小伙子则将手镯等物赠予姑娘。⑰

居住在桂西北清水江、南盘江和红水河沿岸的壮族，每逢赶圩或走亲访友，常把褡裢搭在肩上才出门。褡裢用长方形的布缝制，中央开口，两端各成一个袋子。有的在袋心蜡染蝴

图 38　广西壮族绣花鞋

图 39　广西那坡壮族女子在刺绣头帕

蝶、鸳鸯图案纹样；有的在袋缘刺绣各式各样的精美花边；有的在四角悬缀金银线、垂吊香囊；等等。褡裢既能装衣物和礼品，又是不可多得的工艺珍品。所以，当地青年不仅常以褡裢装饰工艺的精巧来衡量姑娘手艺的高低，而且常以褡裢来当作爱情的信物。（图40）男女青年对歌，常常以褡裢起兴，如：

要妹唱歌妹就唱，
褡裢搭在肩头上。
沿着红河慢慢走，
哥爱褡裢就跟来。

男女相爱情深时，小伙子常送彩色丝线给姑娘，暗示姑娘帮做褡裢，以考察其手艺。姑娘往往心领神会，精心缝制，借以显示自己的手艺，博取恋人的欢心。⑱

居住在融水苗族自治县大浪镇一带的壮族青年，男女双方恋爱成熟时，女青年便把身上穿的衣服脱下，庄重地赠送给男青年。女青年赠送的衣服很有讲究，没穿过的不送，打补丁的不送，专选一件自己穿过几回、已半新旧的衣服送给男青年。当地习俗认为，人们穿过的衣服，带有穿衣人的芳香和气息，用这种带有穿衣人的芳香和气息的衣服送给自己的意中人，表明姑娘对情郎的一片真诚。⑲

隆林彝族男女青年通过三月三、火把节等活动相好后，小伙子就会问姑娘要手巾：

今早出门天气阴，
如今日晒汗淋淋；
汗流忘了带手帕，
妹愿不愿借手巾？

姑娘：

今早出门天气阴，

不知落雨转天阴；
晓得落雨带把伞，
晓得逢哥带手巾。

小伙子：

文官出门不带印，
武将出门不离兵；
汗巾口袋妹带有，
看妹有心是无心。

姑娘：

手巾妹倒有一张，
如今不带它在身；
手巾装在笼箱底，
如何讲的是无心？
早听说来早听讲，
天上雷公早闻名；
早听读书哥识理，
今日来考哥聪明。

小伙子：

早听讲来早听说，
山中凤凰早闻声；
早听妹你有才学，
题目出浅莫出深。

姑娘：

山歌唱久识知音，
才识哥是聪明人；
才识哥有真学问，
妹今送你条手巾。

小伙子：

山歌唱久得知音，
才识小妹是精灵；
才识妹条心有意，
手巾就是妹的心。

姑娘：

手巾就是妹的心，

图 40　广西隆林沙梨壮族女子

图 41　广西融水苗族女子

图 42　广西隆林彝族打磨秋

图 43　广西隆林彝族女子

图 44　广西隆林黑彝男子便服

图 45　广西隆林汉族男女服饰

我俩唱歌才定情；
妹子回家报父母，
哥回家中请媒人。

小伙子：

天是平来地不平，
几次试探妹真情；
哥有真心妹有意，
结交手巾作为凭。[20]

那坡彝族男女青年赶三月圩熟悉、相好后，双方便互赠信物，小伙子一般送银手镯或银戒指，姑娘则要亲手织一对格花巾和一双锦带，每样都送一条给小伙子，自己留下一条，与小伙子送的信物一起保存。正如彝族民歌《两厢情愿一条心》所唱：

穿梭织对格花巾，
扯线绣双长锦带；
花巾锦带哥妹拿，
两厢情愿一条心。[21]

毛南族青年则以花竹帽或手帕来作为爱情的定情信物。在赶圩、民间集会或筵席上，如某位小伙子看中了一位姑娘，他便会千方百计地寻找机会去抢对方的花竹帽或手帕。姑娘如不看中男方，便立即将自己的东西抢回，否则就意味着对小伙子有意。如姑娘亦中意小伙子，在小伙子抢走花竹帽或手帕后，便向对方索取一件贴身礼物作为信物。特别是花竹帽，要将当地产的金竹或墨竹破成很薄、很细的竹篾片，然后将每根只有1厘米宽的竹篾片破成10～20根大小大致相同的细竹丝，精心编织为圆锥形的竹帽。因竹帽的顶部和边沿都编有精美的图案纹样，所以被毛南族称为“顶卡花”，外人将其称为“花竹帽”。（图46）在毛南族地区，花竹帽不仅是遮阳、挡雨的用具，还因其美观、精致，并由姑娘巧手精心制作，浓缩了姑娘的心意而成为男女青年的爱情信物。故毛南族有歌唱道：

金丝竹子根连根，
恩爱情人心连心；
有缘千里来相会，
送顶卡花定终身。

一般来说，都是姑娘送花竹帽给小伙子作为信物，但也有小伙子以花竹帽作为信物送给姑娘。正如毛南族民歌所唱：

月亮偏西日头出，
哥妹坳口情依依；
此时我俩就分离，
哪样给妹表心意？
给妹送顶花竹帽，
又挡太阳又挡雨；
哪时想哥妹就戴，
莫让新帽沾黄泥。

姑娘接过凝聚情哥万缕情思的花竹帽，意深情切地唱：

妈送的床单、棉被哟，
我紧紧地锁在箱底；
哥送的花竹帽儿哟，
我晴雨戴着不分离；
别人送我千斤金银哟，
我一万个瞧不起；
看到帽儿就想到哥哥哟，
花竹帽儿伴我进入甜梦里！[22]

头簪、手镯、戒指等，常佩戴于身，是被用作信物最多的物品。壮族男女喜以歌传情。男女青年在歌圩上相识，相互唱歌交心。确定恋爱关系后，男青年从怀中取出银手镯，借物抒怀，款款而唱：

桥下河水清又清，
送对手镯表我情；
银镯戴在妹手上，
如同阿哥随妹身。

随后将银镯戴在姑娘手上。姑娘含情脉脉地望着情郎回唱：

见双手镯亮晶晶，

图 46　广西环江毛南族花竹帽

图 47　广西三江侗族银饰

妹接银镯领哥情；
银镯戴在妹手上，
哥情深藏妹的心。[23]

东兰一带的壮族有春节击铜鼓祈年的习俗。每年春节，未出嫁的姑娘常用银簪连同自己的发辫一块敲击铜鼓，然后将银簪馈赠给在场的情人。习俗认为，这是男女之间最珍贵的礼物。日后成婚，丈夫即将此簪奉还妻子，插于其头上，以祈求生活美满幸福，夫妻百年偕老。在桂西和桂西北等地的壮族聚居区的歌圩和婚宴上，青年们常通过对唱山歌来寻觅对象，情投意合者，小伙子就可以去抢姑娘手上的戒指或手镯作为信物，姑娘往往半推半就，任其抢去。姑娘如无意，则必须抢回自己的饰物。[24]

水族男女恋爱看中对方时，男子往往会对姑娘开口唱：

姑娘哟……
你身上佩戴银饰，
看得我眼睛发花……
你身上五彩衣裳，
花蝴蝶也比不上……
可叹我空有虚名，
到如今也无情人。
如不信，
看我手腕，
没有手圈，
两臂光光。

图 48　广西凌云瑶族女子送手帕给男子作信物

姑娘如有意，就会情意绵绵地回唱：

朋友啊，
你莫心伤……
听你说还无手圈，
可惜我手圈不多，
如想要给你项圈，
不知道可合你戴？
如合适，
戴你身上，
你和我从此有情……

一段美好的姻缘就在这一唱一答中缔结。[25]

白裤瑶青年男女恋爱时，女方常常占主动地位。当一位姑娘在圩集上看到自己中意的男子时，除了主动向对方示意和唱歌求爱，还可邀请同伴的姐妹帮忙，一起去抢男子的腰带或手镯。这男子如亦有情，则任其抢去，否则一定要将自己的东西抢回。青年男女恋爱后，就

图 49　广西南丹水族妇女

图 50　广西南丹瑶族抢腰带

图 51　广西侗族走坡

互赠信物：男赠女银手镯，女送男烟袋，或是自己亲手制作的一条裤子或一件衣服。（图50）

桂北侗族地区时兴男女青年“行歌坐夜”。通过“行歌坐夜”相互了解后，若双方情投意合，男送女手镯、戒指、绸缎等物，女送男绣花鞋、袜、腰带、头帕和衣裳。双方订百年之好时，互相交换信物，男方仍以馈赠银饰为凭，女方则以自织、自绣的围腰、衣、裤等物回赠。结婚时，男方家要送女方家银饰、布匹等礼仪品。婚后，在余存“不落夫家”习俗的地区，新娘返回娘家居住时，逢年过节，男家还要馈赠银饰、布匹等礼品。（图51）

图 52　广西京族男女独弦琴伴唱

京族喜穿木屐。京族青年男女恋爱后，男方家请媒人去女方家求亲时，要带男方家的一只木屐去。到女方家时，女方家人从女儿床下随意拿一只木屐，用布包好，到祖公堂前鞠躬。随后，双方各自拿出木屐，如能成双，即可成亲；如都是左脚或右脚，则说明祖先不同意，不能成亲。所以，机灵的姑娘都事先告诉自己的心上人，该带哪只脚的木屐来求亲，以免误了终身。小伙子托媒人去送木屐时，还托媒人将自己编的一首山歌传给心爱的姑娘：

托媒送去屐一只，
渴望纳福成侣伴；
如果姻缘能匹配，
我与父母齐心欢。

姑娘收到木屐后，亦托媒人传歌一首：

谢你送来屐一只，
花招蝴蝶好相伴；
屐已巧合成对偶，
意合情投结凤鸾。

人们以歌代言，寄情于物，一段美好的姻缘就在歌声和信物的传递中缔结。㉖

五、衣求避邪

服饰是一个民族的文化表征，在一定程度上反映了一个民族的精神文化面貌。广西少数民族服饰不仅种类繁多，而且文化内涵十分丰富。在广西少数民族服饰中，一些特殊的款式与装饰，不仅表现出浓郁的民族特色，而且与广西少数民族的宗教信仰有十分密切的关系。特别是在广西少数民族服饰形成的初期阶段，宗教文化与服饰艺术就像一对孪生姐妹，相互间有着千丝万缕的关系，相互渗透，难以区分。

远古时期，在原始人的眼中，周围的一切都充满了神秘的力量，自然界的一切都是不可思议的，他们把不幸受伤、疾病、死亡等灾难的降临都视作鬼神对人类的惩罚。为了避免这些灾害的影响，人们便产生了对神灵的崇拜。壮族有雷神崇拜和青蛙崇拜的习俗。在壮族远祖们的眼中，雷神是主宰人间雨水之神，而青蛙是雷神的儿子，是雷神派往人间的“使者”，所以，他们便将雷神和青蛙作为祭祀之神，经常对其顶礼膜拜，举行隆重的宗教祭祀活动。在宗教活动中，戴上或挂上各种认为是有“魔”性的护身符，以讨好或避开魔邪的危害，是崇拜仪式中的一种做法。广西红水河一带的壮族，每年都有过“青蛙节”的习俗，时间均在农历正月，短的三五日，长的达一个月。在青蛙节举行的祭祀青蛙的仪式中，人们戴上各种形象粗犷的青蛙面具，在铜鼓、皮鼓、唢呐的伴奏下，模仿青蛙的形象和动作，跳起舞蹈。（图53）据说这样做可以获得青蛙及雷神的保佑，使农业生产风调雨顺。这些在宗教崇拜仪式活动中所使用的“护身符”，有的因具有装饰性而逐渐成为服饰中的一个组成部

图 53　广西南丹壮族蚂蚜（青蛙）节

分。广西武宣一带的壮族，常给一些患疳疾的小孩在胸前戴一猴掌。据说，小孩患疳疾，是被猴妖捉弄的结果，猴若看见挂在小孩胸前的猴掌，就会被吓得魂飞魄散，从此再也不敢来缠小孩，小孩的疳疾即可痊愈。在瑶族地区，也有给婴儿和小孩佩带野猪、老虎、豹、黄麂等兽类的爪、牙的习俗。广西壮族还有在端午节时用布和菖蒲、香料等物做香包或猴、虎等动物形状的挂件给小孩佩戴于身以求防病驱邪的习俗。

事实上，在远古时代，人们都把动物本身当作对人们生活具有强大影响力的自然界力量来加以崇拜，这种崇拜的产生和存在，既反映了远古人类对事物认识的欠缺，同时又夸大、神化了动物的某些功能。这种情况世界各国都出现过。古埃及人就曾把蛇看作家庭的守护神，在第一王朝时期，人们把印有蛇模纹的土器挂在家中或带在身上，作为护符。我国古代也有系虎爪于身以驱赶邪鬼的习俗。他们认为，若要借助自然对象的神秘力量，就要使自然对象的成分成为自己身体的一部分，成为驱逐邪魔的"护身符"。民间俗话说"若要有胆量，就吃豹子胆"就是这种想法。它同壮族民间给小孩戴猴掌吓猴妖，可说是如出一辙。正如普列汉诺夫所说："大家知道，动物的皮、爪和牙齿在原始民族的装饰中起着非常重要的作用。这种作用怎样解释呢？用这些东西的色彩和线条的组合来解释吗？不，这里问题在于，譬如，野蛮人在使用虎的皮、爪和牙齿或是野牛的皮或角来装饰自己的时候，他是在暗示自己的灵巧和有力，因为谁战胜了灵巧的东西，谁自己就是有力的人。"此外，斯库尔克拉夫特报道说，北美洲西部的红色人种非常喜欢用当地最凶暴的野兽——灰熊的爪作装饰品。红种人的战士认为，灰熊的凶暴和大胆会传给用它的爪作装饰品的人。由此可见，根据斯库尔克拉夫特的说法，这些爪部分地是作他的装饰品，部分地是作他的护身符。[27]在远古期间，人们佩戴护身符以驱邪的事是很普遍的社会现象。后来，随着科学文化的进步，人类逐渐从神灵的束缚下解放出来，繁杂的神灵崇拜及其仪式逐渐减少，但神灵崇拜的观念并未彻底消除，有的"护身符"因此而得以残留下来。这些"护身符"既残存着最初的巫术性，又具有装饰人体的功能，因而常被用于服饰之中。正如美国服装心理学者弗龙格所说，服装"驱魔的动机从没有完全消失过，甚至今天我们仍然表现出原始人具有的这种心态，我们仍希望据信有灵的物体给我们带来好运或避开厄运，几乎没有人能说自己摆脱了迷信的奴役"[28]。以铜铃为例，它最初的实用功能是巫术活动中的法具。（图54）广西少数民族民间巫师在祭祀活动中，常在胸前、手、脚等处系挂铜铃，当巫师祭神驱邪时，念咒喃麽，手舞足蹈，身上佩戴的铜铃也就随之而有节奏地鸣响，从而增强神秘气氛。在人们的眼中，巫师能通神语知人意，是人与神之间的中间人，所以，巫师所使用的法具也就是一种灵物，具有驱邪禳灾的作用。人们认为，将这种驱邪禳灾之物佩戴于身，是可以避邪护身的。所以，直到现在，广西田林等地的瑶族妇女外出时，还将铜铃佩戴于身，既装饰了人体，又能驱邪。从巫术的产生和发展来看，最初的巫师可能来源于妇女。《说文解字》说："觋，能斋肃事神明也，在男曰觋，在女曰巫。"广西瑶族民间传说，瑶族中最早的巫师是女人，后来，女子因为生孩子坐月污秽，请不来神，才

图54 广西贺州瑶族师公手拿铜铃、法杖祭盘王

由男人来当。但神灵不认识男人，所以，男人当巫师必须穿花衣服才能请到神。（图55）看来，今日妇女佩戴铜铃的习俗，应是古代女巫佩戴铜铃祭神的余存。据那坡县城厢镇达腊屯彝族传说，古时天上有位叫摆佐的女神，她常下到人间为彝族百姓造福，为此犯天条被判死罪。摆佐逃到人间避难，被彝族妇女藏匿起来，并用箭射死前来抓捕的天兵天将。摆佐获救后，为报答救命之恩，潜回天宫，用麻、棉织成3333条胸裙，每条裙上都镶一块有神龙纹样的银饰，四边再镶一排排小锡扣，裙上两角各系一条锦带，锦带中间饰若干小银冠，末端缀红穗。她将这些胸裙拿到彝族村寨，交给寨上的妇女，并告诉她们："我走之后，天王一定会来报复，到时你们穿上这些胸裙，就可以逃过大难。"摆佐走后，天王果然派兵到彝族村寨报复。彝族村民寡不敌众，危急关头，妇女们想起摆佐的话，穿上摆佐留下的胸裙。顿时，胸裙上的银饰射出万丈光芒，天兵天将一个个被照射得睁不开眼，被彝族村民杀得落花流水，逃回天上。从此，彝族妇女时时穿着饰有银饰的胸裙，用以驱邪降妖，相沿成习，形成民族传统服饰。（图56）

广西水族有给小孩佩戴银麒麟的习俗。据说水族先民居住在麒麟河畔时，水中的妖龙常出来为非作歹，水麒麟挺身而出，与妖龙相斗。妖龙斗败后作法涨水淹没水族村寨，将村民卷入洪水中。眼看村民生命垂危，情急之下，水麒麟一边与妖龙相斗，一边咬下胸前的一块皮，吹成一张皮筏，抛到水面上，又用尾巴卷起水里的人，抛到皮筏上。最后，水麒麟体力耗尽，在水中与妖龙同归于尽。此后，水族村民就用白银打制成皮筏，作为护身符，佩戴于

图 55　广西贺州盘瑶师公祭祀

图 56　广西那坡白彝妇女胸前银饰

身。龙胜盘瑶妇女喜戴三角形尖头帽，据说其先民居住在深山老林时，人烟稀少，豺狼虎豹常出来伤人。一天，男子们都出去狩猎了，夜里老虎闯进村寨，爬窗撬门，留守在村中的老人与妇女用木棍、锄头都赶不走老虎，情急之下，有个妇女用布包手，抓起火塘中的铁三角朝老虎砸过去，被火烧烫了的铁三角刚好套在老虎的头上，老虎被铁三角烫伤，急忙甩掉铁三角，仓皇逃窜。此后，妇女们上山打柴种地，就照铁三角的样子制作三角形的尖头帽戴在头上，以求驱虎镇妖。

在原始初民的观念中，“人使用过的物品，他穿过的衣服、他的武器、他的饰物，乃是他自身的一部分，乃是他自己（把动词“是”解释为“互渗”），正如他的唾液、指甲屑、头发、大便一样，尽管是在较小的程度上。某种东西通过他这个人转移到这些东西里面来了，而这些东西就可说是成了他的人身的继续，

图 57　中国广西盘瑶女子（左）与泰国瑶族女子（右）

从神秘的意义上说，这些东西今后就与他分不开了”[29]。宗教学上将这种现象称为“互渗律”。原始初民的这种互渗律至今仍对广西少数民族有一定的影响。广西少数民族民间习俗认为，人的衣服由于长期穿在身上，沾了人的“灵性”，是人身体的组成部分之一。所以，民间有人不在场，拿其衣服亦可为其算命的做法。明人田汝成《炎徼纪闻》卷四说，在广西少数民族地区：“……人远出而归者，止于三十里外，家遣巫提竹篮迎，脱妇人贴体衣贮之篮，以前导还家，言为行人收魂归也。”在广西壮族地区，小孩落水、受惊、生病等，民间常认为是灵魂失落于村外了，要由妈妈拿孩子的衣服到村外或三岔路口招魂。武鸣、马山等地的壮族认为，人的头发、指甲，甚至与人体接触过的衣服、裤子及脚上的碎泥等，都可成为人灵魂寄托的地方。如果一个人的头发、旧衣裤的碎布片和脚上粘着的碎泥被他人拿走，包于一张纱纸中，再扎成一个小人，于夜深人静时拿到山上或岔路口，用铁针钉小纸人胸部于树上，三天后，这个人就会生病。广西天等一带，八九岁的小孩在野外跌伤或受惊生病，家人就请巫婆卜卦，认为是失魂所致时，就要举行招魂仪式。（图59）天黑后，由小孩的母亲拿肉、鸡蛋、粽子、香、纸钱及小孩的一件衣服放在竹篮里，悄悄到村边祭神。烧香、摆供品祭神后，便烧纸钱，然后将小孩的衣服在燃烧的纸钱和香的上空晃一晃，以示魂归衣服。回家后，将拿去招魂的衣服给小孩盖上，他们认为这样做后便可魂归人体，治好小孩的病。在南丹一带，则由母亲在全家人动筷吃晚饭前，用碗装一点饭、菜，放于篮中盖好，待夜深人静时，取小孩的一件衣服，拿些香、纸钱，到三岔路口祭神赎魂。烧香，将碗中的饭、菜倒于地上，烧纸钱祭供神灵，再将小孩的衣服在烟火上过一过后放于篮内，然后掉头回家，路上不能东张西望，更不能回头。一路走，一路喃念：“我儿回家哟，由远来近，由近回家。”进家门后，急忙将大门反手关上，再用烟火熏过的衣服抹一抹小孩的脸庞，放于小孩的枕头下，第二天早上给小孩穿上，失落的灵魂便可回归人体了。家中小孩体弱多病，家人就到左邻右舍挨家挨户讨一些别人做衣服时剩下的碎布，给孩子拼一件百家衣，意为通过讨布把百家的福气都聚集于百家衣上，托众人的福气，保佑孩子快长快大。百家锁的寓意也一样，用多家凑的碎银给孩子打制一个银锁，挂在孩子身上，用以保佑孩子的灵魂。广西田林壮族将村寨中的大榕树视为生命神树和村寨保护神。过去，当人生病时，拿上病人的一件衣服和一斗米、一炷香、一对宝线、一杯酒去祭树神，将供品与衣服放于树下的神台上，向树神认错，请树神饶恕病人平日的怠慢，恳请树神归还灵魂。回家后将带去祭神的衣服给病人穿上，便可使其恢复健康。人们认为，带去祭神的衣服是病人的躯体，祭神后，归还的灵魂便依附于其中，所以，病人穿上后，魂归于身，病自然也就好了。西林一带的壮族，家有人病，由家人拿其一件衣裳和几根香、一碗米及纸钱去找巫婆，巫婆烧香，焚纸钱请神，将病人的衣服铺在一个大簸箕里，喷几口“佛水”，抓一把米撒在病人的衣服上，然后根据米的分布形状，测是什么“鬼”作祟，请神驱鬼。习俗认为，人穿过的衣裳，既带有人的“灵气”，也可让鬼依附，请神将依附于衣上的鬼驱除后，病人的身体就好了。正如林惠祥先生所说：“衣服便

图 58　广西宁明壮族女巫祭神

图 59　广西贺州瑶族女子野外祭神招魂

图 60　广西贺州瑶族师公念经祭神驱邪

可利用以施术。维多利亚的沃乔巴卢克部落（Wotjo-Baluk）的神医，能够烘炙一个人的毡衣，而使其人生病，解救的方法只需将那件毡衣浸入水中，以为这样便可‘洗出火气’，而病人便会觉得凉爽。普鲁士人的旧俗以为如拿不到窃贼，只需将贼所遗下的衣服或他物痛打一顿，那贼自然会生病。”[30]这和英国人类学家詹·乔·弗雷泽所说的原始交感巫术很相似。他认为，原始人由于受交感巫术的影响，“认为在人和他所穿的衣服之间保持着交感联系，以致无论对衣服做了什么动作都将被这衣服的主人所感知，尽管他当时可能已远离在外……在新赫布里群岛的塔纳岛上，一个人想法搞到一件浸有他仇人汗水的衣服。如果他成功了，便用某种树的细枝和树叶仔细地把那件衣服整个擦一遍，然后把衣服、树枝、树叶裹在一起卷成香肠状放在火里慢慢烧掉。当它被烧着时，那位被害者就陷入病痛之中，而当衣服化为灰烬之时他的生命也就结束了”[31]。

毛南族至今仍特别珍视自己的内衣，把它称为“本身”，汉语即“灵魂”之意，因此，自己穿的衣服绝不能乱丢，以免丢失灵魂，被别人拿去，招来灾难。

银器具有光泽，不仅是高贵、富丽的象征，而且往往被人们作为避邪的吉祥物，所以，佩戴银饰，既可装饰人体，又能祛灾祈福。过去，壮族村寨大多设置有社坛，供人们祭祀社神。每年除夕，全村人备酒肉聚集社坛前祭社神。家有新生婴儿，便由父母抱到社坛前拜社神，并携带百来只染了品红的熟鸡蛋分发众人。主祭人则赠以婴儿银首饰，祝愿其戴上后健康平安。年满3岁的女孩，必须带到社前穿耳戴环。人们相信这样做后，孩子日后便可祛病消灾，长得壮实聪颖。武宣、象州等地的壮族认为，婴儿出世三朝、七朝、十二朝时，其灵魂易被阴间的牛头、马面等拉走，所以，要给婴孩戴上银制的脚锁，才能平安。待小孩长到12岁后，方可取下。崇左一带的壮族妇女生第一个小孩后，必须回夫家居住，在准备离开娘家时，除请巫婆“补花”，立“花王圣母神位”外，还要给小孩戴上镶银的“长生保命”和“寿星公”的帽子，脖子上挂银项链，胸前挂银麒麟，额头上抹锅底黑灰，母亲则在自身衣襟或衣袖处别上两枚绣花针，方可上路。习俗认为，这样可以驱鬼避邪。在壮族聚居区，妇女们还常将银针插于发髻上，用以驱邪禳灾。仫佬族、毛南族也常给孩子佩戴长命锁、麒麟等银饰，以求平安长命。瑶族深信银可辟邪，所以小孩佩戴的银饰通常会刻上神灵的神像或

图 61　广西那坡壮族小孩帽上的银饰

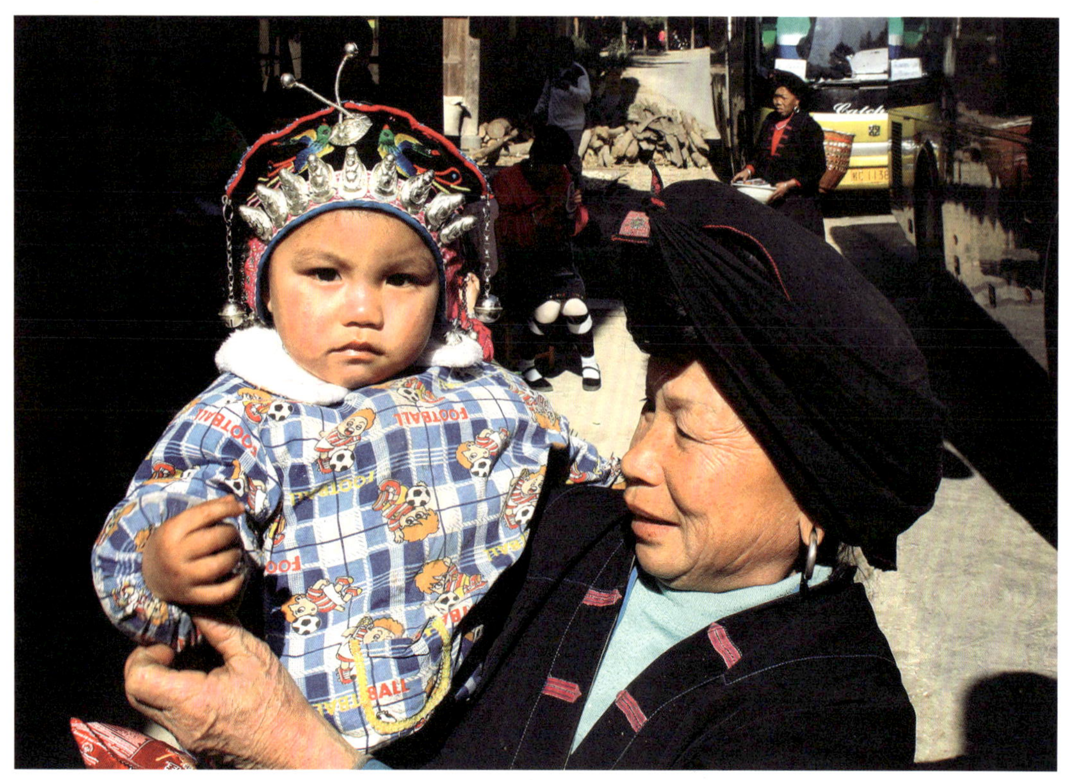

图 62　广西龙胜红瑶儿童帽上的银蝴蝶、神像

宗教纹样，既反映了人们对神灵的敬畏，又传递了人们希望借助神灵的力量驱鬼避邪，保佑平安的用意。特别是婴幼儿和未成年人，人们认为他们没有经过度戒，还没有获得祖先的保佑，所以都给他们佩戴银神像、银链、银锁、银镯，以避鬼驱邪，吉祥如意。（图62）正如日本学者竹村卓二所说："瑶族关于银子的观念，不仅是世俗的有用性，在使银具有某种咒术的功能这一点上也颇有特色。他们常常念道：'银净化万物'，'失掉面子用银也能挽回'，再有'神灵世界是净土，居住在那儿的高官喜好白银，忌避性交'。"[32]

广西民间习俗还认为，巫师能通神，可以和神鬼说话，能呈民意，传神旨，能预知凶吉祸福，为人除灾去病，所以，巫师是沟通人与神鬼的媒介、桥梁，具有半神半人的特点。巫师的这种特殊地位，使人们很自然地认为他是幸福、安全的祈求者和保护者。因此，民间常有人要求巫师在自己的衣、帽上画符图，然后依样挑绣纹样，以扶正驱邪。女子出嫁，请巫师念经，并插一道符于头上，以避鬼邪。小孩生病，请巫师看病卜算，然后戴上黄麂脚、狗牙、铁脚轭等物作护身符。大新县宝圩乡板价一带，女子生头胎，孩子满月时，要请巫师来办一天一夜的道场，代神给婴儿命名，并在其衣上写"长生保命，八卦护身"的符字，让孩子穿到七八岁时才脱去。龙胜一带，孩子生下20天后，就算命安名，如命带"关杀"，就得给孩子戴上脚环，直到磨断为止。上林一带的壮族，孩子满月时，要请巫师念咒驱邪，为孩子挂银项链，佩戴绣有"长生保命"四字的布袋或帽子。

图 63　广西贺州平桂区瑶族度戒时师公祭神

图 64　广西南丹壮族女子野外祭神

毛南族妇女背孩子出远门，走远路时，都要在孩子的背带上别银禾剪或银针等银饰。据说古时候毛南山乡曾是古树参天、葛藤盖地的地方，虎、狼、野猪常出没，伤害人命。一天，一位毛南族妇女做完家务后，便带上备用的针筒，提上装禾剪的竹篮，背孩子上山采野菜、藤叶等回家喂牛。天都黑了，村民们一直未见其回家，便点燃火把找到山上，看到掉落在地上的竹篮和地上的血迹，后来又在不远的地方发现一只死虎。村民们将虎开膛破肚，看到了未消化的人肉、骨头，在虎的肠胃中还找到了禾剪和鞋针，这时大家才明白，老虎吃掉这母子二人后，把禾剪和鞋针也吞了下去，被锋利的刀刃和锐利的鞋针戳穿肠胃而死。此后，妇女们背孩子出远门都要在背带上别一把银禾剪和银针，据说老虎望而生畏，也就不敢伤人了。

注释：

① 中共中央马克思恩格斯列宁斯大林著作编译局编：《马克思恩格斯选集》第二卷，北京：人民出版社，1972，94 页。

② 中国社会科学院文学研究所编：《唐诗选》上，北京：人民文学出版社，1978，228 页。

③ 山东大学中文系古典文学教研室编：《中国古代文学作品选》上，济南：山东教育出版社，1984，355 页。

④〔美〕弗龙格著，陈孝大译：《穿着的艺术——服装心理揭秘》，南宁：广西人民出版社，1989，13 页。

⑤ 中共中央马克思恩格斯列宁斯大林著作编译局编：《马克思恩格斯全集》第 13 卷，北京：人民出版社，1972，145 页。

⑥〔俄〕普列汉诺夫著，曹葆华译：《论艺术》，北京：生活·读书·新知三联书店，1973，119-122 页。

⑦〔美〕弗龙格著，陈孝大译：《穿着的艺术——服装心理揭秘》，南宁：广西人民出版社，1989，13 页。

⑧ 南宁师范学院广西民族民间文学研究室编：《广西少数民族风情录》，南宁：广西民族出版社，1984，33 页。

⑨ 陈衣主编：《八桂侗乡风物》，南宁：广西民族出版社，1992，170 页。

⑩ 胡德才、苏胜兴编：《大瑶山风情》，南宁：广西民族出版社，1990，172 页。

⑪ 邓启明：《瑶族姑娘的布鞋》，《桂东风情录》，广西梧州地区群众艺术馆编印，1992，79 页。

⑫ 胡德才、苏胜兴编：《大瑶山风情》，南宁：广西民族出版社，1990，100 页。

⑬ 粟卫宏等著：《红瑶历史与文化》，北京：民族出版社，2008，55 页。

⑭ 南宁师范学院广西民族民间文学研究室编：《广西少数民族风情录》，南宁：广西民族出版社，1984，231 页。

⑮《中国民间文学集成》全国编辑委员会、《中国歌谣集成·广西卷》编辑委员会：《中国歌谣集成·广西卷》下卷《瑶族》，北京：中国社会科学出版社，1992，831 页。

⑯ 苏胜兴等主编：《瑶族风情录》，南宁：广西人民出版社，1990，95 ~ 96 页。

⑰ 黄桂秋：《壮族仪式歌谣与民俗文化》，香港：香港天马图书有限公司，1996，199 ~ 200 页。

⑱ 黄全安等主编：《壮族风情录》，南宁：广西人民出版社，1991，61 页。

⑲ 黄全安等主编：《壮族风情录》，南宁：广西人民出版社，1991，93 页。

⑳《隆林彝族》编撰委员会编：《隆林彝族》，南宁：广西民族出版社，2013，131 页。

㉑ 王光荣：《彝族歌谣探微》，南宁：广西人民出版社，1991，69 页。

㉒ 卢敏飞、蒙国荣编著：《毛南山乡风情录》，成都：四川民族出版社，1994，133 页。

㉓ 广西大百科全书编纂委员会编：《广西大百科全书·民族》，北京：中国大百科全书出版社，2008，165 页。

㉔ 潘世雄：《"取钗击鼓"探源》，《中国铜鼓研究会第二次学术研讨会论文集》，北京：文物出版社，1986。

㉕ 韦学纯：《水族》，沈阳：辽宁民族出版社，2014，141 ~ 142 页。

㉖ 南宁师范学院广西民族民间文学研究室编：《广西少数民族风情录》，南宁：广西民族出版社，1984，294 页。

㉗〔俄〕普列汉诺夫著，曹葆华译：《普列汉诺夫美学论文集》Ⅰ，北京：人民出版社，1983，314 页。

㉘〔美〕弗龙格著，陈孝大译：《穿着的艺术——服装心理揭秘》，南宁：广西人民出版社，1989，46 页。

㉙〔法〕列维·布留尔著，丁由译：《原始思维》，北京：商务印书馆，1981，318 ~ 319 页。

㉚ 林惠祥：《文化人类学》，北京：大众文艺出版社，1991，254 页。

㉛〔英〕詹·乔·弗雷泽著，徐育新等译：《金枝》，北京：大众文艺出版社，1998，66 页。

㉜〔日〕竹村卓二著，金少萍、朱桂昌译：《瑶族的历史和文化》，北京：民族出版社，2003，146 页。

广西巴马瑶族丰收舞

后　记

广西壮族自治区成立60周年是广西各民族的喜事，能为庆祝广西壮族自治区成立60周年做一些力所能及的事，当是每个广西人光荣的职责。

2018年初，广西壮族自治区民族宗教事务委员会、广西民族出版社计划在广西壮族自治区举行成立60周年庆祝活动时出版一套广西民族团结进步丛书，其中就包括这本《广西世居民族服饰文化》。这既是一个出版项目，也是一个研究课题，意义重大。

有了明确的选题规划后，我们邀请对广西世居民族服饰文化有长期深入研究的玉时阶、玉璐两位老师作为作者。玉时阶老师现为广西民族大学瑶学研究中心教授，长期致力于中国南方民族历史文化的教学和研究，在瑶族社会历史文化和广西少数民族服饰文化的研究方面有很多深入而创建性的成果。先后主持过多项国家级、省部级科研项目。玉璐老师现为广西民族大学中国少数民族史博士研究生，先后承担了多个国家级项目。在该书的编撰过程中，玉时阶老师负责汉族以外的少数民族的部分，玉璐老师负责汉族的部分。

服饰文化是广西各世居民族多姿多彩的文化苑中一朵风韵独具、璀璨夺目的奇葩。本书通过探寻广西壮、汉、瑶、苗、侗等世居民族服饰的历史印迹，以民族学、艺术学、历史学、考古学等学科的视角，从服饰制作、文化意境、特色工艺、色彩、图案纹样、文化功能等方面，解读了广西世居民族服饰所蕴含的独特而深厚的文化内涵；梳理了广西世居民族传统服饰起源与传承发展的脉络，揭示了广西服饰文化的体系与风格特征。

本书具有以下特点：一是从广西远古时期的服饰文

化写到了近现代的服饰文化，以历史跨度为纵轴，向世人展现了广西世居民族五彩缤纷的服饰世界，同时运用横向比较手法，分析了广西各世居民族服饰文化的异同，既铺陈了历史的积淀和厚重感，又展现文明在更迭中所焕发出的持久而鲜活的生命力。二是行文流畅，富于情趣，图文并茂，让读者跟随作者的脚步，领略广西各民族服饰的文化大观和无穷魅力。

本书的出版，再现了广西各民族的智慧灵光与创造精神，对于重构民族记忆，弘扬民族优秀传统文化，增强民族文化自信，实现民族文化自强，都具有重要的意义。

在本书资料搜集阶段，感谢广西壮族自治区民族宗教事务委员会、广西博物馆、广西民族博物馆、百色市民族宗教事务委员会、隆林各族自治县民族宗教局、南丹县民族宗教局等单位对该课题的大力支持。尤其要感谢广西壮族自治区民族宗教事务委员会社会文化处的黄日勇处长、梁桂迎调研员，广西博物馆陆文东副馆长，广西民族博物馆龚世杨副馆长，广西民族艺术研究院原副院长韩德明研究员、百色市民族宗教事务委员会杨明治副主任、民语委欧阳慧月科长，隆林各族自治县民族宗教局陈国宇局长、黄永烈副局长，南丹县人大常委会慕仕凡副主任、县民族宗教局邓宏贵副局长，环江毛南族自治县下南乡卢晓庆副乡长，广西民族大学民族学与社会学学院王柏中院长和甘品元副教授等人，在该课题调研、编撰过程中给予了大量的帮助、关怀。还要感谢参加本课题调查工作的广西民族大学硕士研究生翟香丽、李娟、韩想等人。

传承至今的民族服饰是民族文化发展的活化石，随着社会的进步、人们生活的改变，它也将不断发展变化。由于篇幅有限，该课题搜集整理并展示于书本中的资料也许还不够完善，敬请各位专家、读者对我们提出宝贵的意见。